Testimonies of Enslavement

Testimonies of Enslavement

*Sources on Slavery from the
Indian Ocean World*

Matthias van Rossum, Alexander Geelen,
Bram van den Hout and Merve Tosun

BLOOMSBURY ACADEMIC
LONDON • NEW YORK • OXFORD • NEW DELHI • SYDNEY

BLOOMSBURY ACADEMIC
Bloomsbury Publishing Plc
50 Bedford Square, London, WC1B 3DP, UK
1385 Broadway, New York, NY 10018, USA
29 Earlsfort Terrace, Dublin 2, Ireland

BLOOMSBURY, BLOOMSBURY ACADEMIC and the Diana logo are trademarks of
Bloomsbury Publishing Plc

First published in Great Britain 2020
This paperback edition published in 2022

A catalogue record for this book is available from the British Library.

Library of Congress Control Number: 2020937641.

ISBN: HB: 978-1-3501-2235-2
      PB: 978-1-3502-0164-4
      ePDF: 978-1-3501-2236-9
      eBook: 978-1-3501-2237-6

Typeset by RefineCatch Limited, Bungay, Suffolk

To find out more about our authors and books visit www.bloomsbury.com
and sign up for our newsletters.

Contents

Introduction

Slavery as global history

Slavery is a contentious issue that remains crucial to study, not only in American, European and African settings, but also within the context of India and the wider Indian Ocean world. It is especially in the context of the latter that it is increasingly important to study and discuss slavery. In recent years, scholars have shifted attention to the understudied histories of slavery *outside* the Atlantic. For the wider Indian Ocean world this has brought to the surface the widespread slave trade in the Indian Ocean and the Indonesian archipelago, signalling the existence of forms of commodified slavery, while also reminding us of the large variety of other forms of bondage within which these existed, ranging from debt- and land-based slaveries to corvée labour regimes. All these forms of slavery, as well as long-distance patterns of the slave trade, existed well before the arrival of Europeans in the Indian Ocean and Indonesian archipelago, but under the influence of increasing globalization and expanding European imperialism the early modern period witnessed rapid transformations that deeply affected local societies and economies, including the role and shape of slavery and the slave trade.

This source publication provides the translations of selected eighteenth-century Dutch court records dealing with questions of slavery, the slave trade and *enslaveability* – or as literally formulated in the original references in the Dutch sources, *slaafbaarheijd*. This blunt term confronts us with the hard questions behind the shaping of historical and contemporary realities of slavery – who can be enslaved, through which means, by whom, under what conditions and to do what. And similarly important, these court records on *enslaveubility* deal not only with the questions about the practices, their dynamics and their limits, but also about what this meant for people themselves, especially the enslaved, about social strategies of survival and contestation, both within and outside market slavery regimes. Moving beyond the Atlantic narrative, these sources for the history of India contribute to the reinterpreting of the long lines, or 'deep' histories, of practices of coercion that shaped not only our past, but also our contemporary world. The city of Cochin, located in the present-day state of Kerala in southwest India, was one of the ancient hubs of the millennia-old long-distance trade connections running across the Indian Ocean world. It was also one of the first places that encountered the Portuguese arrivals and later the expanding empire of the Dutch East India Company. These sources provide an entrance into the complex everyday manifestation, regulation and contestation of slavery, and its development in this pivotal period of early modern imperialism and globalization.

The picture that is starting to emerge – and to which this books aims to contribute – is one that is noticeably more complex than the crude terms in which we might be inclined to think of slavery, based on American and Atlantic histories in which the experience of plantation slavery has taken the centre stage. This is not to say, however, that slavery and its histories in the Atlantic and the wider Indian Ocean world were entirely different. In fact, these histories of slavery were to a large extent driven by the same dynamics. The period from the sixteenth to the nineteenth century witnessed expanding global trade in luxury and increasingly (bulk) consumption commodities that fuelled production based on coerced labour across the globe. The rise of enslavement, the slave trade and slave-based production in that sense were not only directly related to Atlantic sugar, coffee and tobacco, but also to Asian nutmeg, sugar, pepper, silver and gold.

Estimates are most developed for the western Indian Ocean, indicating that at least some 392,000 enslaved persons from Madagascar, 600,000 slaves from East Africa and 400,000 slaves from the Red Sea area were transported to destinations in the Indian Ocean world over the course of the sixteenth to the eighteenth century. It may well be that these estimates will be revised upward. The share of the French slave trade supplying the expanding Mascarene Islands' plantation economy alone is already estimated at some 350,000 enslaved persons. Another 542,000 slaves are estimated to have been transported from the western Indian Ocean to the Atlantic by European merchants. It is also important to realize that the slave trade was not confined to the western parts of the Indian Ocean world, but was widespread throughout the Indian Ocean and Indonesian archipelago worlds. Large numbers of enslaved Asians and Africans were, for example, transported to the empire of the Dutch East India Company (VOC). The empire of the VOC stretched as wide as the Cape of Good Hope to Japan, but was most heavily focused on Sri Lanka, south India and parts of Indonesia. It is estimated that over the course of the seventeenth and eighteenth centuries somewhere between 660,000 to 1.1

million enslaved humans were transported to the regions under control of the VOC, especially to the nutmeg plantations of the Banda archipelago, the sugar producing surroundings of the city of Batavia (nowadays Jakarta), the silver mines of Silida on Sumatra and to the farms of South Africa. The enslaved were drawn from regions throughout maritime Asia, such as Malabar (southwest India), Coromandel (southeast India), Arakan (in present-day Myanmar), East Africa, Madagascar, South Sulawesi, Nias and the Lesser Sunda Islands. In the eighteenth century, some 300 to 400 Company-issued permits for the export of slaves were distributed annually in the city of Cochin (southwest India) alone. For the city of Makassar (Sulawesi), it is estimated that some 3,000 slaves were exported to Batavia each year, and for the island of Bali there are (probably too modest) estimates of an average slave export of 1,000 slaves annually.[1]

The expansion of market slavery in various regions in South and Southeast Asia in the early modern period occurred alongside the rise and intensification of bondage by corvée labour regimes that were geared towards export production. Under the VOC, obligatory labour service, imposed on local populations, extended to growing and delivering cinnamon on Sri Lanka, cloves on the Moluccas and coffee on Java. At the same time, despite their strong and increasing impact on global economic and political dynamics, European 'merchant' empires were not the only actors engaged in slave-based production, enslavement and the slave trade. Local polities and societies, from Southeast Asia to Madagascar, reacted to the developing world economy by increasing their use of slave and corvée labour for global commodities such as pepper. Europeans thus operated in a much more complex environment than in the Atlantic, acting alongside and in competition and interaction with Asian, African and Arab polities and merchants.

The history of slavery we encounter in the wider Indian Ocean world was therefore not entirely different from the Atlantic world, but more closely intertwined and integrated the different dimensions that were geographically much more distanced in the Atlantic. Throughout the wider Indian Ocean world,

---

[1] M. van Rossum, *Kleurrijke tragiek. De geschiedenis van slavernij in Azië onder de VOC* (Hilversum: Verloren, 2015); R. B. Allen, *European Slave Trading in the Indian Ocean, 1500–1850* (Athens: Ohio University Press, 2015), 22; Jane Hooper and David Eltis, 'The Indian Ocean in Transatlantic Slavery', *Slavery & Abolition* 34, no. 3 (2013): 353–75, 361; R. van Welie, 'Slave Trading and Slavery in the Dutch Colonial Empire: A Global Comparison', *Nieuwe West-Indische Gids* 82, no. 1–2 (2008): 45–94; M. Vink, '"The World's Oldest Trade": Dutch Slavery and Slave Trade in the Indian Ocean', *Journal of World History* 14, no. 2 (2003): 131–77; H. Sutherland, 'Slavery and the Slave Trade in South Sulawesi, 1660s–1800s', in A. Reid and J. Brewster (eds), *Slavery, Bondage and Dependency in Southeast Asia* (St Lucia: St. Martin's Press, 1983), 263–85; A. van der Kraan, 'Bali: Slavery and Slave Trade', in A. Reid and J. Brewster (eds), *Slavery, Bondage and Dependency in Southeast Asia* (St Lucia: St. Martin's Press, 1983), 315–40.

enslavement regions, slave-based production areas, consumer markets and strong developed states were mixed together in more complex configurations. First, the connections forged by the long-distance slave trade were multidirectional, forcing enslaved from Southeast Asia into South Asia, and vice versa, while forcing enslaved from East Africa and Madagascar into South and Southeast Asia; from all these regions, the enslaved in turn also ended up in South Africa. Second, regions of enslavement and the export slave trade were not distinctly separated from slave importing regions by one trans-oceanic crossing, but could be places along the same coast; these regions could also be one and the same. This had important implications for the more complex and nuanced manifestations of forms of slavery.

These elements of simultaneity and multidirectionality are integral to understanding the dynamics of slavery and the slave trade in Asia. In the Atlantic system, different systems of slavery mainly coexisted and interacted on the West African side of the Atlantic system, where corvée, debt- and/or land-based slavery existed alongside and fed into (export) market slavery. Elsewhere in the Atlantic, such interactions were less important, and European-shaped market slavery dominated. Such interactions and cross-influences between different forms of slavery existed, however, throughout the wider Indian Ocean and Indonesian archipelago worlds, with the slave trade drawing from and affecting local regimes of bondage based on social, religious, caste and ethnic differences. Again, this does not imply that market or commodified slavery was not as important, or did not function according to similar dynamics, as in the Atlantic. Instead, it stresses that rather than searching for and explaining the differences and contrasts between 'Asian slavery' and 'Atlantic slavery', it is more valuable to understand the way in which the histories of slavery unfolded in both parts of the world through the development, intersections and interactions of these pluriform systems of slavery.

This implies that we depart from the previously assumed – and increasingly debunked – characterization of 'Asian slavery', as a more local phenomenon, consisting mainly of debt bondage and urban and household slavery, or even – as previous generations of historians have framed it – a more 'benign' and 'cozy' form of slavery.[2] False dichotomies of 'benign', 'Asian', 'household' or 'urban'

---

[2]   E. Jones, *Wives, Slaves and Concubines: A History of the Female Underclass in Dutch Asia* (Ithaca, NY: Northern Illinois University Press, 2010); G. Campbell, 'Slavery in the Indian Ocean World', in G. Heuman and T. Burnard (eds), *The Routledge History of Slavery* (New York: Routledge, 2011), 52–63; P. Boomgaard, 'Human Capital, Slavery and Low Rates of Economic and Population Growth in Indonesia, 1600–1910', *Slavery & Abolition* 24, no. 2 (2003): 83–96; Reid and Brewster, *Slavery*.

versus 'European', 'Atlantic' or 'plantation' slavery are just as likely to obscure as they are to reveal, and it is thus time to move beyond such stereotypes in order to comprehend the dynamics of the wider landscape of coercive and bonded social (and labour) relations. We are still at the beginning of presenting this more nuanced and complex history of slavery, and much more work needs to be done in unearthing how these dynamics functioned in different times and places, how these systems of slavery and forced relocation affected people's lives and how these different forms of slavery and their interactions developed historically.

Urgent history

These renewed explorations of the history of slavery are not only of scholarly and historic relevance, but touch upon urgent societal issues and as such have strong implications for our understanding of the world we live in.

To highlight this point, at least three of these issues should be mentioned here. First, the phenomenon of slavery is directly related to questions of caste, its history and its legacy. Although India might be the clearest example of the legacy of caste and bondage, these questions are not unique or restricted to India. In many other regions, from Sri Lanka to Bali, and from Java to South Africa, histories of slavery and bondage are echoed in contemporary issues of inequality and differentiation. Questions of oppressive differentiations are clearly of global concern, manifesting themselves locally not only as issues of caste, but also as issues of race and social injustice. The early modern histories of slavery and bondage we encounter in the sources presented may not be the direct cause of these contemporary issues, but are a crucial background against which the long-term development and complex histories of oppressive differentiations must be understood.

Second, the debates on the history of slavery that have evolved around questions about the prevailing type or character of slavery have important implications for our understanding of the histories of colonial and pre-colonial societies. This is not only the case for chattel or commodified slavery, but also so-called caste, agrestic or domestic slaveries. Our ideas about what forms of slavery prevailed, and how these functioned, is closely connected to our understanding of the cultural, social and economic structures of historical and contemporary societies. Again, these questions are far from unique and not restricted to India alone, but find parallels, and have implications, around the globe, as indicated by the persistence of models such as the 'Asian mode of production'. Histories of slavery especially run the risk of becoming a mirror in which fixed notions on the history of specific parts of the world are reflected. Returning to the study of how slavery and bondage functioned in everyday settings and interactions is important not only to better comprehend what the experience of slavery and enslavement may have meant for the people involved, but also to improve our understanding of mechanisms and structures that otherwise remain conceptual abstractions.

Third, the history of slavery urges us, and perhaps it can help us, to understand the ongoing and continuously adapting phenomenon of coerced and bonded labour. The Global Slavery Index estimated in 2016 that across the globe 40.3 million people currently live in conditions of 'modern slavery'.[3] Extreme forms of bondage and labour coercion did not disappear therefore with the formal abolition of the slave trade and slavery in the nineteenth century. Recent ventures in the global history of labour remind us that the long histories of coercion and precarity do not develop in clear linear historical stages, but in more complex and fluid ways. The history of slavery fed into the history of coercive contract migration as well as into the history of wage labour – and in turn, these histories feed into that of modern forms of bonded labour.

The history of slavery is thus not only a history of law or ideas; it is also a history of social interaction, of violence and resistance and of a daily moulding of people's lives. It is thus primarily a history of social dynamics and structures that develop within and relating to, but not necessarily only directed by, larger historical transformations. Although these appear only in the background of these sources, the histories of slavery presented in this publication have an important place within several of them. First, there is the question of political transformation related to the rise of European powers, and the upcoming expansion of British colonialism, but also to changing Indian state formations – from fragmented early modern polities to the modernizing states of Mysore and Travancore. Second, there is the question of economic transformation and changing modalities of production from the early modern period into modern times. How this affected peoples' lives and the position of workers is a key question: how did this lead to developments from bonded agrarian labourers to uprooted workers, or reverse developments such as the increased binding of workers? Third, there is the question of cultural transformation, and whether there were drastic changes, or rather continuities, across institutions of caste,

---

[3]   For reports of the Global Slavery Index, see https://www.globalslaveryindex.org.

societal structures and relations. Did caste and social relations crystalize and harden in the nineteenth century, and how did these function prior to the expansion of British colonialism? Gaining a better insight into the earlier histories and practices of slavery is a crucial factor in better grasping these political, economic and cultural developments.

This book is created out of an awareness that we are still far from the final answers on many of these questions, and that much more research and debate is needed. It contends that important answers lie in the study of the history of everyday interactions. For such a deep social history there are unique sources available that provide us with glimpses and testimonies of everyday interactions, as for example in the detailed and unique court records in this source publication. Although shaped by the specifics of European colonial administrative practices, such sources can provide a window into histories of bondage, caste and wider social dynamics that thus far have remained much too understudied. This book calls for renewed investigations, based on sources that provide new and in-depth perspectives on historical everyday interactions. Language can be an important limitation in the study of sources and the exchange of perspectives. This book therefore aims to make these rich Dutch sources available in English, and thus accessible to students and scholars, in India and elsewhere. This material is important for academic (and societal) debates on South Asia, as well as for the study of slavery worldwide.

India, Kerala and the Dutch East India Company

The early modern Indian Ocean world was a highly developed and diverse world. Land and sea trade routes maintained by merchant diasporas created long-distance connections long before the arrival of European powers. Strong states and market economies existed in both South and Southeast Asia. In the early seventeenth century, the Dutch East India Company (VOC) entered the Indian Ocean and Indonesian archipelago following in the footsteps of the Portuguese empire that had fought its way into the Indian Ocean trade system and political relations a century earlier. Interested in gaining access to Asian global commodities that could be traded back to Europe, such as textiles, pepper, cinnamon and nutmeg, the VOC acted not only as merchant, but also as warrior, sovereign and agriculturalist in varying ways throughout the Indian Ocean and Indonesian archipelago world. In South Asia, the VOC combined its role as sovereign of coastal and partly inland regions of Sri Lanka with a position as suzerain in parts of south India and more dependent roles as merchant with a local factory in other trading places.

The region of the Malabar Coast was characterized by a complex political landscape in which multiple sovereigns ruled over stretches of land with relatively clear borders that delineated the authority of the Company and other rulers. The presence of the VOC on the Malabar Coast took the form of a series of forts and posts along the coast, with the small city of Cochin (sometimes referred to as Cochim) as the main settlement from its conquest in 1663 onwards. The VOC extended its influence from this coastal region inland, dealing with the kingdoms of Cochin, Travancore, Calicut and Kolattiri, and with various other smaller kingdoms and principalities that were either aligned with or ruled by one of these larger kingdoms. The VOC frequently came into contact with these minor polities, especially those that were officially under the suzerainty of the king of Cochin, who himself had in turn become a de facto puppet of the VOC.[4] In 1663 the Company installed Vira Kerala Varma on the throne. He was crowned with a crown bearing the insignia of the VOC, indicating that he received the throne from the Company and ruled only with their blessing. The VOC increased its grip on the throne through various treaties, and by the eighteenth century the Company controlled the succession, the administration of the king's revenue, all internal trade and all pepper production in the kingdom.[5]

The other three important kingdoms on the Malabar Coast were independent, but entered into treaties with the Company, often concerning the right to trade in pepper. Because of its alliances and treaties with local kingdoms, the VOC often found itself embroiled in local wars and rivalries on the Malabar Coast. The kingdom of Travancore was the most influential kingdom in the southernmost region of what is today the state of Kerala. Calicut was the most powerful kingdom in the northernmost region of the Malabar Coast, and had been the most important ally of the VOC in the seventeenth century. The Zamorin (ruler) of Calicut had helped the VOC defeat the Portuguese, and in return for this the VOC had promised Calicut the forts at Vypeen and Cranganore, but the promise was never fulfilled. This breach of contract would cause tensions between the VOC and the Zamorin which would result in several wars.[6] In the 1710s, the Dutch expanded their territory at the expense of Calicut with the

---

4　A. Galetti, A. J. Van der Burg and P. Groot, *Selections from the Records of the Madras Government, Dutch Records No. 13, The Dutch in Malabar* (Madras: n.p., 1911), 20. Governor Stein van Golenesse mentioned at least forty-four different rulers in his *Memorie van Overgave*.

5　M. O. Koshy, *The Dutch Power in Kerala (1729–1758)* (New Delhi: n.p., 1989), 29, 30.

6　Koshy, *Dutch Power in Kerala*, 30–4.

conquest of the coastal region of Paponetty up to Chettua.[7] Lastly the Kolattiri was a kingdom situated around the city of Cannanore. Cannanore itself was conquered by the Dutch in the seventeenth century, in return for which the king of Kolatirri would receive half the revenue that was made from the sale of (shipping) passes.[8]

The political situation as well as the policy of the VOC on the Malabar Coast would change drastically by the middle of the eighteenth century. From the 1730s onwards, the kingdom of Travancore expanded its influence from the south. In the 1740s, the Dutch East India Company was drawn into a catastrophic war with Travancore, which annexed the small states close to Cochin such as Thekkumkur and Vadakkumkur.[9] After this war ended in 1753, the VOC signed a treaty stipulating that it would withdraw from all alliances with the rulers on the Malabar Coast and that they were formal friends of the kingdom of Travancore. The Company now had to give up its monopoly claims on the coastal pepper trade.[10] After the wars between Travancore and the VOC, the Zamorin of Calicut expanded his territories by occupying Trichur, Paravur and large parts of the kingdom of Cochin by the late 1750s. From then on, however, the Malabar region started to be affected by an even bigger military and political power, the expanding state of Mysore. After earlier conquests north of Calicut, such as Mangalore in 1762, the sultan, Hyder Ali, conquered the kingdoms of Chirakkal and Calicut in 1766, and threatened to make Travancore, Cochin and the VOC his vassals. The expansion would continue with the conquest of Trichur in 1776 and the invasion of Paponetty and attacks on Cranganore in the following years. By the end of the eighteenth century, the VOC's sphere of influence was largely reduced to the areas surrounding Cochin and some of the coastal forts that remained in the hands of the Company. It has been argued that the development of a bureaucratic military state and the expansion of Mysore from the 1760s onwards broke the hegemony of the Nayars as a caste of feudal and military aristocrats, sweeping away their military power and with it 'the political institutions of Kerala'.[11]

The VOC operated within this complex and shifting landscape. At the height of its power, the Company dealt with multiple local rulers through various agreements, but also directly claimed sovereignty over local Christian

---

[7] K. M. Panikkar, *Malabar and the Dutch* (Bombay: n.p., 1931), 43–4.
[8] Koshy, *Dutch Power in Kerala*, 30–4.
[9] Panikkar, *Malabar and the Dutch*.
[10] Koshy, *Dutch Power in Kerala*, 7.
[11] Panikkar, *Malabar and the Dutch*, 89–111, 98.

communities and specific stretches of land, such as the settlement of Cochin, several forts and the conquered territory of Paponetty. Although the king of Cochin essentially adhered to the VOC, in theory the city of Cochin became a dual society, where sovereignty was shared between the king and the Company. By 1663, the VOC also claimed sovereignty over all Christians on the Malabar Coast, with the exception of the St Thomas Christians, who had lived on the Malabar Coast before the arrival of the Portuguese. All other peoples, including Jews, 'Moors' and Hindus, fell under the sovereignty of the king of Cochin or other rulers.[12] The sovereignty of the VOC extended to all Christians living in the territory of the kingdom of Travancore as well. This meant that formally the legislative powers of the VOC on the Malabar Coast extended to all its employees and nearly all Christians living within or even beyond its sphere of influence. The VOC had a number of treaties with local rulers, which included clauses that regulated the extradition of subjects prosecuted for offences within the jurisdiction of the Company (often after a trial before the Court of Justice).

Slavery: global and local

The records of Cochin are virtually unstudied, but vital for the renewal of our understanding of the history of slavery. The Malabar Coast was a region marked by local forms of bondage and slavery, but it was simultaneously an important source region for the long-distance slave trade into the rest of the wider Indian Ocean world. Slaves from this region were transported to Sri Lanka, South Africa, Java and other regions. An overseer in the mines of Silida at Sumatra reported in 1678, for example, of the high death rate amongst enslaved from the Malabar Coast.[13] As early as 1633, Malabar slaves referred to as 'Tayolen' were reported to be employed in digging canals and building defence works in Batavia.[14] And as late as October 1746, the city surgeon inspected the body of Julij van Malabaar, the slave of Apolonius van Hoogstraaten, who was found dead in the garden of his master with large wounds, presumably caused by a stabbing.[15] The Malabar Coast was, in turn, also a place to which slaves were transported from, amongst other places, East Africa and Southeast Asia.

[12] Anjana Singh, *Fort Cochin in Kerala 1750–1830: The Social Condition of a Dutch Community in an Indian Milieu* (Leiden: Brill, 2010), 39, 40.
[13] Van Rossum, *Kleurrijke Tragiek*, 60.
[14] W. Ph. Coolhaas, *Generale Missiven van Gouverneurs-Generaal en Raden aan Heren XVII der Vereenigde Oostindische Compagnie* I (Den Haag: n.p., 1960), 367.
[15] Arsip Nasional Republik Indonesia, Archive of the Schepenbank, inv.nr. 1523.

If we consider that systems of bondage and slavery were not only about the formal or legal *possession* of people, but also about the *availability* of people, or in essence their bodies, we can distinguish the different mechanisms of coercive labour relations employed in order to organize such systems. One distinction that is proposed to analyse different systems of slavery is the difference between *localizing* or *immobilizing* regimes of binding that intend to tie down people and their labour to the land, a polity or locality, and *mobilizing* regimes that intend to turn people and their labour into commodified and transferable objects that can be moved.[16] Land-, caste- and bondage-based forms of slavery, serfdom and corvée are the clearest examples of the first *localizing* bondage regimes, while commodified or market forms of slavery are the clearest examples of the second *mobilizing* bondage regimes. These immobilizing and commodified systems existed both *side by side* as well as in *interaction* with each other, but we still know very little of the ways in which this worked and how it affected the life, work and experiences of the people involved. This therefore leads to new and urgent questions with regard to the connections and influences between these different systems of slavery, as well as their characteristics and (everyday) functioning.

The region around Cochin, on the Malabar Coast in southwest India, is an interesting environment for the study of sources on enslavement and slavery. The Malabar Coast was characterized by its many waterways connecting villages and cities through backwaters and rivers. Trade and shipping connected the region to the Indian Ocean world and parts of the VOC empire, but trade links also stretched to its mountainous hinterland, the Sahyadri mountain range (or Western Ghats), and beyond that to the so-called Coromandel Coast. The Malabar region therefore offered a fertile environment for mobility and flight, but also for abduction and transport, with coastal port cities, many villages and highly diverse populations. The social make-up of the region was complex, with local Malabar communities organized around caste distinctions existing alongside St Thomas and Catholic Christian communities as well as Muslim, Jewish, Konkani and Pattar merchant communities.[17]

The local elites consisted of the Malayali Brahmins and the Nayars, or *nairos* in Dutch. The Malayali Brahmins fulfilled religious functions and worked as advisors and envoys to the rulers, while members of the he Nayars often fulfilled

---

[16] Matthias van Rossum, 'Connecting Global Slavery and Local Bondage – Rethinking Slavery in the Dutch Indian Ocean and Indonesian Archipelago Worlds', *Journal of World History* (forthcoming).
[17] H. K. s'Jacob, *De Nederlanders in Kerala 1663–1701*, RGP 43 (The Hague: n.p., 1976), xxix.

the roles of warriors and land lords in the Malabar region. Besides these elite groups, there existed a plethora of other communities or caste groups, including a large number that became associated with slave labour. For example, members of the Pulaya, Bettua, Parayar and Chego communities or caste groups were usually in relationship of dependency to or performing labour for members of the upper echelons of society. It is crucial to note, however, that these social relations were not necessarily rigid, nor that there was a clear ladder of social status. Likewise, it is not always clear whether a caste name referred to a caste sub-caste, jati, varna, occupation or community in more general or loose sense.[18] The fact that there appear many (spelling) variaties of different (sub)categories, but also the fact that there appear enslaved persons denoted as nayars in Dutch sources on slave trade (*Acten van Transport*) is perhaps a case in point.

There are numerous assumptions on the functioning, but also the development, of caste relations. The local socio-economic organization of the region is said to have been characterized by the structure of the *desam* – a local community ruled by a dominating high *jati* that owned most land, such as a family of the Nayar or Nambuthiris (Brahmin) castes, or the family of a local ruler or its vassal. The lower caste groups were bound to the dominating *jati* in the *desam* by 'functional and hierarchical relations'. Hugo s'Jacob, for example, argued that this implied that 'the relations between the *jatis* could only be upheld within a restricted area. If a member of *jati* went outside of that he lost his status and placed himself outside the social order'. This is supposed to have restricted social and geographical mobility in ways that were related to the status of a *jati* – with dominating higher *jatis* being allowed much larger ranges of mobility than people of lower status. The idea of the *jati* and *desam* as strong organizing (and restricting) principles of communities in this early period is dominant amongst some scholars, while others argue that the impact of caste systems only increased in the nineteenth century under the influence of British colonialism.[19]

At the same time, the region was not isolated and seems to have been characterized by trade connections, high diversity and geographic (coerced) mobility. Enslaved people 'from Malabar' were exported to regions across the wider Indian Ocean world and show up in sources throughout the Dutch East

---

[18] K. Saradamoni, *Emergence of a Slave Caste: Pulayas of Kerala* (New Delhi: n.p., 1980), 47; Louis Dumont, *Homo Hierarchicus, An Essay on the Caste System* (Chicago: University of Chicago Press, 1966); Susan Bayly contests Dumont in Bayly, *The New Cambridge History of India IV, Caste Society and Politics in India from the Eighteenth-Century to the Modern Age* (Cambridge: Cambridge University Press, 1999), arguing that this view of the caste system only became dominant in the nineteenth century.

[19] s'Jacob, *De Nederlanders in Kerala*, xxvi.

India Company empire. Both locally and overseas, a large variety of people engaged in the trade in enslaved people, from local Asian and mestizo inhabitants, to Arab merchants, to European company servants. Crews on board VOC vessels, active in long-distance intra-Asiatic shipping, were one of the main groups of buyers and exporters of locally enslaved persons. Besides the local forms of land-based bondage that recur in the court records, we will see that commodified forms of slavery existed in both Asian and European contexts. These were both regulated with local *olas* (written proofs of ownership) and through the Company administrations of transactions and exports of slaves (*acten van transport*; *permissiebrieven*).[20]

Sources, selection and method

As the VOC functioned not only as a trading organization, but also as a sovereign and imperial power, it was strongly invested in regulating the institution of slavery and counteracting acts it perceived as transgressions. Violations of regulations and laws with regard to the slave trade and enslavement were primarily prosecuted through the Court of Justice (*Raad van Justitie*). The preserved archival material of these court records are interesting sources for two reasons. First, the Court of Justice was at the top of the imperial and locally situated systems of social and political control, such as the city guards or the urban and rural police forces (*landdrost*, fiscal). Second, these sources contain historical information on much of these underlying processes and actors that otherwise have left almost no historical traces. As a result, the records are unique in the degree to which they contain the voices of historical subjects that have rarely been preserved (ranging from soldiers to slaves, and from *caffers* to female peddlers). The sources in this book thus provide information from a different perspective than that which prevails in much of the sources that have been used in earlier research, such as colonial reports, ethnological surveys and travel accounts.

Drawing on the rich archives of the Court of Justice of Cochin, ten court cases have been selected on the basis that these deal with the theme of

---

[20] L. Mbeki and M. van Rossum, 'Private Slave Trade in the Dutch Indian Ocean World: A Study into the Networks and Backgrounds of the Slaves and the Enslaved in South Asia and South Africa', *Slavery & Abolition* 38, no. 1 (2017): 95–116; Alexander Geelen, Bram van den Hout, Merve Tosun, Mike de Windt and Matthias van Rossum, 'On The Run: Runaway slaves and their social networks in eighteenth century Cochin', *Journal of Social History* (forthcoming).

enslavement and *enslaveability*, a term derived from the early modern Dutch *slaafbaarheijd*. The court records contain a range of documents that provide detailed insights into everyday situations, most notably through interrogations of the accused, testimonies of witnesses and the requisitory of the fiscal. Together they provide new insights into the complex historical realities in which processes of enslavement and relations of slavery are shaped. Although the nature of the judicial sources are fragmentary and the transmission of specific historical information can be distorted as a result of legal procedures and translation, these specific challenges can be compensated for by *contextualizing* methods of close-reading and through *comparative* analysis. With careful use, the testimonies and interrogations in court records can thus provide detailed information to study the dynamics of work, practices, social relations and slavery from an everyday perspective.

The availability of such sources for the (Dutch) colonial settlements in Asia (and the Atlantic) in general provides much scope for historical research on a range of important themes, and forms the basis for new research agendas on slavery and the regulation of diversity. In recent years, much of this source material has been digitized, similar to the series of archival records used for this book.[21] The use of the court records material, however, remains in large part hindered by two problems: i) the difficult and time-consuming access, especially since the records are organized mostly on the basis of chronology and the original inventories provide nothing more than the year in which court cases were concluded; and therefore ii) the difficulty of assessing the value of findings from one case or a small number of cases.

To counter this, we have employed a method of indexing the digitized court files of the criminal records of the Court of Justice of Cochin, with the index providing relevant information on court cases (with information on the type, date, topic and scan numbers, among others) and persons (including information on gender, origin, status, ethnicity and accusation).[22] The accessibility of the source material in digital and indexed form provides new research opportunities, enabling the systematic study of processes of enslavement as documented

---

[21] Through the digitization project of the Shared Cultural Heritage programme of the Nationaal Archief.

[22] The database by Matthias van Rossum, Alexander Geelen, Bram van den Hout and Merve Tosun, *VOC Court Records Cochin, 1681–1792* (Amsterdam: International Institute of Social History, 2018) has been created as part of the project *Between Local Debts and Global Markets: Explaining Slavery in South and Southeast Asia, 1600–1800* (Matthias van Rossum, NWO Veni Grant, 2016–19), and will be made publicly available after the end of the project. See http://hdl.handle.net/10622/ZI1FHR.

through the VOC trials. The indexes are not only important in solving the practical issue of finding relevant court cases, but also have methodological implications. Court records have often been used as evidence of the 'exceptional normal', making representativeness a crucial concern; to an important extent this can be counteracted by the seriality and contextualization provided by this indexing method. This opens up the possibility of a kind of global subaltern social history that uses court records to study (everyday) interactions through systematic and detailed comparative socio-historical analysis.[23]

In the criminal records of the Court of Justice of Cochin, a body of 298 court cases has been preserved for the periods between 1680 and 1682 and between 1707 and 1792. Slavery and slaves recur in many of these cases, for example in trials concerning violence against or by slaves, or in trials of slaves who tried to flee from their masters. Specific attention, however, has been paid to the issue of enslavement and the slave trade – almost 9 per cent of all cases were directly related to the enslavement or abduction of or trade in people. Within the category of 'illegal trade', court cases concerning the prosecution of illegal trade in persons formed the majority (twenty-six out of thirty-one cases). The court records indicate a strong bias in prosecution patterns towards local non-European inhabitants. Although VOC subjects were deeply involved in the slave trade, including illegal practices, they were much less likely to be prosecuted by Company authorities. This leaves us with much more information on cases involving local Mocquas and Chegos, but also Catholic and Syrian Christians (*Toepassen* and *Sint Thomas* Christians). These locals were partly subjects of the Company, but could also belong to other sovereignties, such as the kings of Cochin and Calicoilan.

The ten cases in this source publication were selected from the complete database of all criminal court records of the Court of Justice of Cochin as created by the authors as part of the project *Between Local Debts and Global Markets: Explaining Slavery in South and Southeast Asia, 1600–1800* (Matthias van

---

[23] A. Stoler, *Along the Archival Grain Epistemic Anxieties and Colonial Common Sense* (Princeton. NJ: Princeton University Press, 2009); C. Anderson, *Subaltern Lives: Biographies of Colonialism in the Indian Ocean World, 1790–1920* (Cambridge: Cambridge University Press, 2012). For VOC sources, see M. van Rossum, *Werkers van de wereld: Globalisering, arbeid en interculturele ontmoetingen tussen Aziatische en Europese zeelieden in dienst van de VOC, 1600–1800* (Hilversum: n.p., 2014), 16–19. Note also the projects *Between Local Debts and Global Markets: Explaining Slavery in South and Southeast Asia, 1600–1800* (Matthias van Rossum, International Institute of Social History, NWO Veni Grant, 2016–19) and *Resilient Diversity: the Governance of Racial and Religious Plurality in the Dutch Empire, 1600–1800* (Cátia Antunes, Ulbe Bosma, Karwan Fatah-Black and Matthias van Rossum, Leiden University and International Institute of Social History, NWO Vrije Competitie Grant, 2017–22).

Rossum, NWO Veni, 201519), based on the criteria that they explicitly deal with the issue of '*slaafbaarheid*' (enslaveability), and from there touch upon aspects of enslavement, slavery and the (illegal) slave trade. Although the language of the court records, especially the treatises of the fiscal, are at times coloured by discourses of freedom and human liberty, the authorities and legal structures that are a fundamental part of these court cases did themselves shape and uphold the institution of slavery.

The court records indicate that two issues recurred for Company authorities with regard to slavery and enslavement on the Malabar Coast. The first main theme that resounds across the court records is the issue of the legitimacy of the transaction of an enslaved person. This could be related to issues of property rights – and the question as to whether the transaction was done by the real owner of the slave. Many of these cases deal with instances of embezzlement and the lawfulness of (local or VOC) documents. The concerns around the legitimacy of the transactions could also be related, however, to the status of the slave – and the question as to whether an enslaved person could be sold or exported legally. The second main theme that recurs is that of the legitimacy of the enslavement itself. The (il)legitimacy of enslavement was in part decided by VOC regulations, based on the administration (and evidence) of enslavement, as proven by *Acten van Transport* (proof of transaction) or an *ola*. This would also depend on the background or characteristics of the enslaved, because certain subjects of the Company, such as the local community of St Thomas Christians, were protected from enslavement, while other locals could be declared to be enslaved lawfully.

The documents are in Dutch, sometimes with documents or interrogations from other languages that have been translated into Dutch by Company interpreters. The selected cases have been transcribed and translated into English. The Dutch transcriptions stay close to the original text, while in the English translation the text is presented more fully, with abbreviations converted to their full words or expressions. Most terms have been translated into English, with exceptions made for Dutch words that would otherwise lose too much of their meaning or are too contingent to be translated freely – as for example *jager*, *constabel* – or constructions and phrases in languages other than Dutch – for example in Latin, Portuguese and so on. The criminal court records of the Court of Justice of Cochin are organized in case files, and all documents contained within these case files have been included. The documents have been given a title based on the titles provided on the reverse sides of the documents or in the registers. The contemporary registers of the cases have not been included in the transcriptions and translations, but footnotes mention the relevant missing documents as reconstructed from these registers.

Reflecting on trials of enslavement

So what can these sources tell us? We think, of course, that it is mainly up to the future readers and students of these sources to see how they can be used to answer a variety of questions. We nevertheless would like to put forward some thoughts on what we think is important about this material and how it could perhaps be used for further research. The cases give an insight into societies that were very pluriform, but at the same time very interwoven. The VOC had a role in these dynamics as one of the sovereign actors within a situation of highly fragmented sovereignty.

The court cases seem to indicate, first, the relatively high level of *mobility*. Not only is there much more interaction between the Company, its personnel and lower segments of local societies than one would assume based on the official Company reports and memoirs, but the records also indicate that the mobility and cross-regional interaction of these lower social groups on the Malabar Coast may have been much greater than assumed in earlier research.[24] We see the continuous movement of people across the region, including of lower social groups, in order to buy and sell goods, to work, to visit family and friends, to claim and to litigate. There are several indications of structural contacts between different parts of the region, as shaped through the social relations of marriage, caste and friendship. We also see the illegal mobility of people running and hiding, including slaves absconding, fleeing and even converting. Further research could explore if there are marked differences in the level of mobility and dynamics of interaction for different social groups, or whether early modern societies of this region were indeed simply much more mobile and open than often thought.

A second important feature of these court records on the slave trade and slavery is that they indicate the *fragmentation and layered ways of how the control and ownership* of slaves was organized. This was the case for those that we could label 'market' slaves – who in different situations were sent with or watched over by third parties, intermediaries, acquaintances and relatives. This seems to be

---

[24] Based on the memoires, 's Jacob concluded that 'the VOC mainly had to do with the dominating *jatis* with a relatively large action radius'; s'Jacob, *De Nederlanders in Kerala*, xxvi.

even more the case with slaves that were bonded on the basis of their community status. Furthermore, these slaves did not necessarily live in the house or under the control of their (legal) master. Slaves could be hired out, temporarily or for longer periods of time. This seems to have been a widespread practice not only with regard to procuring market slaves, but also for other bonded people. The court cases also indicate how groups like the Poelias were considered to be the slaves of kings and other landlords, but in fact lived and worked under locals who took charge of employing and controlling them. The slave caste groups in turn formed local communities, with their own figures of authority. This created some degree of manoeuvring space for bonded subjects who wove a more informal web of both top-down and bottom-up social control and local social and caste relations; this led to mediated interactions that still contained a range of possibilities and openness.

Third, this combination of mobility and layered levels of control placed more emphasis on *categorization and identification*. It is striking that in the court records the processes of identification were often based on references to subjecthood, occupation or social status, and broad indications of place of residence. Geographic references were mainly limited to rough indications of where one currently lived or were one was born. Not only the VOC, but also local actors referring to themselves or to others in their testimonies before the court often formulated their subjecthood in terms of sovereignty, with references to being a *onderdaan* (subject) of the Company, the 'king of Calicoilan' or Cochin. Social status was indicated by references to community membership, such as *Chego, Nairo, Mocqua, St Thomas* or *Roomsch*, or by references to occupational status that indicate one's community position, such as *wasser* or *lascorijn*.

References to caste categories thus mainly seem to have served as a reference to community membership – these categories had the function of referring to specific and local social communities. The category of caste thus did play a role, while at the same time it did not monolithically shape social relations, as indicated by the many references to switching between religious groups, but especially also to the confusion or uncertainty about identities. Here again, future research on these sources can explore the everyday functioning of diversity in local and increasingly colonial contexts, and the shifting of the dynamics of caste, community, religion and state authority.

There is a similar tension visible in the court records when it comes to the effectiveness and reach of administrative control. The administration of enslavement and the slave trade created effects felt throughout society in the sense that slave masters or prospective buyers asked about the origins and documentation of enslaved people. Some cases indicate the difficulty of selling people without a proper *ola*, while at the same time other cases indicate the possibilities of forging *olas* as well as the regular attempts to sell people without legitimate (enslavement) *olas* or documents. More important are the indications that the desire for the administration or regulation of enslavement was also widespread outside the context of the VOC. Many of the court records show local inhabitants asking for *olas* as a proof that they are buying legitimate slaves, or refusing to buy a person without such legal proof. Inserted notes in the archives – especially the series of *Acten van Transport* – provide evidence of translated local *olas*, drawn up according to the practices of non-Company documentation of slave transactions, which may very well have started much earlier than the arrival of the European powers.

These examples indicate, fourthly, that there was a high level of *fluidity* in terms of everyday social interactions and relations between communities and social groups, even while there were strong *tensions* between norms and praxis that especially seemed to surface – or erupt – in the formal and legal contexts in which the records of these court case are produced. The cases, for example, provide insight not only into the process of slave transactions, but also into the tensions at play in establishing someone's enslaveability. This draws into the court cases not only the many different forms of deeds or *olas* –at the very minimum the transport *ola* and the verification or *slaafbare* (enslavement) *ola* – but also the many different actors involved – from sellers and buyers to writers and witnesses, intermediaries and the enslaved themselves. The participation of these different actors in the formal process of registering enslavement and transactions in the context of the VOC provided some degree of formal and informal control – although one clerk simply states that he has no choice but to believe most of the sellers who claim that they cannot provide proof of possession because the enslaved was born and raised in their household.

The fifth and final feature of these court cases worth noting is the importance of agency and resistance. Returning to the process of formalizing a slave transaction, or establishing one's enslaveability, there is the specific moment in which the enslaved is (formally) asked by the clerk to confirm one's slave status. In the cases where this was indeed done, this provided some degree of agency to the enslaved, who could claim to be of a non-slaveable origin, or otherwise speak up before the clerk. Other and perhaps even more effective forms of agency and resistance by the enslaved are visible as well – from absconding, running away and even rising up. In the rich collection of court records that remains untranslated, much more awaits to be uncovered. Other aspects of everyday interactions can be studied through these sources as well. This is true for Cochin, but also for the many other detailed archives of early modern courts.

For the moment, we think these cases are some of the most telling examples of local histories of enslavement and enslaveability, with global implications for the study of slavery. We hope this book contributes to showing the incredible potential of these sources for current and future historians, for the study of the long lines of histories of coercion and slavery, but also for the much-needed micro-histories of hitherto often unheard voices of the people of the everyday.

1

The abduction of Itti Commera

CR-69-5 Raad van Justitie, Criminele Processtukken, scan 51–61, folio 111–131

This case concerns the trial of a local Christian Mocqua named Fernando, who is accused of trying to abduct and enslave his cousin Itti Commera under the pretext of taking him to buy coconuts in Taijke. The case contains testimony by the abducted Itti Commera.

Eijsch crimineel ter dood op ende tegens den cristen Mocqua gen:t Fernando, L:ra M: N:.
Eisch crimineel ter dood, gedaan, en gemaakt mitsgaders den E: achtb: Raade van Justitie deser steede Cochim overgegeven bij ofte van wegen Otto Cloot pl: fiscaal dervoorsz: plaats en zijn geseijden amptshalven eischer ter eenre

op ende tegens

Fernando rooms cristen en Mocqua inwoonder tot Taijka thans 'sheeren gevangen der andere zijde.

E:E: achtb: heeren,

Den eijsscher zegt en is sulcx dat den gevangen zigh niet en heeft onsien zigh selfs zoo ver te buiten te gaan en zijn eigen ooms bijsitszoon den heijdens visser gen:t Itti Commera geboortigh van Aijbieka op een sinistige wijse onder voorgeven van naar Taijka om kokus en jager te haalen van Cacattie /: alwaar Itti Commera woonagtigh was :/ tot in dese stad vervoert, enzou van zijn ouders tragten te ontvremden en zoeken te vercoopen, om doordat middel zigh met de daar voor genotene coop penningen te verreijken, en hem Itti Commera zijn dagen in euwige slavernij te doen eijndigen.

Den gevangen tragt in zijn confessie zigh te verontschuldigen, met te seggen dat dit begane fijt, niet door zijn toedoen, maar door aanraden van den meede cristen Mocqua en inwoonder tot Taijka gen:t Bastiaan is geschiet, maar dewijl hij gevangen geen andere preuve kan te berde brengen als zijn zimpel zeggen, derhalven kunt hem gevangen in minste niet verschoonen.

Dit dan zijnde den schandeleuse en gants vervoeijelijke daat met opset, niet alleen omtrent zijn even mensch maar ook aan zijn eijgen familie gepleegt.

Dit E: E: wat de gelegentheijt van de saack aan gaad, nu staat te besien wat dit voor een misdaat zij en hoedanigh deselve behoor[t] gestraf[t] tewerden, deselve dan is en werd genaamt menschen diefte.

Menschen diefte werd gestraft soo wel bij de goddelijke als ook allen andere landen wetten met de dood, gelijk ons ook kennelijck in dese woorden geleert wer[t] teweten.

In de heijlige bladeren Exodus 21. vers 16. soo wie eenen mensen steelen 't zij dat hij dien verkogt heeft ofte dat hij in zijnen hand gevonden werd die sal sekerlijk gedoot werden; soodat sulcx volgens Gods ordonnantie geen twijfel heeft.

De Rooms Hollands: regten zijn van gelijken soo klaar en naakt, dat dies aangaande geen dinck ter wereld in nabedencken getrocken kan werden, want in 38. deel van misdaat tegens 't goet op 't 5:e articul staat, de kinder dieven dewelke haar ouderde jonge kinderen on[t]nemen weghbrengen dat met meeningh om deselve noijt weder teregt tebrengen wierd eerst minder, dogh bij de jongste Roomse regten, met de dood gestraft.

Justinum Goblerum doctor in de regten zegt in zijn Spiegele der regten 8:en deel p:o 119., wie eenen mensche, die zijn lijfeijgen niet en is eenen anderen vercoopt die heeft daar meede zijn leven verbeurt en sal metten swaarde tot ten dood geregt worden.

Jacobum Salweckterum Lacentiaat inde regten zegt in zijn tractaat crimineel onder het 109. capittel, soo wie een vrijgebooren of een ander mensch die zijn lijfeijgen knegt niet en is iemant vercoopt die verbeurt zijn lijf ende zal metten swaarde ter dood geregt werden.

De saake dan zijnde als vooren verhaalt en gemerkt den misdadiger een cristen zijnde, en sulcke diergelijcke voorvallen God betert hier te lande altedikmaals voorvallen.

Des soo concludeert den eijss:r ampts halven dat den gevangen bij diffinitijf vonisse van ue:achtb: een man des doods verklaard en wijders gecondenmneert sal werden om ten gewoonelijke justitie plaats gebragt zijnde den scherpregter over gelevert, door den selven met de koorde gestraft te werden datter de dood navolgt, verders het doode lighaam tot prooij der voogelen en spiegel van andere buijten aan den wik gehangen te werden, ofte anders als ue: achtb: uijt de deductie van de saacke bevinden zullen tebehooren.

Cochim den 28:e aug:o 1708 [get.] Otto Cloot.

[in margine] Tot justificatie deses legt den eijss:r over een gerecolleerde deklaratie twee attestaties en des gevangen eijgen confessie alle gelettert A: B: C: en D onder dato 20:en aug:o 1708. belegt.

Deklaratie van Itti Commera ten laste van Fernando, L:ra A.

Compareerde voor de naargen: gecommitt: leden uijt den agtb: Raad van Justitie deser stede.

Den Mocqua gen:t Ittij Commera geboortigh van Aijbike out omtrent 20 jaaren woonaghtigh op Cacattij dewelke op de afvragingh van den pl: fiscaal s:r Otto Cl[oo]t getuijgt en verklaart gel: hij doet bij desen, hoe dat Fernand[o] die te zijnen huijse nu 3 â 4 maanden geleden over 't doot slaan van een koebeest was komen vlugten, gevraagt is geworden off genegen was mede na Tijcke tegaan om kokus, en jager te kopen; den deposant hem Fernando zulx g'accordeert hebbende zijnde met haar beijde naar Taijke en aan 't woonhuijs van den christen Mocqua gen:t Bastiaan gegaan, en aldaar haar nagt rust genomen voorts deposs:t den selven dat des anderen daags met meergen: Ferdinando, en nogh twee andere inwoonders van Taijke te weten Bastiaan en Jacob gen:t naar Manicoorde is vertrocken, alwaar hij deposant aan veel genoemde Ferdinando gevraagt heeft waar wilt gij mij brengen, off wat hebt gij met mij in de zin; replicee[rde] daarop, den laast gem:de wij moeten nogh verder wesen, daar zullen wij een vrouws persoon vinden waarmede u /: de trouw teken overgegeven hebbende :/ zal uijt huwelijken en dan weer thuijs waarts keeren, voorts nogh depos:t en segt dat hij onder sodanigen discours met gem:te drie personen op Mattancherij ten huijse van den lascorijn Laurens genaamt is gekomen en vervolgens met even ge[m:] Laurens en veel gem: Ferdinando naar Cochim gaande onderwegens door den laast gen: g'instrueert is, dat hij wanneer hem imant quam te vragen off hij desselfs slaev was antwoorden zoude van jae; dus hij dan met hun drien hier ter steede gecomen zijnde door hun beijde te weten Bastiaan en Laurens, beijden opperkoopman en twede d:e: Bout gebragt, en omte verkopen als slave uijt geveijlt is, edogh door zijn e: gen: gevraagt zijnde off hij deposant Ferdinando slaav was, heeft g'antwoort neen ik ben geen slaav.

Eijndigt hiermede den deposant zijne gegevene verklaring die hij betuijgt te wesen de opregte, en sincere waarh:t over zulx hij ook bereijt blijft deselve wanneer zulx vereijscht nader gestant te doen.

Aldus gedaan en gepasseert in de stat Cochim den 20 aug:o: a:o 1708. ter presentie van de gecommitt: s:r Hendrik Coolhoff en Cornelis de Munt die de minuten deses benevens den depos:t den tolk Cornelis van Mekeren voor 't vertaalen, en mij secret:s hebben ondertekent.

Accordeert, [get.] Hardijk, secret:s.

Compareerde voor de twede maal, bij gem: gecommitt: leden uijt den agtb: Raad van Justitie deser steede den deposant voormelt, aan dewelke zijne voorenstaande verklaring wel en duidel: voorgelesen zijnde, blijft hij ten vollen /: nadat alb'voorens door den translateur Cornelis van Mekeren in de Mallabaarse tale, wel en duidel: te verstaan gegeven hebbende, daar bij nogh onveranderl: persisteren, willende nog begerende dat 'er iets meer bij off aff gedaan zal werden voorts bereijt blijvende als vooren.

Aldus gerecolleert inde stat Cochim den 21 aug:o 1708 ter presentie van de g'committ: s:r Hendrik Coolhoff en Cornelis de Munt die de minuten deses benev:s den depos:t den tolk Cornelis van [Me]keren voor 't vertolken en mij secret:s hebben ondertekent.

Accordeert, [get.] Hardijk, secret:s.

Attestatie van Jaco ten lasten van Fernando, L:ra C.

Compareerde voorde naargen: gecommitt: leden uijt den agtb: Raad van Justitie deser stede.

Rooms christen Jacô: Mocqua en inwoonder tot Taijke welke op de afvragingh van den pl: fiscaal s:r Otto Cloot getuijgt en verklaart gelijk hij doet bij desen, hoe dat den mede Mocqua Bastiaan gen:t op den 8 deser 's avont omtrent 10: uuren aan den deposants woonhuijs is gekomen, en tegens den selven gesegt heeft, komt gaat mede naar Cochim daar sijn er nogh meer luijden die mede derwaarts willen gaan, waarop hij deposant niet tegenstaande den selven een weijnigh beschonken was, sigh met nogh drie personen als Fernando, Ittij Commera en even gen: Bastiaan heeft op de reijse begeven, en is met haar op Manicôrde gekomen, daar Fernando tegens hem depos:t zeijde komt laat ons Ittij Commera verkopen hij depos:t g'antwoort heeft, ik kan geen Portugees en ingevalle ue: den selven wilt verkoopen soo moet gij daar een ander toe gebruijken die taal kundig is, waar op zij verder d' reijse voort geset hebbende naar Mattanscherij alwaar ten huijse van eenen lascorijn gen:t Laurens, ingekeert zijn; voorts en ten laasten depos:t hij, dat Fernando Ittij Commera en Laurens zijn naar Cochim gegaan dogh hem onbeken[t] zijnde tot wat eijnde off om wat reden.

Eijndigt hier mede den depos:t zijne gegevene verklaring die hij betuijgt de opregte en sincere waarh:t te zijn over zulx bereijt blijft deselve wanneer zulx vereischt nader gestant te doen.

Aldus gedaan en gepasseert in d' stat Cochin den 20 aug:o 1708. ter presentie van d' gecommitt:s s:r Hendrik Coolhof en Cornelis de Munt die de minuten deses benevens den depos:t en mij secret: hebben ondertekent.

Accordeert, [get.] Hardijk, secret:s.

Compareerde voor de naargen: gecommitt: leden uijt den agtb: Raat van Justitie deser steede voor de tweede maal, den depos:t voorm: aandewelke zijne vorenstaande verclaringe wel en duidel: van woort tot woort (door den translateur Cornelis van Mekeren) voorgelesen en in de Mallabaarse taale te verstaan gegeven hebbende blijft daar bij ten vollen persisteeren willende nogh begerende dat'er iets meer bij off afgedaan zal werden.

Aldus gerecolleert inde stat Cochim den 21 aug: a:o: 1708. ter presentie van de gecomitt: Hendrik Coolhof en Cornelis de Munt die d'minuten deses benev:s den deposant, den translateur Cornelis van Mekeren voor 't vertolken en mij secret: hebben ondertekent.

Accordeert, [get.] Hardijk, secret:s.

Attestatie van Bastiaan ten lasten van Fernando, L:ra B.

Compareerde voor de naargenoemde gecommitt:s leden uijt den agtb:e Raad van Justitie deser stede.

Den christen Mocqua gen:t Bastiaan, inwoonder tot Taijke out ongevaar 25. â 26. jaaren, dewelke op de affvragingh vande pl: fiscaal s:r Otto Cloot gedepos:t, en betuijgt heeft, gel: doet bij desen, hoe op woensd:h den 8:en deser des avonts van Caijkette aan zijn huijs waren gekomen den christen Mocqu[a] Fernando, en den heijdense dito Ittij Commera gen:t; den depos[ant] versoekende om wat rijst voor haar te willen kooken 't gun[t] hun beloofde, na het eeten, met den anderen op een mattje gelegen hebbende, verstont de depos:t uijt de twee personen hier vooren gem: dat zij genegen waren de reijse verders naar Erva voort te setten, om sekere mansjouw affte halen, en dewijl hij ook naar Cochim most gaan, om zeijlgaren, netten etc:a te kopen, zeijde den depos:t tegens Fernando dat hij op morgen mede ten eijnde voorsz: stont op wegh te begeven Fernando zulx gehoort hebbende versogt hem depos:t nogh dien eijjgensten avont met het op gaan vande maan te willen vertrecken gel: geschiet is, int heenen gaan hadde den depos:t den christen Mocqua Jacô: mede woonagtigh op Taijke met sig genom[en] als hebbende dese laaste ook eenige affaires op Cochim te verrigten, niet anders denkende off Ittij Commera was een cousijn van Fernando gel: zij malkander tituleerden, maar op

Manicoorde komende maakte Fernando den depos:t bekent, hoe hij van voornemens was Ittij Commera te verkopen, voorgevende dat eenen Calico [I]ttij wesende de oom van d:o Fernando, en van dewelke hij Fernando eenigh gelt most hebben bij manquement van pennichgen die jongen had overgegeven om te verkopen, den depos:t zulx verstaan hebbende, soude tegens meergem: Fernando gesegt hebben dat hij sigh met die saak niet konde b'moeijen, nogh hem eenigh sulx b'wijsen, vermits de Portugese taal niet en verstont, dus discourcerende voortgaande quamen gesamentl: op Mattancherij, alwaar den depos:t Ferdenando lijde ter huijse vanden lascorijn Laurens die hij versogt Fernando ontrent het verkopen vanden jongen Ittij Commera te willen behulpig wesen, Laurens zulx aangenomen hebbende te volbrengen, is na het passeeren van een verificatie ola ingeselsz: van Fernando, en Ittij Commera naar de stat gemarcheert, ten eijnde om gelt van even ged:te Ittij Commera te maken, terwijl was den depos:t en Jaco op Mattancherij gebleven, om haare particuliere saeke te bevorderen.

Eijndigende hier mede den depos:t zijne gegevene deposit: die hij verklaart te wesen de opregte en sincere waarheijt over zulx bereijt blijft, deselve wanneer 't vereijscht nader met eede gestant te doen.

Aldus gedaan en gepasseert in de stad Cochim den 20: aug:s a:o 1708. ter presentie van de gecommitt: s:r Hendrik Coolhof en Cornelis de Munt die de minuten deses benevens den depos:t /: den translateur Cornelis van Mereken voor 't vertaalen :/ en mij secret: hebben ondertekent.

Accordeert, [get.] Hardijk, secret:s.

Compareerde voor de tweede maal voor de gem: gecomitt: Leden uijt den agtb: Raad van Justitie deser stede den depos:t hier voorengen: aan de welke zijn voorenstaande verklaringe wel en duijdel: voorgelesen sijn blijft hij daar bij ten vollen persisteren, na dat albevor: door den translateur Cornelis van Mekeren in de Mallabaarse taale wel en duijdel: te verstaan gegeven hebben: willende nog begerende dat 'er iets meer bij off affgedaan zal werden, voorts bereijt blijvende als vooren.

Aldus gerecolleert in de stat Cochim den 21: aug:o a:o 1708. ter presentie van de gecommitt:s s:r Hendrik Coolhoff en Cornelis de Munt die de minuten deses benev:s den confess:t den translateur Cornelis van Mekeren voor 't vertolken, en mij secret:s hebben ondertekent.

Accordeert, [get.] Hardijk, secret:s.

Confessie van Fernando, L:ra D.
Compareerde voor de naargen: gecomitt:s leden uijt den agtb: Raad van Justitie deser steede.

Den conff:t zijnde een christen Mocqua gen:t Ferdinando van Taijke oud omtrent 30 jaaren, thans 's heeren geva[ngen] dewelke buijten pijn van ijser off banden ter examinat[ie] van p:l fiscaal s:r Otto Cloot vrijwilligh geconff:t heeft, gel: hij bekent bij desen, hoe dat hij om sekere reden van Taijke naar Caijkette gevlugt is, en sig da[ar] voor eenigen tijd bij zijn oom Calcoettie genaemt, op gehouden heeft; voorts conff:t hij dat hij zijn ooms b[ij]sits soon den Mocqua Itti Commera gen:t mede genomen heeft naar Taijke onder pretext van kokus en jager te kopen dogh dat ten huijse van eenen Bastiaan ter gem: plaatse woonaghtigh op den 8: dese[r] 's avonts omtrent 8 uuren gekomen zijnde om te vernag[ten] hij Bastiaan even gen:t hem confess:t g'induseert heeft om meergem: Ittij Commera tot slaav temaken en den selven hier op Cochim te verkopen; ten welke eijnde hij dan sigh ook met voorsz: personen naar Mattancherij getransporteert, daar bij eenen lascorijn Laurens gen:t een verificatie ola van dikgem: Itti Commera slaafbaarh:t laaten maken vervolgens den selven hier in de stadt gebragt, en aan d'heer Baut uijt geveijlt heeft.

Eijndigende hiermede den confess:t zijne gegevene confessie, die hij betuijgt de opregte en sincere waarh:t te wesen, over zulx bereijt blijvende deselve met eede nader gestant tedoen.

Aldus gedaan en gepasseert in de stat Cochim den 20 aug:s a:o 1708. ter presentie van s:r Hendrik Coolhoff en Cornelis de Munt als gecommitt: die de minuten deses benevens den confess: en mij secret: hebben ondertekent. Accordeert, [get.] Hardijk.

Compareerde voor de twede maal bij voorm: gecomitt: leden uijt den agtb: Raad van Justitie deser stede.

Den confess:t int hooft deses gem: aan de welke zijne vorenstaande confessie wel en duijdel: voorgelesen zijnde blijft hij daar bij ten vollen /:nadat albevorens door den translateur Cornelis van Mekeren in de Mallabaarse taale wel en duidel: te verstaan gegeven hebbende:/ persisteren, willende nog begerende dat 'er iets meer bij off aff gedaan sal werden, voorts: bereijt blijvende als vooren.

Aldus gerecolleert in de stat Cochim: den 21: aug:s 1708. ter presentie van de gecommitt: s:r Hendrik Coolhoff en Cornelis de Munt die de minuten deses benev:s den confess:t den translateur Cornelis van Mekeren voor 't vertolken en mij secret: hebben ondertekent. Accordeert, [get.] Hardijk, secret:s.

Compareerde in judutie den confessant in de bovenstaande verklaring gem:t welk zijn gedaane confessie aan eer maal duidelik en in Mallabaarse taale te verstaan gegeven ende blijft daer bij ten vollen persisteren niets begerende dat er iets meer bij off aff gedaen zal werden.

Dato 28: aug:s 1708.

Ons present: [get.] P:r Bout, en Laurens Clasen.

Gestelt: [get.] bij Ferdinando.

[in margine] Door den tolk Laurens Parera en Francisco Rodrigo voor ons uijt Mallab:ren tale in t Portigees vertaalt.

[get.] Pereras, Fran:co Rodrigues.

The abduction of Itti Commera, CR-69-5 (translation)

Eijsch crimineel to death against the Christian *Mocqua* named Fernando, letter M N.

Eisch crimineel to death, done, and made and handed over to the honourable Council of Justice of this city of Cochim by or in [the] name of Otto Cloot deputy fiscal of the aforementioned place and its official *eischer* on one side

against

Fernando, Roman Christian and *Mocqua*, resident of Taijka, currently the lords' prisoner on the other side.

Honourable lords,

The *eijsscher* says and is of the opinion that the prisoner has not refrained from deceitfully transporting to this town his own uncle's concubine's son, the heathen fisherman named Itti Commera, born in Aijbieka, with the excuse of going to Taijka to get *kokus* and *jager* from Cacattie (where Itti Commera resided), and like this trying to take him away from his parents and trying to sell him, to enrich himself with the received commission, and to make Itti Commera's days end in eternal slavery.

In his confession, the prisoner seeks to apologize by saying that this crime was committed, not by his doing, but upon recommendation of the fellow Christian *Mocqua* and resident of Taijka named Bastiaan, but because the prisoner cannot put any other proof forward except for his word, the prisoner cannot clear his name in the least.

This, then, being a scandalous and abominable deliberate act, committed not only against his fellow human being but also against his own family.

Concerning this case, honourable lords, it should now be determined what kind of crime this is and how it should be punished, it being and having been called human theft.

Human theft was punished by death, by divine as well as all other countries' laws, as we were taught to know in these words.

In the holy pages of Exodus 21 verse 16, he who steals a human being, whether he has sold that person, or he is caught with the person, will certainly be killed; so that there is no doubt about this according to God's statute.

The Roman Dutch laws are similarly clear and transparent, that there is nothing in the world that can be questioned regarding this matter, because in part 38 of crimes against property in the 5th article it says, that *kinderdieven* who strip parents of their young children and take them away with the intention of never bringing them back, were punished at first less, but by the most recent Roman laws with death.

Justinum Goblerum, doctor of law, says in his *Spiegele der regten* 8th part, page 119, whoever sells a person who is not his slave, has forfeited his life and shall be punished by death with a sword.

Jacob Salweckterum, licentiate in law, says in his *Tractaat crimineel* in the 109th chapter, whoever sells a freeborn or any person who is not his *lijfeijgen knegt* forfeits his body and shall be put to death with a sword.

The case thus being as told before, and noted that the perpetrator is a Christian, and such occurrences, may God improve it, happen often in this land.

Therefore the *eijsser* concludes in his official capacity that the prisoner, with certain judgement of your honourable, shall be declared a dead man and furthermore shall be condemned to be brought to the regular place of execution and delivered to the executioner, by whom he will be punished with the rope until death follows, furthermore the corpse shall be hanged on the *wik* outside to serve as prey for the birds and as an example for others, or else as your honourable will deem to be fitting from the account of the case.

Cochim 28 August 1708, [signed] Otto Cloot.

[in margin] For the justification of this, the *eijsser* hands over a verified declaration, two testimonies, and the prisoner's own confession, all marked A, B, C and D, recorded under the date of 20 August 1708.

Declaration of Itti Commera against Fernando, letter A.

Appeared before the aforementioned delegated members of the Council of Justice of this city.

The *Mocqua* named Ittij Commera, born in Aijbike, around 20 years old, residing at Cacattij, who in answer to the questioning of the deputy fiscal sir Otto Cloot, testified and attested as he hereby does, how Fernando, who fled to his house 3 or 4 months ago because he killed a cow, asked him if he wanted to come with him to Tijcke to buy *kokus* and *jager*; the deponent accepted Fernando's request and they both went to Taijke and to the house of the Christian *Mocqua* named Bastiaan, and after sleeping there for the night, he further deposits that the next day he left together with aforementioned Ferdinando, and two more inhabitants of Taijke, namely Bastiaan and Jacob, to Manicoorde, where the deponent asked the aforementioned Ferdinando, where are you taking me, or what do you want to do with me; to which the last mentioned answered, we have to travel further, there we shall find a woman with whom you (when the symbols of marriage have been transferred) shall be married and then return home, furthermore the deponent says that he, having this conversation, together with the aforementioned three persons, arrived at the house of the lascorin called Laurens, and that thereafter he left with Laurens and Ferdinando to Cochim, on the way he was instructed by the last mentioned that whenever someone asked if he [Ittij] were his slave, he should answer yes; thus the three arriving here in the city, brought by them both, namely Bastiaan and Laurens, to the chief merchant and second the honourable Bout, and auctioned to be sold as a slave, yet when he was asked by his honourable whether he was Ferdinando's slave, he answered no I am no slave.

The deponent ending herewith his given statement, which he declares to be the sincere and honest truth, he remains willing to reaffirm this when he is required to in the future.

Thus done and recorded in the city of Cochim on 20 August 1708 in the presence of the delegates sir Hendrik Coolhoff and Cornelis de Munt who have signed the original of this besides the deponent, the interpreter Cornelis van Mekeren for the translation, and me the secretary.

Approves, [signed] Hardijk, secretary.

Appeared for the second time, before the mentioned delegated members of the honourable Council of Justice of this city, the aforementioned deponent, to whom his above statement was well and clearly put, he persisted fully (after having been well and clearly explained to him by the interpreter

Cornelis van Mekeren in the Malabarian language) and invaryingly, wanting nor desiring that anything was added nor deducted, furthermore remaining willing as above.

Thus verified in the city of Cochim [on] 21 August 1708 in the presence of the delegates sir Hendrik Coolhoff and Cornelis de Munt, who signed the original of this besides the deponent, the interpreter Cornelis van Mekeren for the translation, and me the secretary.

Approves, [signed] Hardijk, secretary.

Statement of Jaco against Fernando, letter C.

Appeared before the undermentioned delegated members of the Council of Justice of this city.

The Roman Christian Jacô *Mocqua* and resident of Taijke who, after the interrogation by the deputy fiscal sir Otto Cloot, testified and attested hereby, how the fellow *Mocqua* named Bastiaan arrived at the deponent's house on the 8th of this month in the evening around 10 o'clock, and told him, come with me to Cochim, there are more people who want to come with us thither, whereupon the deponent, notwithstanding that he was a little drunk, travelled with three more persons, Fernando, Itti Commera and aforementioned Bastiaan, and arrived with them on Manicôrde, where Fernando told the deponent, come let us sell Itti Commera, to which the deponent answered, I cannot speak Portuguese and in case you want to sell him, you must use someone who knows the language, whereupon they continued their journey to Mattenscherij, where they entered the house of a lascorin named Laurens; furthermore and lastly he declared that Fernando, Itti Commera and Laurens left for Cochim, yet it was not known to him to what end or reason.

The deponent ending herewith his given statement, which he declares to be the sincere and honest truth, he remains willing to reaffirm this when he is required to in the future.

Thus done and recorded in the city Cochin on 20 August 1708, in the presence of the delegates sir Hendrik Coolhof and Cornelis de Munt who have signed the original of this besides the deponent, the interpreter Cornelis van Mekeren for the translation, and me the secretary.

Approves, [signed] Hardijk, secretary.

Appeared again before the undermentioned delegated members of the honourable Council of Justice of this city, the aforementioned deponent to whom his above declaration was well and clearly read word for word (by the interpreter Cornelis van Mekeren) and explained in the Malabarian language he fully persists with it, wanting nor desiring that anything was added nor deducted.

Thus verified in the city of Cochim [on] 21 August in the year 1708 in the presence of the delegates Hendrik Coolhof and Cornelis de Munt who signed the original of this besides the deponent, the interpreter Cornelis van Mekeren for translating and me the secretary.

Approves, [signed] Hardijk, secretary.

Statement of Bastiaan against Fernando, letter B.

Appeared before the aforementioned delegated members of the Council of Justice of this city.

The Christian *Mocqua* named Bastiaan, resident of Taijke aged 25 or 26 years, who upon the questioning by the deputy fiscal sir Otto Cloot, testified and attested hereby as follows, how the Christian *Mocqua* Fernando and the heathen *dito* named Ittij Commera arrived at his house from Caijkette on Wednesday the 8th of this month in the evening, asking the deponent if he could cook some rice for them, which he promised to do for them, after dinner, when he was lying on a mat together with the others, the deponent understood from the aforementioned two persons that they were inclined to continue their journey further to Erva, to fetch a certain *mansjouw*, and since he also had to go to Cochim, to buy *zeijlgaren*, nets *etcetera*, the deponent said to Fernando that he would also leave tomorrow, Fernando, upon hearing this, requested him if they could leave that same evening when the moon came up and so it happened, during the journey the deponent took the Christian *Mocqua* Jaco, who also lived in Taijke, with him, since he also had some affairs in Cochim to take care of, believing that Ittij Commera was a cousin of Fernando, as they called each other such, but arriving at Manicoorde, Fernando notified the deponent that he was planning to sell Ittij Commera, saying that one Calico Ittij, being Fernando's uncle, who owed money to Fernando, gave Fernando the *jongen* to sell due to lack of money, the deponent upon hearing this, would have told aforementioned Fernando that he could not interfere with this business, nor that he could be of any help, since he does not speak Portuguese, travelling further they arrived on Mattencherij, where the deponent led Ferdenando to the house of the lascorin Laurens, whom he requested to help Fernando with the sale of the *jongen* Ittij Commera, which Laurens promised to do, and after receiving a verification *ola*, he, Fernando and Ittij Commera marched to the city, to make money off the mentioned Itti Commera, meanwhile the deponent and Jaco stayed in Mattancherij to take care of their private business.

The deponent ending herewith his given testimony, which he declares to be the sincere and honest truth, he remains willing to reaffirm this when he is required to in the future.

Thus done and recorded in the city Cochin on 20 August 1708, in the presence of the delegates sir Hendrik Coolhof and Cornelis de Munt who signed the original of this besides the deponent, the interpreter Cornelis van Mekeren for the translation, and me the secretary.

Approves, [signed] Hardijk, secretary.

Appeared for the second time before the delegated members of the honourable Council of Justice of this city, the aforementioned deponent to whom his above deposition was read well and clearly, he persists fully, after it was well and clearly explained to him in the Malabarian language by the interpreter Cornelis van Mekeren: wanting nor desiring that anything was added or deduced, furthermore remaining willing as above.

Thus verified in the city of Cochim [on] 21 August 1708 in the presence of the delegates sir Hendrik Coolhoff and Cornelis de Munt who signed the original of this besides the deponent the interpreter Cornelis van Mekeren, and me the secretary.

Approves, [signed] Hardijk, secretary.

Confession of Fernando, letter D.

Appeared before the aforementioned delegated members of the Council of Justice of this city. The confessant, being a Christian *Mocqua* named Ferdinando from Taijke, age around 30 years, now imprisoned, who, without pain of iron or bonds, by examination of the deputy fiscal sir Otto Cloot, confessed voluntarily, that which he confesses here, how he fled from Taijke to Caijkette for a certain reason, and for a time hid with his uncle Calcoettie; furthermore he confesses that he took his uncle's concubine's son the *Mocqua* named Itti Commera with him to Taijke under the pretext of buying *kokus* and *jager,* however when they arrived at the house of Bastiaan who lived at the aforementioned place, on the 8th of this month around 8 o'clock to stay the night, the aforementioned Bastiaan convinced the confessant to enslave aforementioned Ittij Commera and sell him in Cochin; to which end he then travelled with these persons to Mattancherij, where they obtained a verification *ola* from a lascorin named Laurens, after which they brought him to the city and sold him to the lord Baut.

The confessant ending herewith his given confession, which he declares to be the sincere and honest truth, he remains willing to reaffirm this when he is required to in the future.

Thus done and recorded in the city of Cochim on 20 August 1708, in the presence of the delegates sir Hendrik Coolhof and Cornelis de Munt who have signed the original of this besides the confessant, the interpreter Cornelis van Mekeren for the translation and me the secretary.

Approves, [signed] Hardijk.

Appeared for the second time before the aforementioned delegated members of the Council of Justice of this city.

The confessant, mentioned in the heading, to whom his above confession has been well and clearly read, he persists fully (after it was well and clearly explained to him by the interpreter Cornelis van Mekeren in the Malabarian language), wanting nor desiring that anything was added nor deducted, furthermore remaining willing as above.

Thus verified in the city of Cochim [on] 21 August 1708 in the presence of the delegates sir Hendrik Coolhoff and Cornelis de Munt, who signed the original of this besides the deponent, the interpreter Cornelis van Mekeren for the translation, and me the secretary.

Approves, [signed] Hardijk, secretary.

Appeared *in judutie* the confessant mentioned in the above statement, to whom his given confession was clearly explained in the Malabarian language, and [who] persists fully with it, desiring nothing to be added or deducted.

Dated 28 August 1708.

Us present: [signed] P.r Bout, and Laurens Clasen.

Set by: [signed] Ferdinando.

[in margin] Translated by the interpreter Laurens Parera and Francisco Rodrigo for us from the Malabarian language to Portuguese.

[signed] Pereras, Fran.co Rodrigues.

2

Searching for Kalie

CR-114-3 Raad van Justitie, Criminele Processtukken,
scan 58-82, folio 127-174[1]

This case concerns the investigation into the violent abduction of the girl Kalie. She and her guardians claim that she was taken away by her neighbour when she went outside the house one night to relieve herself because she had a painful stomach. The neighbour, the 'Malabarian' Parambil Barkie, is accused of having brought her to the Malabar woman Maleparti Marian. The case contains details on the abduction and the transaction, as well the search for Kalie.

Gerecolleerde verklaering van Parambil Barkie.
Compareerde voor de na te noemen gecomitteerde leden uit den achtbaren Raad van Justietsie deezer steden de gevangen Malabaar Barkie van de Pagodinhos, van competenten ouderdom en roomsch, dewel ter requisietsie van den koopman en fiskaal deezes goevernements de heer mr: Jan Willem Hendrik van Rossum, en door vertaaling van den tolk Dionijs Alewijn, verklaarde; dat circa 20: dagen op zeeker avond te 6: uur het meisje Kalie bij hem aan huis gekoomen was; dat hij het kind een dag bij zich gehouden had; dat hij des anderen dags bij Maleparte Marian gegaan was en gevraagd had, of zij een slaave meisje koopen wilde: dat zij toen gezegd had, om het meisje bij haar te brengen, het geen geschied is; dat Maleparte Marian toen gezegd had laat het meisje 2 à 3 dagen hier, ik zal eenig geld zoeken om u te geeven! dat hij 3 dagen daar na bij haar gekoomen was, en ten antwoord bekomen had, dat zij omgezien had naar menschen die het meisje koopen wilden, doch dat zij geene had kunnen opdoen, en daarom hem gezegd had, om het meisje weder mede te neemen, dat hij toen met het meisje naar kapitein Bapa Salia zijn huis gegaan was, en aan deszelfs weduwe het meisje

---

[1] Het register van de zaak verwijst ook naar de (ontbrekende) stukken H (Extract uit de crimineele rolle, 29 augustus 1792), I (Extract uit de crimineele rolle behelsende het vonnis, 9 september 1792) en K (Acte van approobaatsie van gouverneur Johan Gerard van Angelbeek, 17 november 1792).

gegeeven had, wijl hij aan haar twaalf ropijen schuldig was, met bijvoeging, dat zij het meisje zoo lange bij haar houden konde; dat hij daarop was heen gegaan. Op speciaale afvraage, hoe hij een ander manskind konde aan houden, te koop presenteeren en onder een matje bergen? Verklaarde hij, om de wille van het kind te verkoopen, hetzelve aan gehouden had en daar in gefraudeerd had. Verders; hoe hij het meisje aan Maliaporte Marian te koop konde presenteeren, en drie dagen aldaar laaten verblijven zoo hij geen kennis aan haar had, of dat hij wist dat zij zich met zoortgelijk zaaken ophield? Verklaarde hij dat hij wel te vooren kennis aan hare gehad, maar noit geen slaaf verkogt had.

Kananoe, Madi, Maren, Maliparte, Marian en het meisje Kalie, hem gevangen in judicio vertoond zijnde, verklaarde hij dezelve te zijn, waar van in den text gesprooken is.

Hier mede eindigde de gevangen deeze zijne verleende confessie, die hij betuigde de zuivere en oprechte waarheid te behelzen.

Aldus gedaan en geconfesseerd binnen de stad Koetsiem ter ordinaire Raadkamer der Justietsie, op woensdag den 25:e juli 1792; in presentsie van d:e:s Pieter Elstendorp en Johan Christiaan Frischbier, leden, die de minute deezes, nevens de confessant, voorsz: tolk en mij gezw: klerk hebben onderteekend, Quod attestor, [get.] J: V: D: Poel, g: klerk.

Compareerde andermaal voor de na te noemene gecommiteerde E:s leden uit den achtb: Raad van Justitite deezer stede de gevangen Barkie, in de voorenstaande confessie breeder vermeld, welke hem nu wederom ten overstaan van den koopman en fiskaal deezes goevernements de heer m:r Jan Willem Hendrik van Rossum door mij gezw: klerk van woorde te woorde distinc [...] voorgeleezen, en door vertaaling van den tolk Dionijs Alewijn duidlijk te verstaan gegeven zijnde, bleef daarbij ten vollen persisteeren, eerlijk met deeze verandering opde afvraage van d:e: fiskaal, hoe hij konde opgeeven dat het meisje 2: a 3: dagen bij Maleparte Marien is geweest daar zij verklaard heeft van smorgens te 5 tot savonds te 5 uur bij haar gehouden te hebben, zo verklaard hij dat het de waarheid was 't geen hij opgegeeven heeft Maliaparte Marian binnen gescheld en afgevraagd zijnde hoe lange het kind bij haar gebleven is, zeide zij maar een dag en beriep zich op het kind, die toen in judicio geciteerd en haar facie staande hield, dat zij vijf dagen bij Maliaparte Marian geweest is.

Aldus gerecolleerd en gepersisteerd binnen de stad Koetsiem ter ordinare Raadkamer der Justietsie op woensdag den 31:e juli 1792 in presentsie van d:e:s Pieter Elstendorp en Johan Christiaan Frischbier, leden.

Als gecommitteerden, [get.], P: Elstendorp, J: C: Frischbier.

Voor de vertaaling, [get.] Dio: Aleweijn.

Dit is [get.] door de gevangen zelfs gesteld.

In mijn kennis, [get.] J: V: D: Poel, g: klerk.

Gerecolleerde verklaering van de vrouw Maleparti Marian, B.

[in margine] Pro fisco.

Compareerde voor de natenoemene gecommitteerde E:s leden uit den achtb: Raad van Justietsie deezer stede de christen Malabaarsche vrouw Maleparti Marion, van Erratoerti, van competenten ouderdom en roomsch; dewelke ter requisietsie van den koopman en fiskaal deezes gouvernements de heer m:r Jan Willem Hendrik van Rossum en door vertaaling van den tolk Dionijs Alewijn, verklaarde; dat op zeeker morgen te 5: uur Parambil Barkie / welke haar in judicio vertoond zijnde, zij voor denzelven erkende / bij haar gekoomen was en haar geroepen had, dat zij beiden gekoomen door hem gevraagd was geworden, of zij een slaave meisje /welke haar in judicio vertoond zijnde, zij dezelfde verklaarde te zijn / wilde koopen? Dat zij gevraagd had, hoe koomt gij aan het meisje van wat kasta is zij? Dat hij geantwoord had, ik heb ze van een ander Malabaar gekreegen; dat zij toen naar de ola gevraagd had, dat hij geantwoord had geen ola te hebben; waarop zij gerepliceerd had, zoo jij geen ola hebt, wil ik ze niet hebben dat hij toen gezegd had, laat het meisje zoo lange hier blijven, ik zal even naar Mattanseeri gaan om voor twee fanems jager te koopen; dat het meisje toen bij haar gebleeven en zij om haar werk uitgegaan was; dat savonds te 5: uur de Malabaar wedergekoomen, het meisje weggenoomen had; dat zij naderhand den Malabaar niet meer gezien had, als gistern, toen zij bij den heer fiskaal geroepen is geworden.

Op speciaale afvraage van den heer fiskaal, hoe zij oogenbliklijk konde toestaan, dat het meisje bij haar zoude blijven? Antwoorde zij, het daarom toegestaan te hebben, wijl hij haar maar voor een oogenblik daarom gevraagd had, zonder dat zij iets quaads vermoede.

Hier meede fineerde de comporante deeze haar verleende verklaaring die zij betuigde de zuivere en oprechte waarheid te behelsen, overzulx bereid te zijn, ten allen tijde, den gerequireerd wordende, het gedeposeerde met corporeelen eede te sterken.

Aldus gedaan en verklaard binnen de stad Koetsiem, ter Raadkamer der Justietsie, op woensdag den 25:e juli 1792 in presentsie van d'E:s Pieter Elstendorp en Johan Christiaan Frischbier, leden, die de minute deezes neevens de comparante, voorsz: tolk en mij gezw: klerk hebben onderteekend.

Quod attestor, [get.] J: V: D: Poel, g: klerk.

Compareerde andermaal voor de natenoemene gecommitteerde E:s leden uit den achtb: Raad van Justietsie deezer stede, Maleaparte Marian, in de voorenstaande verklaaring breeder vermeld, welke haar nu wederom ten overstaen van den koopman en fiskaal deezes goevernement DE heer M:r Jan Willem Hendrik van Rossum door mij gezw: klerk van woorde te woorde distinct voorgeleezen, en door vertaaling van den tolk Dionijs Alewijn duidlijk te verstaan gegeeven zijnde, bleef zij daar bij ten vollen persisteeren, zonder de minste verandering te begeeren.

Op afvraage van d:e: fiskaal, hoe zij het kind konde aanhouden daar geen ola van was en zulx niet de eert [...] bekend gemaakt had? Verklaarde zij dat zij niet geweeten had, dat het kind gestoolen was, of hoe hij er aan kwam. Het kind in judicio geroepen zijnde, wierd zij door [...] waarop zij verklaarde dat zij het kind 4 dagen bij haar aan gehouden had; dat zij uit vreese vercklaard heeft gehad het kind maar een dag aangehouden te hebben.

Aldus gerecolleerd en gepersisteerd binnen de stad Koetsiem ter ordinaire Raadkamer der Justietsie in de tegenwoordigheid van den gevangen Barkie, op den dag den 31:e juli 1792, in praesentsie van d:e:s Pieter Elstendorp en Johan Christiaan Frischbier, leden.

Als gecommitteerden, [get.] P: Elstendorp, J. C. Frischbier.

Voor de vertaling, [get.] Dio: Aleweijn.

Dit [get.] door Maliaparte Marian zelfs gesteld.

In mijn kennis, [get.]J: V: D: Poel, g:klerk.

Interrogatoria voor Maleparte Marian, C.

Interrogatoria om daar op ten overstaan van heeren commissarissen uit den agtbaeren Raad van Justitie de E: Pieter Elstendorp en Johan Christiaan Frischbier gehoord en gevraagd te werden de Malabaarsche christen vrouw Maleparte Marian van Erratoerti.

Art: 1

Hoe genaemden hoe oud zij is?

Malepartie Marian, oud 40 jaar.

2

Van waar geboortig en welke religie zij toegedaan is?

Van Erratoerti en de roomsche relisie toegedaan.

3

Of in de jongst gepasseerde maand julij den Malabaar Parambil Barkie niet op eenen zeekeren dag bij haar aan huis gekoomen is geweest en haar afgevraagd heeft gehad of zij een meisje wilde koopen?

[Antwoord ontbreekt]

4

Of zij daar niet op gerepliceerd heeft gehad dat Parambil Barkie het meisje maar bij haar soude brengen?

[Antwoord ontbreekt]

5

Of Parambil Barkie zulks niet heeft gedaan gehad?

[Antwoord ontbreekt]

6

Of zij geinterrogeerde toen niet teegens Parambil Barkie gesegd heeft gehad, laat het meisje twee a drie daegen hier, ik sal eenig geld soeken om u te geeven.

Ja, mits dat hij een ola bragt.

7

Of Parambil Barkie geen drie daegen daar na weer bij haar gekoomen is geweest?

Ja.

8

Of zij hem bij die geleegentheid niet ten antwoord heeft gegeeven gehad, dat zij om lieden om gesien had of iemand het meisje koopen wilde, dog dat zij geene had kunnen opdoen?

Ja, dat zij hem gezegd had, zoek jij een ola, ik zal naar menschen zoeken.

9

Of zij niet verders teegen Parambil Barkie gesegd heeft gehad om het meisje weer meede te neemen?

Ja, zij konde ze niet verkopen, daarom had zij gezegd, om het meisje weder mede te neemen.

10

Of zij niet zelfs bij haar gerecolleerde verklaering heeft opgegeven gehad, dat toen Parambil Barkie met het meisje bij haar gekoomen was, zij den selven de ola heeft afgevraagd gehad, en dat Barkie daar op geantwoord had geen ola te hebben?

[Antwoord ontbreekt]

11

Hoe zij dus bewust sijnde dat het meisje geen suiver slavin was dewelke verkogt konde worden na lieden heeft durven omsien om haar te verkoopen, en bovendien vier a vijf daegen bij haar aan te houden?

Zij heeft dat wel gezegd gehad maar niet om gesien naar leden om het meisje te verkopen.

12

Of zij zulks niet gedaan heeft gehad in hoope van met voorm: meisje gewin te drijven?

Ja, als de ola goed was geweest, zoo zoude zij daar uit winst gedaan hebben.

13

Of zij als nu niet moet gestand doen bij haare gerecolleerde verklaering de waarheid verdronken te hebben gehad door quasi op te geeven, dat het meisje eenelijk van s, morgens te vijf tot s, avonds te vijf uur bij haar aangehouden was geweest schoon het teegendeel zowel door de opgaeve van Barkie als het meisje geprobeerd word?

[Antwoord ontbreekt]

14

Of zij zulks niet voor bedagtelijk gedaan heeft gehad, omdat haar al te wel bewust was dat zij het meisje niet mogt aanhouden sonder den interrogant daar van terstond kennis te laeten toekomen?

Wanneer het een slavine was geweest, dan zoude zij zulx hebben aangegeeven gehad aan den heer Fiskaal, maar vermits zij een vrije meisje was had zij het niet gedaan.

15

Of zij niet moet bekennen dat zij door het aanhouden van een andermans kind, en het selve te koop te presenteren sig strafschuldig heeft gemaekt wijl se niet

voor geeven kan in deeser onbedreeven te sijn, als zij sig bereeds lange met de slaeven negotie heeft opgehouden gehad?
Zij weet niet of zij strafschuldig is.

16
Of zij op alles na waarheid geantwoord heeft?
Ja op al wat haar gevraagd is heeden.

[in margine] Aldus gevraagd en beantwoord binnen de stad Koetsiem ter ordinaire Raadkamer der Justietsie op saturdag den 4. august: 1792 in presentsie van d:e: Johan Christiaan Frieschbier en Johannes Wolff leden.
Als gecommit:s, [get.] J: C: Frischbier.

Dit is door Marian zelf gesteld [get.].
Cochim den 4 august 1792, [get.] J: W: H: van Rossum.
Voor de vertaaling, [get.] Dio: Aleweijn.

Compareerde andermaal voor de natenoemene gecommiteerde E:s leden uit den achtbaren Raad van Justietsie deezer stede, Maleparta Marian, breder geciteerd in de voorenstaande interrogatoria, dewelke haar nu wederom met de daar op gegeevene responsiven, ten overstaan van den koopman en fiskaal dezes goevernements de heer m:r Jan Willem van Rossum, door mij gezworene klerk van woorde te woorden distinct voorgeleesen, en door vertaaling van den tolk Dionijs Alewijn duidlijk te verstaan gegeeven zijnde, bleef zij daar bij ten vollen persisteeren, als eerlijk op art: 6 dat zij gevraagd heeft gehad naar de ola, als wanneer zij geld zoude zoeken.

Aldus gerecolleerd gepersisteerd en gealtereerd binnen de stad Koetsien ter ordinaire Raadkamer der Justietsie op maandag den 6:en augustus 1792 in presentsie van d:e:s Johan Christiaan Frischbier en Johannes Wolff, leden.
Als gecommitteerden, [get.] J: C: Frischbier, Johann Wolff.
Voor de vertaling, [get.] Dio: Alewijn.
Dit is [get.] door de geinterrogeerde zelfs gesteld.
In mijn kennis, [get.] J: V: D: Poel, g: klerk.

Gerecolleerde verklaering van den den wasser Maren van Tutocorijn, D.
[in margine] Pro fisco.
Compareerde voor de natenoemene gecommitteerde E:s leden uit den achtb: Raad van Justietsie deezer stede de wasser Maren van Tutukorijn, van

competenten ouderdom en heiden, dewelk ter requisietsie van den koopman en fiskaal deezes goevernements de heer m:r Jan Willem Hendrik van Rossum en door vertaaling van den tolk Dionijs Alewijn verklaarde, dat op zeeker avond te 8. uur het meisje Kalie, die hij tot zijn kind aangenoomen heeft, pijn in de buik gekreegen hebbende, naar buiten gegaan was om haar gevoeg te doen; dat zijn buurman, de Malabaar Parambil Barkie het meisje bij de hand gevat en naar zijn wooning gebragt had; dat daarop het meisje had beginnen te schreeuwen; dat de Malabaar toen een stuk binnen genoomen en daar mede de mond van het meisje digt gehouden had; dat hij toen een matje over het meisje en boven hetzelve een plank gelegd had; dat de Malabaar gerepte meisje twee dagen bij zig gehouden heeft gehad; waarna hij het meisje bij de weduwe van den oosterschen kapitain Bappa Salia in de stad gebragt had, dat zijn vrouw 5: dagen daarna bij gedagte weduwe gekomen was om wasgoed te haalen, toen het meisje gezien en aan de weduwe gevraagd had, hoe zij doch aan het meisje quam, waarop de weduwe geantwoord had, een Malabaar, die mij geld schuldig is, heeft het meisje hier gebragt; dat zijn vrouw daarop gevraagd had, of de wedewe het meisje gekogt had, dat de wedewe zulx met neen beantwoord hebbende, gezegd had, die Malabaar is mij 12 ropijen debet, daarom heeft hij het meisje hier gelaaten en is naar een ander slaaf gaan zoeken; dat daarna de weduwe zijn vrouw geraaden had, om den Malabaar te gaan opzoeken; dat zijn vrouw toen aan de wedewe gezegd had van haar stil te houden, tot tijd en wijle de Malabaar van de Zuid zoude terug gekoomen wezen; dat zulx dan ook 10. dagen daarna gebeurd is, dat de Malabaar voor een dag te huis gekoomen was; dat zijn vrouw zich derwaards begeeven hebbende, hem bij zijn moendoe gevat had, waarna zij te zaamen handgemeen geraakt waaren, dat toen het kleedje los geraakt zijnde de Malabaar zich toen opde vlucht begeeven had; dat zijn vrouw de Malabaar nageloopen, en hij kort daarop haar mede gevolgd was, dat een sipai van den heer Porkeij door het roepen van zijn vrouw, van houd den dief, den Malabaar gepakt en aan hem overgegeeven had; dat hij den zelven toen aan den heer fiskaal ter hand gesteld had.

De Malabaar Parambil Barkie, en het meisje Kalie hem in judicio vertoond zijnde, verklaarde hij dezelve te zijn, waarvan in den text gesprooken is.

Hiermeede fineerde de comparant deeze zijne verleende verklaaring, die hij betuigde de zuivere en oprechte waarheid te comprehendeeren.

Aldus gedaan en verklaard binnen de stad Koetsiem, ter ordinaire Raadkamer der Justietsie, op woensdag den 25:e juli 1792: in praesentsie van d'E:s Pieter Elstendorp en Johan Christiaan Frischbier, leden, die de minute deezes neevens de comparant, voorsz: translateur en mij gezw: klerk hebben onderteekend.

Quod attestor, [get.] J: V: D: Poel, g: klerk.

Compareerde andermaal voor de natenoemene gecommitteerde E:s leden uit den achtb: Raad van Justietsie deezer stede, Maren in de voorenstaande verklaaring breeder vermeld, welke hem nu wederom ten overstaan van den koopman en fiskaal deezes goevernements de heer m:r Jan Willem Hendrik van Rossum, door mij gezworene klerk van woorde te woorde distinct voorgelezen, en door vertaaling van den tolk Dionijs Alewijn duidelijk te verstaan gegeeven zijnde, bleef hij daarbij ten vollen persisteeren, zonder de minste verandering te begeeren.

Aldus gerecolleerd en gepersisteerd, binnen de stad Koetsiem, ter ordinaire Raadkamer der Justietsie in de tegenwoordigheid van den gevangen Barkie, op dinsdag, den 31:e juli 1792 in praesentsie van d:e:s Pieter Elstendorp en Johan Christiaan Frischbier, leden.

Als gecommitteerden, [get.] P: Elstendorp, J: C: Frischbier.

Voor de vertaaling, [get.] Dio: Alewijn.

Dit is [get.] door Marien zelfs gesteld.

In mijn kennis, [get.] J: V: D: Poel, g: klerk.

Gerecolleerde verklaering van de wasvrouw Madi huisvrouw van Maren, E.

[in margine] Pro fisco.

Compareerde voor de natenoemene gecommitteerde E:s leden uit den achtbaaren Raad van Justietsie deezer stede de Malabaarsche wasvrouw Madi, huisvrouw van Maren, van de Pagodinhos, van competenten ouderdom, heidinne dewelke ter requisietsie van den koopman en fiskaal deezes goevernements de heer m:r Jan Willem Hendrik van Rossum, en door vertaaling van den tolk Dionijs Alewijn verklaarde, dat op zeeker avond te 8 uur haar opvoedeling of het gestoolene meisje, gen:d Kalie, pijn in de buik gekreegen had, en daarom naar buiten was gegaan om haar gevoeg te doen, dat Parambil Barkie, die naast het huis van haar comparant woont, het kind bij den hand gevat en naar zijn huis gebragt had; dat daar op het meisje had beginnen te schreeuwen dat de Malabaar toen een lap genoomen en daar mede de mond van het meisje digt gestopt had, dat hij toen een matje over het kind, en boven het zelven een plank gelegd had; dat hij het meisje 2 dagen bij hem gehouden heeft gehad; dat hij toen het meisje bij de vrouw van kapitain Bapa Salia gebragt had in de stad: /het meisje in judicio geciteerd, en het hier in verklaarde, haar duidlijk te verstaan gegeeven zijnde, belijde zij, dat het de waarheid was, van hetgeen haar overgekomen is/: dat zij vijf dagen daarna bij gerepte kapitains vrouw gekomen was om wasgoed te haalen; dat zij toen het meisje gezien en aan de weduwe gevraagd had, hoe zij aan het meisje quam? Dat de kapitains vrouw geantwoord had een Malabaar, die mij geld schuldig is, heeft het meisje hier gebragt; dat zij daarop gevraagd had, of zij het meisje gekogt had; dat de kapitains vrouw gezegd had, neen, die Malabaar is mij twaalf ropijen schuldig, en heeft het meisje hier gelaaten, en is naar een ander slaaf gaan zoeken; dat de kapitainsvrouw ook aan haar comparante gezegd had, gaa heen, en zoek den Malabaar op; dat zij geantwoord had, gij moet u stil houden, hij is nu niet te huis, maar naar de zuid vertrokken, hij zal wel weer koomen, dat 10: dagen daar na de Malabaar voor een dag te huis gekomen was, dat zij toen naar hem toegegaen weezende, hem bij zijn moendoe of kleedje gegreepen had, dat hij toen met haar hand gemeen geworden was, waardoor het kleedje losgeraakt en hij op de vlucht gegaan was, dat zij hem agterna geloopen en geroepen had, daar loopt den dief pakt hem! Dat daar op een sipai van den heer Ponneij hem gegreepen, en dan haar man / die mede agterna geloopen was overgegeeven had die vervolgens den Malabaar in hant en vanden heer [...] overgeleeverd had.

De Malabaar Parambil Barkie haar in judicio vertoond zijnde, verklaarde zij denzelven te zijn, waar van in den text gewaagd is.

Hier meede fineerde de comparant deeze haar verleende verklaaring, die zij betuigde de zuivere en oprechte waarheid te behelsen, en overzulx bereid te zijn, ten allen tijde, des gerequireerd wordende, dezelve met corporeele rede te gestaden. Aldus gedaan en verklaard binnen de stad Koetsiem ter Raadkamer der Justietsie, op woensdag den 25:e juli 1792: in presentsie van d'E:s Pieter Elstendorp en Johan Christiaan Frischbier leden, die de minute deezes, neevens de comparantes, voorsz: taalsman en mij gezw: klerk hebben onderteekend.
Quod attestor, [get.] J: V: D: Poel, g: klerk.

Compareerde andermaal voor de natenoemene gecommitteerde E:s leden uit den achtbaaren Raad van Justietsie deezer stede, Madi, in de voorenstaande verklaaring breeder vermeld, welke haar nu wederom ten overstaan van den koopman en fiskaal deezes goevernements de Heer m:r Jan Willem Hendrik van Rossum, door mij gezworene klerk van woorde te woorden distinct voorgeleezen, en door vertaaling van den tolk Dionijs Alewijn duidlijk te verstaan gegeeven zijnde; bleef zij daar bij ten vollen persisteeren, zonder de minste verandering te pretendeeren.

Aldus gerecolleerd en gepersisteerd binnen de stad Koetsiem; ter ordinaire Raadkamer der Justietsie, in de tegenwoordigheid van den gevangen Barkie, op dinsdag den 31:e juli 1792. in praesentsie van d:e:s Pieter Elsendorp en Johan Christiaan Frischbier, leden.
Als gecommitteerden, [get.] P: Elsendorp, J: C: Frischbier.
Voor de vertaaling, [get.] Dio: Aleweijn.
Dit is [get.] door Madi zelfs gesteld.
In mijn kennis, [get.] J: V: D: Poel, g: klerk.

Gerecolleerde verklaering vande weduwe van den oosterse capt:n Bappa Sale namens Kanana van Colombo, F.

[in margine] Pro fisco.

Compareerde voor de natenoemene gecommitteerde leden uit den achtbaaren Raad van Justitsie deezer stede, de weduwe van den oosterschen kapitain Bappa Salia, in name Kananoe; van Kolumbo, van competenten ouderdom, en de mahomedaansche relisie toegedaan, dewelke ter requisietsie van den koopman en fiskaal deezes goevernements de heer m:r Jan Willem Hendrik van Rossum, en door vertaaling van den tolk Dionijs Alewijn verklaarde; dat de christen Malabaar Parambil Barkie aan haar 12: ropijen schuldig was; geleend voor 2: maanden; dat zij hem dikwils daarom aangesprooken doch niets gekreegen had; dat hij onderdaags met een meisje haar deur voorbijgegaan was, dat zij hem toen om het geld aangesprooken had, dat hij daarop gezegd had, thans geen geld te hebben, dat zij toen gerepliceerd had, laat het meisje zoo lange hier, tot dat gij mijn geld bezorgd, dat geschied is; dat 2 à 3 dagen de was vrouw, Madi genaamd, bij haar gekomen was om vuilgoed te haalen, dat de wasvrouw toen gevraagd had, hoe de comparante aan gerepte meisje quam, die zij voor haar kind aan genoomen had om op te trekken; dat zij geantwoord had: een Malabaar heeft het meisje hier gebragt, die mij geld schuldig is; waarop de wasvrouw gezegd had, dien Malabaar kenne ik en zal hem gaan opzoeken; dat de wasvrouw zulx haar man gezegd had, die daarop was geen gegaan om den Malabaar optevatten, dat de man hem toen binnen gebragt had bij den heer fiskaal; dat de heer fiskaal toen na rechterlijk onderzoek het meisje van de comparante had laaten afhaalen.

De Malabaar Parambil Barkie, de wasvrouw Madi, en het gestolene meisje haar in judicio vertoond zijnde, verklaarde zij dezelven te zijn, waar van in den text gesprooken is.

Hier mede fineerde de comparante deeze haare verleende verklaaring, die zij betuigde de zuivere en oprechte waarheid te comprehendeeren.

Aldus gedaan en verklaard binnen de stad Koetsiem ter ordinaire Raadkamer der Justietsie op woensdag den 25:e juli 1792. in presentsie van d'E:s Pieter Elstendorp en Johan Christiaan Frischbier, leden, die de minute deezes neevens de comparante, voorsz: translateur en mij gezwoorene klerk hebben ondertekend. Quod attestor, [get.] J: V: D: Poel, g: klerk.

Compareerde andermaal voor de natenoemene gecommiteerde E:s leden uit den achtb: Raad van Justitietsie deezer stede, Kananoe, in de voorenstaande verklaaring breeder vermeld welke haar nu wederom ten overstaan van den koopman en fiskaal deezes goevernements, de heer m:r Jan Willem Hendrik van Rossum, door mij gezworene klerk van woorde te woorde distinct voorgelezen, en door vertaaling van den tolk Dionijs Alewijn duidlijk te verstaan gegeeven zijnde, bleef zij daar bij ten vollen persisteeren, zonder de minste verandering te pretendeeren.

Aldus gerecolleerd, gepersisteerd binnen de stad Koetsiem, ter ordinaire Raadkamer der Justietsie, in de tegenwoordigheid van den gevangen Barkie, op dinsdag den 31 juli 1792 in presentsie van d'E:s Pieter Elstendorp en Johan Christiaan Frischbier, leden.

Als gecomitteerden, [get.] P: Elstendorp, J: C: Frischbier.

Voor de vertaling, [get.] Dio: Aleweijn.

Dit is [get.] door Kananoe zelf gesteld.

In mijn kennis, [get.] J: V: D: Poel, g: klerk.

Crimineelen Eijsch en Conclusie van Mr. J: W: H: van Rossum.

Crimineelen eijsch en conclusie overgegeeven aan den weledele achtbaare heer Jan Lambertus van Spall, opperkoopman sekunde en hoofdadministrateur mitsgaders president nevens de verdere heeren leeden in den ed: achtbaaren Raad van Justietsie deeses goevernements door M:r Jan Willem Hendrik van Rossum rat: off: eijsscher

Contra

Den Malabaarse christen Parambil Barkeij van de Pagodinhos over gekommitteerd crimen plagie en de christen vrouw Maleparte Marian van Erratoerti over het op en aanhouden van een vrije meisje bijde 's heeren gevangen.

Weledele achtbaare heer en heeren!

Art: 1

Hoe schaadelijk het steelen op en aanhouden van vrij menschen als ook het debaucheren en vervoeren van lijfeigenen voor een ieder der in en opgezeetene al zeedert veele tijden herwaards bevonden,

2.

en met hoe veel moeite en vlijt door een meenigte salutaire ordres teegens deese ruineuse misdaaden getragt is te voorzien,

3.

zulks zal den rat: off: eijscher tot eviteering va[n] weidloopigheid en als een bekende zaak niet breed aantoonen;

4.

doch dewijl dit kwaad in deese colonie sodaniger wijse schijnd ingeworteld te zijn,

5.

dat het niet anders als door het appliceeren van exemplaire straffe aan dier gelijke booswigten kan geweerd en uitgeroeid worden.

6.

Noopt zulks den rat: off: eijscher met alle rigeur teegens deese voor het gemeenebest, zo schaadelijke boosdoenders te ageeren,

7.

en dus de wetten placaaten en ordres daar teegens te doen standgrijpen.

8.

Weshalven den rat: off: eijscher tot adstructie van zijne in fine te neemene conclusie, voor eerst zal produceren de gerekolleerde verklaaring en confessie van den eerste gevangen sub A: en vervolgens die van de tweede gevangene sub B:

9.

uit dewelke uweled: achtb: consteren zal, dat in de maand juni j:l: op zeekeren avond te ses uur een meisje Kali genaamd bij hem eerste gevangen aan huis gekoomen was, en dat hij dat zelfde meisje een dag bij hem onder een matje verborgen had, ten einde het zelfde te verkoopen.

10.

Dat hij eerste gevangen daarom s'anderendaags bij de tweede gevangene gegaan was en gevraagd had, of zij een slave meisje koopen wilde?

11.

Dat zij tweede gevangene daarop gerepliceerd had van het meisje bij haar tebrengen als zijn gevolg genoomen had bij welke geleegentheid zij tweede gevangene g'insteerd had om het meisje twee à drie dagen bij haar te laaten, onder bijvoeging ik zal eenig geld zoeken om u te geeven.

12.

Dat hij eerste gevangen drie daagen daar na bij haar tweede gevangene gekoomen was, en toen tot antwoord had bekoomen, dat zij tweede gevangene na menschen omgesien had of iemand het meisje koopen wilde, dog dat zij geene had kunnen opdoen, en daarom tot den eerste gevangen gezegd had, om het meisje weeder meede te neemen.

13.

Dat hij eerste gevangen daarop met dat zelfde meisje na capitein Bappa Sale zijn huis gegaan was, en het meisje voorm: aan deselfs wed:we afgegeven had wijl hij aan haar twaalf ropijen schuldig was, om daar voor het meisje zo lange bij haar te houden, en toen was heen gegaan.

14.

Dat deese confessie van den eersten gevangen meer dan waar is, zal deese navolgende gerekolleerde verklaaring van de tweede gevangene sub B: uweled: achtb: evident aantoonen.

15.

Nademaal, zij aldus opgeefd, dat op zeekeren morgen te 5. uur Parambil Barkie of den eerste gevangen bij haar gekoomen was en haar geroepen had,

16.

dat zij buiten gekoomen door hem gevraagd was geworden, of zij een slaave meisje /: welke haar in judicio vertoond zijnde zij voor het zelfde erkende/ wilde koopen?

17.

Dat zij daarop gevraagd had hoe koomt gij aan dat meisje en van wat kaste is zij? Dat hij eerste gevangen geantwoord had, ik heb ze van een andere Malabaar gekreegen, dat zij toen na den ola gevraagd had,

18.

dat hij eerste gevangen daar weer op geantwoord had geene ola te hebben, waarop zij tweede gevangen gerepliceerd had zo jij geen ola hebt wil ik het meisje niet hebben,

19.
dat hij eerste gevangen vervolgens gezegd had, laat het meisje zo lang hier blijven, totdat ik eventjes na Mattanseri gaa om voor twee fanums jager te koopen, dat het meisje toen bij haar gebleven en zij om haar werk uitgegaan was.

20.
Dat savonds te 5 uur den eerste gevangen weeder gekoomen was en het meisje weggenomen had, en zeedert dien tijd den eerste gevangen niet weeder gezien had, dan toen zij bij den rat: off: eijscher geroepen was geworden

21.
dan ofschoon zij tweede gevangene bevoorens heeft opgegeeven gehad even en al eens of voorm: meisje gevallig maar een enkelde dag bij haar was aangehouden geweest.

22.
Zo zal uweled: achtb:s uit het recollement van den eerste gevangen sub A: op de vraege hoe hij konde opgeeven dat het meisje twee à drie daagen bij de tweede gevangene geweest was, daar zij verklaard hadde gehad, dat voorm: meisje van s'morgens te 5. tot s'avonds te 5. uur maar bij haar verbleeven was, geblijken

23.
dat den eerste gevangen bij zijn gezegdens persisteerd is gebleeven, en dat zij tweede gevangene om de waarheid van dien des te beeter te ontwaaren binnen gescheld, en in presentsie van den eerst gevangen afgevraagd zijnde, hoe lange het meisje waarlijk bij haar gebleeven was, daarop geantwoord heeft gehad, maar eenen dag, en zich vervolgens op het meisje beroepende.

24.
Wierde het meisje ipso facto in judicio geciteerde en in presentsie van de tweede gevangene afgevraagd hoe veel daagen zij bij de tweede gevangene vertoeft had, waarop 't meisje in haar facie staande hield van vijf daagen;

25.
het welke zij tweede gevangene bij haar gedaene recollement sub B: op een dag na komt te avoueeren, wijl zij op de afvraage, hoe zij het meisje konde aanhouden daar geen ola van was en zulks niet direkt aan den rat: off: eijscher had bekend gesteld?

26.

Tot antwoord diend dat zij niet geweeten had dat het meisje gestoolen was, nog hoe de eerste gevangen daar aan gekoomen was, waarop het meisje weer in judicio binnen geroepen wierde en haar tweede gevangene overtuigende, declareerde zij toen het meisje vier daagen bij haar te hebben aangehouden gehad, en dat zij uit vreese verklaard had het meisje maar een dag gehouden te hebben.

27.

Waar evident uit optemaaken valt dat zij meer dan te wel geweeten heeft gehad in geenendeele gequalificeerd te zijn geweest om een sander mans kind buiten voorafgaande kennis geeving en daarop ontvangene permissie te kunnen of mogen aanhouden, dat haar dan ook zonder teegenspreeken de vreese heeft aangejaagd, wijl ze overtuigd was teegens beeter weeten ende wetten gehandeld te hebben.

28.

Het welke den rat: off: eijscher uweled: achtb: met des tweedes gevangene gedaane responsiven op die haar voorgehoudene vraag poinkten sub G: hoe ingewikkeld dezelve ook zijn vertrouwd te kunnen daar stellen,

29.

en wel hoofdzaakelijk dat zij tweede gevangene voorm: meisje heeft aangehouden gehad om daar meede gewin te drijven, wijl zij zeedert lange reets voor een bedreevene handelaresse in zoortgelijke negotie, zo wel bij den rat: off: eijscher als bij het algemeen bekend staat.

30.

Gelijk incontestabel blijkt bij art: 6. op de vraage of zij geinterrogeerde toen niet teegens Parambil Barkie of eerste gevangene gezegd heeft gehad, laat het meisje twee a drie daagen hier ik zal eenig geld zoeken om u te geeven, tot antwoord diend ja, mits dat hij een ola bragt d'er maar quasi schijnen bijgevoegt te zijn om zich te verontschuldigen.

31.

Wijl voor eerst den eerste gevangen bij zijne gerekolleerde verklaaring sub A: in het geheel niet rept, dat zij tweede gevangene om een ola gevraagd had, maar wel dat toen hij haar gevraagd had of zij een meisje wilde koopen, zij gezegd had om het zelve maar bij haar te brengen en twee a drie daagen aldaar te laaten, wijl ze in middels geld zoude zoeken om dat aan hem te geeven.

32.

En tweedens wijl uit haar eigene gerecolleerde verklaaring sub B: en gedaane responsive op art: 10 van de haar voorgehoudene gerekollerde interrogatoria sub C: consteerd dat toen de eerste gevangen van haar tweede gevangene gevraagd was, hoe komt gij aan het meisje, van wat kasta is zij en waar is de ola? Den eerste gevangen daar op soude geantwoord hebben gehad, geen ola te hebben.

33.

Dus zij tweede gevangene toen nog niet teegenstaande zij bereeds overtuigd was geen ola van 't meisje te exteeren , heeft kunnen goedvinden het meisje volgens haare eigene confessie vier daagen aantehouden

34.

en dat wel om d'er gewin meede te drijven, als bij art: 8: van de voorn: interrogatoria niet onduidelijk te zien is, wijl zij op de vraage, of zij hem eerste gevangen bij die gelegentheid niet ten antwoord heeft gegeeven gehad, dat zij om lieden omgezien had of iemand het meisje koopen wilde, doch dat zij geene had kunnen opdoen tot antwoord diend, ja dat zij hem gezegd had zoek jij een ola, ik zal na menschen zoeken te weeten om het meisje te koopen,

35.

welke gezegdens zij quasi bij art: 11 van even genoemde interrogatoria zoekt te ontkragten, als zij op de vraage, hoe zij dus bewust zijnde dat het meisje geen suiver slaevin was dewelke verkogt konde worden, na lieden heeft durven omzien om haar te verkoopen en boven dien vier a vijf daagen aan te houden? Aldus antwoord zij heeft dat wel gezegd gehad maar niet omgezien naar lieden om het meisje te koopen,

36.

welke frivole gezegdens mogelijk niet geuit zouden zijn geweest, indien ze maar haar gedane antwoord bij art: 9 van voorn: interrogatoria in dagtig was gebleven als regtdraads strijdende met deze eeven gedaane, doordien zij op de vraage, of zij niet verders teegen Parambil Barkie gezegd heeft gehad om het meisje weer meede te neemen? Antwoord, ja zij konde het meisje niet verkopen daarom had zij gezegd om het meisje weer meede te neemen

37.

zo dat dese uitdrukking ja zij konde het meisje niet verkoopen, sonneklaar aantoond dat zij geprobeerd heefd gehad het meisje te koop aan te bieden, maar dar niemand uit gebrek van een ola het zelve heeft willen of durven koopen.

38.

Dat bij art: 12 van gerepte interrogatoria nog nader blijkt, dat indien ze een ola had gehad het meisje door haar verkogt zoude zijn geworden, alzo zij op de vraege, of zij zulx niet gedaan heeft gehad in hoope van met voorn: meisje gewin te drijven, diend, ja als de ola goed was geweest soude zij daar uit winst gedaan hebben.

39.

En dat nog wel met een vrije mensch, als uit he[t] antwoord bij art: 14 van voorn: interrogatoria [. . .]derklaarst doorstraald, dat zij zeer, wel heeft geweeten gehad, dat het voorn: meisje geen slavinne maar wel een vrije mens was.

40.

Terwijl zij op de vraage, of zij zulx niet voorbedagtelijk gedaan heeft gehad /: teweeten door op te geven dat het meisje maar eenelijk van s'morgens te 5 uur tot savonds te 5: uur bij haar aangehouden was geweest, omdat haar acte wel bewust was dat zij het meisje niet mogt aanhouden sonder den interrogant daar van terstond kennis te laaten toekomen? Tot antwoord diend, wanneer het een slavinne was geweest dan zoude zij zulx hebben aangegeeven gehad aan den heer fiskaal, maar vermits zij een vrije meisje was had zij het niet gedaan.

41.

Uweled: achtb:s tot hier aan toe door den rat: off: eijscher aangetoond zijnde, dat door den eerste gevangen een vrijmensch gestoolen is geweest, en door hem bij den tweede gevangene te koop gebragt, vervolgens aldaar 4. a 5. daagen om weeder te verkoopen is aangehouden geworden,

42.

zo diend nu nog verder tot naeder elucidatie van uweled: achtb:s de wijse hoe het meisje door den eerste gevangen gestoolen als ook hoe het selve van de tweede gevangene wederom in handen van desselfs opvoedsters gekoomen is.

43.

Waartoe de gerekolleerde verklaaringen sub: D: E: en F: genoegsaam voldoende zijn, luidende de consonante verklaaringen van de wasser Maren en zijn vrouw sub D: en E: in terminis.

44.

Dat op zeekeren avond te agt uur het meisje Kalie, dewelke hij tot zijn kind aangenomen heeft, pijn in de buik gekreegen hebbende, naar buiten gegaan was om haar gevoeg te doen,

45.

dat zijn buurman Parambil Barkie / of eerste gevangen :/ toen het meisje bij de hand gevat en na zijn wooning gebragt had, waarom het meisje had beginnen te schreeuwen, dat door den gevangen met een stuk linnen in de mond van het meisje te duuwen, belet was geworden,

46.

dat den gevangen vervolgens een matje over het meisje en boven het zelve een plank gelegd en ald[aar] twee daagen bij zich gehouden heeft gehad, waar na hij het meisje bij de wed:we van den oostersen capitein Bapa Sale gebragt had, geevende den wasser Maren en zijn vrouw dit aldus op, terwijl de vrouw van Maren Madi genaamd, het meisje aldaar gevonden heeft zonder te weeten dat het selve intusschen bij de tweede gevangene was aangehouden om te verkoopen.

47.

Dat zij vijf daagen daar na dat het voorn: meisje gestoolen was, bij gerepte capitains vrouw om wasgoed tehaalen was gekoomen geweest aldaar het meisje gezien en aande weduwe gevraagd had, hoe zij aan het meisje kwam.

48.

Dat de kapitainsvrouw geantwoord had een Malabaar die mij geld schuldig is heeft het meisje hier gebragt, waarom zij daarop gevraagd had of zij het meisje gekogt had?

49.

Dat de kapiteins vrouw van nein geantwoord had met bijvoeging, die Malabaar is mij 12 rop: schuldig, en heeft het meisje hier gelaaten wijl hij intusschen na ene ander slaaf is gaan soeken.

50.

Dat de kapiteins vrouw verder aan haar gezegd had gaa heen en soek den Malabaar op dog dat zij declarante daar op geantwoord had gij moet u stil houden hij is nu niet te huise maar na de suid vertrokken hij zal wel weer komen.

51.

Dat tien daagen daarna den gevangen voor een dag te huis gekoomen was, en zij toen na hem toegegaan weesende, hem bij zijn mondoe kleedje gegreepen had, waarop den gevangen met haar handgemeen geworden zijnde was hij door het losmaaken van zijn kleedje of moendoe aan het vlugten gegaan.

52.

Dat zij hem agternageloopen en geroepen had daar loopt den dief pakt hem! Dat daar op een sipaij van de heer Ponneij hem gegreepen en aan haar man /die meede agter naa gelopen was:/ overgegeeven had, die hem vervolgens aan den rat: off: eijscher overgeleeverd heeft gehad.

53.

Komende de gerekolleerde verklaaring sub F: door de weduwe van den oosterse kapitain Bappa Sale verleend, met de opgaave van den eersten gevangen en ook van de wasvrouw Madi zo goed als overeen.

54.

Alzo zij zegd dat den gevangen haar twaalf ropijen schuldig was dewelke zij hem toen ter tijd twee maanden bevoorens geleend had, en waarover zij den gevangen dikwils aangesprooken had zonder iets te verkrijgen.

55.

Dat den gevangen op een zeekeren dag met een meisje haar deur voor bij gegaan was, zij hem toen om het geld aangesprooken had, waar op den gevangen gerepliceerd had van geen geld te hebben.

56.

Dat zij toen gezegd had laat het meisje zo lang hier tot dat gij mij geld bezorgd als ook geschied was.

57.

Dat twee a drie daagen daar na de wasvrouw Madi bij haar gekoomen was om vuil goed te haalen, en dat dezelve bij die geleegentheid gevraagd had, hoe zij aan gerepte meisje kwam het welk zij voor haar kind aangenoomen had om op te trekken? Waarop zij geantwoord had een Malabaar dewelke mij geld schuldig was heeft het meisje hier gebracht.

58.

Dat de wasvrouw weer gerepliceerd had dien Malabaar kenne ik en zal hem gaan opsoeken en aan haar man daar kennis van g'geven had, dewelke daarop heen was gegaan om den gevangen optevatten, en hem bij den rat: off: eijscher gebragt had, die na gedaane onderzoek het meisje voorn: van haar comparante had laaten afhaalen, en aan desselfs opvoedster weer in handen gesteld.

59.

Des gevangenes bijde delicten uweled: achtb:s door den rat: off: eijscher voorgesteld zijnde, zo zal hij als nu progredieren die, daarop bepaalde straffen aantehaalen en daar na concludeeren

60.

en zegt daaromtrent m:r Johan Moorman in zijn tractaat over de misdaaden en derselver straffen in zijn derde hoofdeel over de verscheidene soorten van diefstallen pag: 341. aldus die eens anders vrouw, dogter, zoon, of slaaf teegens zijn wil in huis ophield, verkogt, weggaf, of in zijn dienst gebruikte, maakte zich volgens het Roomsche regt schuldig aan menschen dieverije, en die deese euveldaad begaan draagen de naam van menschen dieven, dewelke volgens 't Oude Testament als te zien is bij Exodus 21. v:s 16. en Deuteronomium 24. v:s 7. met de dood gestrafd moesten worden,

61.

leerende dien zelfden auteur verders dat men omtrent het straffen van deese misdaad met de dood, voornaamentlijk letten moet op het voorneemen van zo iemand dewelke deese daad pleegde, want zo hij die onderneemd om winst met zo een gestoolen mensch te doen, dan zoude hij daar door het leeven verwekt hebben,

62.

welke straffe des doods, bij Carpzovius in het 76: capittel zijner lijfstraffelijke verhandelingen over de sulken geratihabeerd word, door dien hij aldus zegt, dat niet teegenstaande volgens de wet Fabia de menschen dieven oud tijds willekeurig in met geld boeten gestrafd zijn, echter heedendaags na de wet van Constantinus de straffe des swaarts is,

63.

besluitende evengenoemde aucteur dat capittel met eene nadere oplossing, dat bovendien ook nog staat aan te merken dat in misdaad van menschen dieverije niet alleenig de menschen steelers, maar ook de sulken, die daar toe behulpsaam en in die misdaad meede genooten zijn aan die selfde straffe des swaarts gehouden worden.

64.

En hoe nadrukkelijk dit overeenstemd met het gestatueerde van hun hoogedelheedens de hooge Indiasche regeering te Batavia bij derselve resolutie in dato den 21. oktober 1710. genomen zal den rat: off: eijscher d'eer hebben alhier verbotenus ter needer te stellen.

65.

/: Caets ris omissis :/ is verstaan tot haare achtbaarhedens verligtinge bij deesen te verklaaren dat niet alleen alle die geene welke ter zee of te lande eenige mensen, het zij vrije of lijfeigenen van hier vervoeren of steelen de straffe des doods van gemelde placaat incurreren onaangezien zij lieden daar in gestuit, verhinderd of betrapt mogten zijn.

66.

Maar dat ook alle die geene welke moetwillens en weeten haare hulpe laartoe gekontribueerd ofte meede gewerkt mogten hebben, het zij door verleiding van zodaanige vervoerde menschen item huisverstinge of verschuiling van deselve, ten verzoeke, dienste, en adjude der steelers ofte vervoerders, vervolgens ook die willens en weetens eenige vaartuigen of andere hulpmiddelen gekontribueerd hebben,

67.

zomede die geenen welke tot het steelen van menschen lasten ordre gegeven, of wel de vervoerders daartoe verlokt, geindueert of gunstigeerd mogten hebben,

68.

als ook die geene welke zodaanige vervoerde menschen weetens gekogt ofte voor reekening der steelers verkogt mogten hebben, welke alle de straffe des doods van gemelte placaat incurreeren.

69.

Onverminderd het officie en prudentie van den regter om na geleegentheid van de omstandigheeden, persoonen, als anders ook wel een mindere straffe te mogen decerneeren, zoals denselven in conscientie zal bevinden te behooren.

70.

Op welk fundament van de zoo even aangehaalde periode, den rat: off: eijscher sustineerd, dat terwijl de omstandigheeden hebben plaats gehad, dat het gestolene meisje aan den eigenaar gerestitueerd is geworden, en de hem toegebragte schaade gerestitueerd is, zonder dat de gevangenen daar iets bij geprofiteerd hebben gehad te moogen.

Concludeeren dat den eerste gevangen in capite deeses vermelt, bij diffinitive sententie van uweled: achtb: gekondemmeerd zal werden, om gebragt teworden ter plaatse daar men gewoon is crimineele sententien van deesen achtbaaren Raade te executeeren, en aldaar aan den meester van den scherpgeregte overgeleeverd zijnde, met een strop om den hals onder den galge ten toon gesteld, vervolgens aan een paal gebonden strengelijk op de bloote rugge gegeeseld en gebrandmerkt, mitsgaders voorde tijd van vijf en twintig agtereenvolgende jaaren van hier gebannen te blijven waar heen den weledele gestrenge groot achtbaaren heer ordinair Raad van India benevens goeverneur en direkteur deser kuste zal convenabelst oordeelen te behooren, ten einde aldaar ad opus publicum sonder loon te arbeiden cum expensis.

Voorts dat de tweede gevangene meede in hoofde deeses gemelt bij diffinitive sententie [. . .] uweled: achtb: zal werden gekondemmeerd om gebragt teworden ter plaatse daar men gewoon is crimineele sententien van deesen Raade te executeeren en aldaar aan den scherpregter overgeleeverd zijnde aan een paal gebonden strengelijk op de bloote rugge gegeeseld, vervolgens voor de tijd van vijfthien agtereenvolgende jaaren van hier gebannen te blijven waar hun den weledele gestrenge groote achtb: heer ordinair Raad van India benevens goeverneur en directeur deser kuste zal raadsaamst oordeelen te behooren om aldaar ad opus publicum sonder loon te arbeiden cum expensis.

Implorende hier op uweled: achtb: nobile judicis officium, [get.] J: W: H: van Rossum.

[in margine] Exhibitum den 29:e augustus 1792.

Searching for Kalie, CR-114-3 (translation)[2]

Verified statement from Parambil Barkie.

There appeared before the undermentioned delegated members of the Council of Justice of this city the imprisoned Malabarian Barkie of the Pagodinhos, of competent age and Catholic, who stated by request of the merchant and fiscal of this government the lord *meester* Jan Willem Hendrik van Rossum, and by translation of the interpreter Dionijs Alewijn, that circa 20 days ago on a certain evening at 6 o'clock the girl Kalie arrived at his home; that he kept the child with him for a day; that the next day he went to Maleparte Marian and asked her, if she wanted to buy a slave girl: that she then said leave the girl here for 2 or 3 days, I will look for some money to give you! That when he returned there 3 days later, and got the reply that she had looked for people who would want to buy the girl, but as she could not find any, and therefore told him to take the girl back, that he then took the girl to Captain Bapa Salia's house, and gave the girl to this widow because he owed her twelve *ropijen*, adding that she could keep the girl with her until he had paid her back; after which he left. To the particular question, how he could keep someone's child, offer it up for sale and hide below a mat? He answered, because he wanted to sell the child, he kept it and committed fraud in doing so.

Additionally; how he could offer the girl to Maliaporte Marian for sale, and allow her to stay there for three days even though he did not know her, or whether he knew whether she busied herself with such activities? He answered that he did know her beforehand, but he had never sold a slave.

Kananoe, Madi, Maren, Maliparte, Marian and the girl Kalie, shown to the prisoner *in judicio*, he declared that they are the same persons mentioned in the text.

---

[2]   The register of this case also refers to the (missing) documents H (Extract from the criminal roll, 29 August 1792), I (Extract from the criminal roll containing the verdict, 9 September 1792) and K (Act of approbation by Governor Johan Gerard van Angelbeek, 17 November 1792).

The prisoner ended herewith his given confession, which he declared to be the whole and honest truth.

Thus done and sentenced within the city of Koetsiem at the ordinary Chamber of Council, on Wednesday, 25 July 1792; in the presence of the honourable Pieter Elstendorp and Johan Christiaan Frischbier, members, who signed the original of this, besides the confessant, aforementioned interpreter and me the sworn clerk. *Quod attestor*, [signed] J. V. D. Poel, sworn clerk.

There appeared again before the undermentioned delegated honourable members of the Council of Justice of this city the prisoner Barkie, mentioned in the above confession with more detail, which was now again read to him word for word in the presence of the merchant and fiscal of this government the lord *meester* Jan Willem Hendrik van Rossum by me [the] sworn clerk, and made clear by the translation of the interpreter Dionijs Alewijn, fully persisted with this, respectfully with this adjustment as per the question of the honourable fiscal how he could state that the girl stayed with Maleparte Marian for 2 or 3 days because she stated that she kept her from 5 in the morning till 5 o'clock in the evening, so he declared that which he has stated, was the truth, when Maliaparte Marian was called into the room and asked for how long the child had stayed with her, she said but a day and she referred to the child, who then was cited *in judicio* and maintained in her face, that she had stayed five days with Maliaparte Marian.

Thus verified and persisted with in the city of Koetsiem at the ordinary Chamber of Justice on Wednesday, 31 July 1792 in the presence of the honourable Pieter Elstendorp and Johan Christiaan Frischbier, members.

As delegates, [signed] P. Elstendorp, J. C. Frischbier.

For the translation, [signed] Dio. Aleweijn.

This is [signed] by the prisoner with his own hand.

In my knowledge [signed], J. V. D. Poel, sworn clerk.

Verified statement of the woman Maleparti Marian, B.

[in margin] *Pro fisco.*

Appeared before the undermentioned delegated honourable members of the Council of Justice of this city the Christian Malabarian woman Maleparti Marion, of Erratoeri, of competent age and Roman Catholic; whom by request of the merchant and fiscal of this government the sir *meester* Jan Willem Hendrik van Rossum and by translation of the interpreter Dionijs Alewijn, declared, that on a certain morning at 5 o'clock Parambil Barkie (who was shown to her *in judicio* and whom she recognized) came to her and called her, and when they both had come that he asked her, if she wanted to buy a slave girl (who was shown *in judicio* and was declared to be the same)? That she asked, how did you obtain this girl, of what caste is she? To which he answered, I have received her from another Malabarian; after which she asked for the *ola*, to which he answered that he had no *ola*; to which she replied, if you have no *ola*, I do not want her, that he then said, let the girl remain here, I will quickly go to Mattenseeri to buy *jager* for two *fanems*; after which the girl stayed with her and she went to work; in the evening at 5 o'clock the Malabarian returned and took the girl away; after which she did not see the Malabarian, until yesterday when she was called to the lord fiscal.

To the particular question of the lord fiscal, how she could immediately allow the girl to stay with her? She answered, that she allowed it, because it was supposed to be only for a little while and she suspected no wrongdoing.

Herewith did the deponent finish her given declaration which she confessed to be the whole and honest truth, which she at all times would, if requested, strengthen by corporal oath. Thus done and sentenced within the city of Koetsiem at the ordinary Chamber of Council, on Wednesday, 25 July 1792; in the presence of the honourable Pieter Elstendorp and Johan Christiaan Frischbier, members, who signed the original of this, besides the confessant, aforementioned interpreter and me the sworn clerk.

Quod attestor, [signed] J. V. D. Poel, sworn clerk.

There appeared again before the undermentioned delegated honourable members of the Council of Justice of this city, Maleaparte Marian, mentioned in the aforementioned declaration in more detail, which was now again clearly read to her word for word by me the sworn clerk in the presence of the merchant and fiscal of this government the lord *meester* Jan Willem Hendrik van Rossum, and was made clear by translation of the interpreter Dionijs Alewijn, she persisted without desiring any alterations.

To the fiscal's question, how she could keep the child without an *ola*, and did not report such to [...]? She declared that she had not known that the child was stolen, and how he got her. The child having been called *in judicio*, she was [...] by her whereupon she declared that she had kept the child with her for 4 days; that she had declared out of fear that she had kept the child for only one day.

Thus verified and persisted within the city of Koetsiem at the ordinary Chamber of Justice on Wednesday, 31 July 1792 in the presence of the honourable Pieter Elstendorp and Johan Christiaan Frischbier, members.

As delegates, [signed] P. Elstendorp, J. C. Frischbier.

For the translation, [signed] Dio. Aleweijn.

This [signed] by Maliaparte Marian with her own hand.

In my knowledge, [signed] J. V. D. Poel, sworn clerk.

Interrogation of Maleparte Marian, C.

Interrogations to be heard and questioned in the presence of the lords commissioners from the honourable Council of Justice, the honourable Pieter Elstendorp and Johan Christiaan Frischbier, to the Malabarian Christian woman Maleparte Marian of Erratoerti.

Article 1.

What is her name and her age?

Malepartie Marian, aged 40 years.

2.

Where was she born and what is her religion?

In Erratoerti, and the Roman Catholic religion.

3.

Whether in the past month of July, the Malabarian Parambil Barkie did not arrive on a certain day at her house and asked her whether she wanted to buy a girl?

[Answer is missing]

4.

Whether she had not replied to this that Parambil Barkie should bring the girl to her?

[Answer is missing]

5.

Whether Parambil Barkie had not done such?

[Answer is missing]

6.

Whether she had not told Parambil Barkie, leave the girl here for 2 or 3 days, I will look for some money to give you?

Yes, on the condition that he brought an *ola*.

7.

Whether Parambil Barkie did not return three days later?

Yes.

8.

Whether on this occasion she did not answer him, that she had looked for people who would want to buy the girl, yet that she could not find any?

Yes, she told him, you find an *ola* and I will look for people.

9.

Whether she did not tell Parambil Barkie to take the girl with him?

Yes, she could not sell her, thus she had said to take the girl away again.

[10.]

Whether she did not confess herself that when Parambil Barkie came with the girl to her, that she asked for an *ola* and that Barkie answered that he did not have an *ola*?

[Answer is missing]

11.

How she, knowing that the girl was not truly a slave that could be sold, had dared to look for people to sell her to, and also keep her for four or five days?

She had said so, but did not look for people to sell the girl to.

12.

Whether she had not done such in the hope to make a profit from the aforementioned girl?

Yes, if the *ola* had been good, she would have made a profit from it.

13.

Whether she does not have to confess that she hid the truth in her verified statement by saying that the girl was with her from 5 in the morning until 5 in the afternoon, yet the opposite had been confessed by Barkie as well as the girl?

[Answer is missing]

14.

Whether she had not done this with premeditation, because she was very well aware that she was not allowed to keep the girl without informing the interrogator?

If it were a slave, then she would have notified the lord fiscal of such, but as she was a free girl she had not done so.

15.
Whether she must not confess that, by keeping another person's child, and by trying to sell it, she has made herself guilty, while she cannot pretend to be inexperienced, since she has long been involved with the slave trade?
She does not know whether she is punishable.

16.
Whether she answered everything truthfully?
Yes, to everything that was asked now.

[in margin] Thus questioned and answered within the city of Koetsiem before the ordinary Chamber of Justice on Saturday, 4 August 1792 in [the] presence of the honourable Johan Christiaan Frieschbier and Johannes Wolff, members.
As delegates, [signed] J. C. Frischbier.
This is [signed] by Marian with her own hand.
Cochim, 4 August 1792, [signed] J. W. H. van Rossum.
For the translation, [signed] Dio. Aleweijn.

There appeared again before the undermentioned delegated honourable members of the honourable Council of Justice of this city, Maleparta Marian, quoted more extensively in the previous interrogations, which was now read to her again word for word distinctly with the given answers by me [the] secretary in the presence of the merchant and fiscal of this district the lord *meester* Jan Willem van Rossum, and made clear by the translation of the interpreter Dionijs Alewijn, she persisted fully, respectfully on article 6 that she had asked for the *ola*, when she would look for money.

Thus verified, persisted, and altered within the city of Koetsien by the ordinary Chamber of council of Justice on Monday, 6 August 1792 in [the] presence of the honourable Johan Christiaan Frischbier and Johannes Wolff, members.
As delegates, [signed] J. C. Frischbier, Johan Wolff.
For the translation, [signed] Dio. Aleweijn.
This is [signed] by the interrogated with her own hand.
In my knowledge, [signed] J. V. D. Poel, sworn clerk.

Verified statement of the *wasser* Maren van Tutocorijn, D.

[in margin] *Pro fisco.*

There appeared before the undermentioned delegated honourable members of the honourable Council of Justice of this city the *wasser* Maren van Tutukorijn, of competent age and heathen, who stated on the request of the merchant and fiscal of this government the lord *meester* Jan Willem Hendrik van Rossum and by translation of the interpreter Dionijs Alewijn, that on a certain evening around 8 o'clock the girl Kalie, whom he had adopted as his child, had gotten pain in her stomach, and went outside to relieve herself; that his neighbour, the Malabarian Parambil Barkie, grabbed the girl by the hand and took her into his house; that the girl then started to scream; that the Malabarian took a piece inside and with that kept the girl's mouth shut; that he then put a small mat and a plank over her; that the Malabarian kept the mentioned girl at his house for two days; after which he brought the girl to the widow of the *Oosterschen kapitain* Bappa Salia in the city, that his wife arrived 5 days later at the widow's home to pick up laundry, where she saw the girl upon which she asked the widow, how she came to have that girl in her possession, to which the widow replied, a Malabarian who owes me money brought the girl here; that his wife then asked, if the widow had bought the girl, that the widow answered with no, saying that, that Malabarian owes me 12 *ropijen*, that is why he left the girl here and went looking for another slave; that thereupon the widow advised his wife, to look for the Malabarian; that his wife then told the widow not to tell anyone about her, until the moment that the Malabarian returned from the South; that this indeed happened 10 days later, that the Malabarian came home for one day; that his wife went there, grabbed him by his *moendoe*; after which they got into a scuffle, that then the garb became untied upon which the Malabarian fled; that his wife chased after the Malabarian, and that he [himself] followed her shortly thereafter, that a *sipai* of the lord Porkeij, because his wife was yelling stop the thief, caught the Malabarian and handed the Malabarian over to him; that he then handed the Malabarian over to the lord fiscal.

The Malabarian Parambil Barkie, and the girl Kalie shown to him *in judicio*, he stated them to be the same as mentioned in the text.

Herewith the deponent ended his statement, which he professed to contain the whole and honest truth.

Thus done and stated within the city of Koetsiem, in the ordinary Chamber of Council of Justice, on Wednesday, 25 July 1792 in the presence of the honourable Pieter Elstendorp and Johan Christiaan Frischbier, members, who signed the original of this, besides the deponent, above-mentioned interpreter and me the sworn clerk.

Quod attestor, [signed] J. V. D. Poel, sworn clerk.

Appeared again before the undermentioned delegated honourable members of the honourable Council of Justice of this city, Maren quoted more extensively in the previous statement, which was now again read word for word by me [the] sworn clerk in the presence of the merchant and fiscal of this government the lord *meester* Jan Willem van Rossum, and made clear by the translation of the interpreter Dionijs Alewijn, he fully persisted, without desiring any change.

Thus verified and persisted with, within the city of Koetsiem, in the ordinary Chamber of Council of Justice in the presence of the prisoner Barkie, on Tuesday, 31 July 1792 in [the] presence of the honourable Pieter Elstendorp and Johan Christiaan Frischbier, members.

As delegates, [signed] P. Elstendorp, J. C. Frischbier.
For the translation, [signed] Dio. Alewijn.
This is [signed] by Marien with his own hand.
In my knowledge, [signed] J. V. D. Poel, sworn clerk.

Verified statement of the *wasvrouw* Madi wife of Maren, E.
[in margin] *Pro fisco*.
There appeared before the undermentioned delegated honourable members of the honourable Council of Justice of this city the Malabarian *wasvrouw* Madi, wife of Maren, from the Pagodinhos, of competent age, heathen, who on request of the merchant and fiscal of this government the lord *meester* Jan Willem Hendrik van Rossum, and by translation of the interpreter Dionijs Alewijn stated, that on a certain evening at 8 o'clock, the child she had raised or the stolen girl, named Kalie, had gotten pain in her stomach, and that she went outside to relieve herself, that Parambil Barkie, who lives next to deponent's house, grabbed the child's hand and brought her to his house; upon which the girl started screaming and that the Malabarian grabbed a cloth and stuffed it in the girl's mouth, that he then put a rug over the child, and placed a plank on top; that he had kept the girl at his home for 2 days; that he then brought the girl to the wife of *kapitain* Bapa Salia in the city (after the girl was cited *in judicio*, and the stated was plainly conveyed to her, she said that it was truly what befell her) that 5 days ago she arrived at the house of the mentioned captain's wife to collect laundry; that she then saw the girl and asked the widow, how did you come in possession of the girl? That the *kapitain*'s wife answered, a Malabarian, who owes me money, had brought the girl here; upon which she

asked, if she had bought the girl; that the *kapitain*'s wife had said, no, that Malabarian owes me twelve *ropijen*, and has left the girl here, and went looking for another slave; that the captain's wife also told her deponent, go forth, and look for the Malabarian; that she answered, you have to keep quiet, he is not home now, but left for the south, he will surely return, that 10 days later the Malabarian arrived home for one day, that she then went to him, grabbed him by his *moendoe* or cloth, that he got into a scuffle with her, causing the cloth to loosen and he took flight, that she followed him and yelled, the thief walks there grab him! That a *sipai* of the lord Ponneij grabbed him, and he handed him over to her husband (who also had followed) who then handed over the Malabarian to the lord fiscal.

The Malabarian Parambil Barkie shown to her *in judicio*, whom she declared to be the same, as spoken of in the text.

Hereby the deponent ended her statement, which she declared to contain the whole and honest truth, and which she was willing to strengthen by corporal oath, at all times, if required to do so.

Thus done and stated within the city of Koetsiem, in the ordinary Chamber of Council of Justice, on Wednesday, 25 July 1792 in [the] presence of the honourable Pieter Elstendorp and Johan Christiaan Frischbier, members, who signed the original of this, besides the deponent, above-mentioned interpreter and me the sworn clerk.

Quod attestor, [signed] J. V. D. Poel, Sworn clerk.

There appeared again before the undermentioned delegated honourable members of the honourable Council of Justice of this city, Madi, quoted more extensively in the previous statement, which was now again clearly read to her word by word by me [the] sworn clerk in the presence of the koopman and fiscal of this government the *meester* Jan Willem Hendrik van Rossum, and plainly explained by translation of the interpreter Dionijs Alewijn; she fully persisted with it, not wanting the least alteration.

Thus verified and persisted with in the city of Koetsiem; in the ordinary Chamber of Council of Justice, in the presence of the prisoner Barkie, on Tuesday, 31 July 1792 in [the] presence of the honourable Pieter Elsendorp and Johan Christiaan Frischbier, members.

As delegates, [signed] P. Elsendorp, J. C. Frischbier.

For translation, [signed] Dio. Alewijn.

This is [signed] set down by Madi with her own hand.

In my knowledge, [signed] J. V. D. Poel, Sworn clerk.

Verified statement of the widow of the *Oosterse Captein* Bappa Sale named Kanana van Colombo, F.

[in margin] *Pro fisco.*

There appeared before the undermentioned delegated honourable members of the honourable Council of Justice of this city, the widow of the *Oosterschen kapitain* Bappa Salia, named Kananoe; from Kolumbo, of competent age, and belonging to the Mohammedan religion, who stated on the request of the merchant and fiscal of this government the lord *meester* Jan Willem Hendrik van Rossum, and by translation of the interpreter Dionijs Alewijn; that the Christian Malabarian Parambil Barkie owed her 12 *ropijen*; borrowed for 2 months; that she addressed him often about this, but did not receive anything; that he recently passed by her door together with a girl, that she then addressed him concerning the money, that he then said, that he currently had no money, that she then replied, leave the girl here for the time being, until you have brought me the money, which happened; that two or three days [later] the *wasvrouw*, named Madi, arrived at her place to collect laundry, that the *wasvrouw* then asked, how the deponent came to be in possession of the mentioned girl, whom she had taken to raise as her child; that she had answered: a Malabarian who owes me money has brought the girl here; upon which the *wasvrouw* had said, I know that Malabarian and I shall visit him; that the *wasvrouw* told this to her husband, who then went to capture the Malabarian, that the man then brought him in to the lord fiscal; that the lord fiscal then after judicial investigation took the girl from the deponent.

The Malabarian Parambil Barkie, the *wasvrouw* Madi, and the stolen girl presented here *in judicio*, she declared that they were the same as the ones mentioned in the text.

Hereby the deponent ended her given statement, which she declared to contain the whole and honest truth.

Thus done and testified within the city of Koetsiem in the ordinary Chamber of Council of Justice on Wednesday, 25 July 1792 in [the] presence of the honourable Pieter Elstendorp and Johan Christiaan Frischbier, members, who signed the original of this, besides the deponent, above-mentioned interpreter and me the sworn clerk.

Quod attestor, [signed] J. V. D. Poel, sworn clerk.

There appeared again before the undermentioned delegated honourable members of the honourable Council of Justice of this city, Kananoe, quoted more extensively in the previous statement, which was now again clearly read to her word by word by me [the] sworn clerk in the presence of the koopman and fiscal of this government *meester* Jan Willem Hendrik van Rossum, and was plainly explained to her by translation of the interpreter Dionijs Alewijn, she fully persisted with it, without wanting the least alteration.

Thus verified and persisted with in the city of Koetsiem, in the ordinary Chamber of Council of Justice, in [the] presence of the prisoner Barkie, on Tuesday, 31 July 1792 in [the] presence of the honourable Pieter Elstendorp and Johan Christiaan Frischbier, members.

As delegates, [signed] P. Elstendorp, J. C. Frischbier.

For the translation, [signed] Dio. Alewijn.

This is [signed] set down by Kananoe with her own hand.

In my knowledge, [signed] J. V. D. Poel, sworn clerk.

Criminal *Eijsch en Conclusie* by *meester* J. W. H. van Rossum.

Criminal *eijsch en conclusie* handed over to the right honourable lord Jan Lambertus van Spall, chief merchant, *sekunde* and chief administrator and also president as well as the other lord members in the right honourable Council of Justice of this government by *meester* Jan Willem Hendrik van Rossum prosecutor in his official capacity

Contra

The Malabarian Christian Parambil Barkeij of the Pagodinhos over committed *crimen plagie* and the Christian woman Maleparte Marian van Erratoerti over the holding and keeping of a free girl, both the lords' prisoners.

Right honourable lord and lords!

Article 1.

How damaging the stealing and retaining of free humans and also the debauching and transporting of *lijfeigenen* for each and every inhabitant who has resided here for a long time.

2.

And with how much effort and work done by multiple salutary orders to try and prevent these ruinous crimes.

3.

Such shall the prosecutor in his official capacity demonstrate not broadly to avoid convolutedness and since it is a known case;

4.

though as this evil seems to be rooted in this colony to such a degree,

5.

that there is no alternative but to apply exemplary punishments so likewise fiends can be repulsed and eradicated.

6.

This encourages the prosecutor in his official capacity to act with all rigour against evil-doers that are so harmful for the common,

7.

and thus to bring into effect the law, placards and orders against these.

8.

Therefore the prosecutor in his official capacity, to substantiate the conclusion he will formulate in the end of this, shall first produce the verified statement and confession of the first prisoner sub A: and subsequently that of the second prisoner sub B:.

9.

From which the right honourable lords shall conclude, that in the last month of June, on a certain evening at six o'clock a girl named Kalie came to the prisoner's house, and that he had hidden the same girl with him for a day underneath a rug, so that he could sell her.

10.

That he the first prisoner therefore went to the second prisoner the next day, and had asked if she wanted to buy a slave girl?

11.

That she the second prisoner, responded to bring the girl to her, which has happened, at which opportunity she the second prisoner insisted to leave the girl with her for two or three days, adding: I shall look for some money to give you.

12.

That he the first prisoner, arrived at the second prisoner three days later, and received the answer, that she the second prisoner had looked for people who would want to buy the girl, yet that she could not find any, and therefore said to the first prisoner to take the girl away with him again.

13.
That he the first prisoner, thereupon went with the same girl to Captain Bappa Sale's house, and had given the aforementioned girl to this widow, because he owed her 12 *ropijen*, in order to keep the girl with her for so long, and then left.

14.
That this confession of the first prisoner is more than true, will be evidently proven to you honourable gentlemen in the following verified statement by the second prisoner, under letter B.

15.
After which, she states as such, that on a certain morning at 5 o'clock Parambil Barkie or the first prisoner had come to her and called her,

16.
that she, having come outside, was asked by him whether she wanted to buy a slave girl (whom she recognized when she was shown to her *in judicio*).

17.
That she thereupon had asked, how did you acquire this girl and what is her caste? That he, the first prisoner, had answered, she was given to me by another Malabarian, that she had then asked for the *ola*.

18.
That he the first prisoner had responded to this that he had no *ola*, to which the second prisoner had replied, if you do not have an *ola*, I do not want the girl.

19.
That he the first prisoner consecutively had said, let the girl stay here for now, until I go to Mattanseri for a short while to buy *jager* for two *fanums*, that the girl then stayed with her and that she left because of her work.

20.
That in the evening at 5 o'clock the first prisoner had returned and had taken the girl away, and since that time had not seen the first prisoner again, until she was called by the *eijscher* in his official capacity.

21.

That despite she the second prisoner previously had stated once and several times that the aforementioned girl actually had only been kept with her for a single day.

22.

Thus it will be clear to you right honourables, from the verification of the first prisoner under letter A., to the question how he could state that the girl had been with the second prisoner for two or three days, while she had stated that the mentioned girl had only stayed with her from 5 in the morning to 5 o'clock in the evening,

23.

that the first prisoner had persisted with his statements, and that she the second prisoner, to find out the truth all the better, was called in and was asked in the presence of the first prisoner, how long the girl had truly stayed with her, to which she had answered just one day, and that she consecutively appealed to the girl.

24.

When the girl was cited *ipso facto in judicio* and in [the] presence of the second prisoner was asked how many days she had spent with the second prisoner, after which the girl maintained in her face five days.

25.

Which she [the] second prisoner admits a day later in her given statement under sub B, while she to the question, how she could keep the girl while there was no *ola*, and had not immediately notified the *eijscher* in his official capacity of such?

26.

Gave the answer, that she had not known that the girl was stolen, nor how the first prisoner had acquired her, to which the girl was again called inside *in judicio* and, convincing the second prisoner, she declared then that the girl had been kept with her for four days, and that she out of fear had declared to have kept the girl for one day.

27.

From which evidently can be concluded that she must have well known that she was not at all qualified or allowed to keep another man's child without prior notice and received permission, which had scared her without a doubt, because she was persuaded to act against better judgement and the laws.

28.

Which the *eijscher* in his official capacity trusts that you honourables can determine, from the responses of the second prisoner to the sustained questions under G., however complicated these are,

29.

And primarily that she the second prisoner had kept the girl to make a profit, as she has already for a long time been known as a proficient trader in such trade, both to the *eijscher* in his official capacity as in general.

30.

As appears undeniably in article 6 to the question whether the interrogated had not said to Parambil Barkie or the first prisoner, leave the girl here for two or three days, I will look for some money to give to you, giving the answer, yes, only if he brought me an *ola*. But which appeared to have only been added to appear less guilty.

31.

While at first the first prisoner, in his verified statement under letter A, does not at all mention that she the second prisoner had asked for an *ola*, but instead that when he had asked her whether she wanted to buy a girl, she had said to bring her to her, and to leave [her] there for two or three days, while she would look for money to give him in the meantime.

32.

And secondly, while her own verified statement under letter B and the given responses in article 10 of the verified interrogations presented to her under letter C show that when the first prisoner had been asked by her the second prisoner, how did you acquire this girl, what is her caste and where is the *ola*? The first prisoner would have responded not to have an *ola*.

33.

Thus, she the second prisoner, being convinced that there did not exist an *ola* for the girl, nonetheless had consented to keep the girl for four days, according to her own confession.

34.
And this she did to make a profit, as is not unclear to see from the aforementioned interrogations in article 8, as she to the question, whether she had not on that occasion answered him the first prisoner, that she had looked for people who would want to buy the girl, yet that she could not find any, giving the answer, yes that she had told him, you look for an *ola*, I will look for people in order to buy the girl.

35.
Which statements she tries to invalidate in article 11 of the mentioned interrogations, when she to the question, how she, knowing that the girl was not truly a slave who could be sold, could have dared to look for people to sell her to and furthermore kept her four or five days, answered that she had said so, but had not looked for people to sell the girl to.

36.
Which frivolous remarks may not have been uttered, if she had remained mindful of her answer to article 9 of the mentioned interrogations, as it is in direct opposition to the currently given, because to the question whether she had not further said to Parambil Barkie to take the girl away again, she had answered, yes, she could not sell the girl, which is why she had said to take the girl away again.

37.
Therefore this expression that, yes, she could not sell the girl, shows clear as day that she had tried to put the girl up for sale, but that no one, due to the lack of an *ola*, had wanted or dared to buy her.

38.
That in article 12 of the mentioned interrogations furthermore is shown, that if she had had an *ola* the girl would have been sold by her, when she to the question, whether she had not done this in the hopes of making a profit of the mentioned girl, answered, yes, if the *ola* had been good, she would have made a profit of it.

39.
And that with a free person, as it is most apparent from article 14 of the aforementioned interrogations, that she had known very well that the aforementioned girl was not a slave but a free person.

40.

While, to the question whether she had not done so by design (by stating that the girl had been kept with her only from 5 o'clock in the morning until 5 o'clock in the evening, because she had known very well that she could not keep the girl without immediately making it known to the interrogator), she answered that if it had been a slave she would have declared this to the lord fiscal, but since she was a free girl she did not do so.

41.

You honourable gentlemen, having been now shown by the *eijscher* in his official capacity that a free person has been stolen by the first prisoner, and put up for sale with the second prisoner by him, afterwards was kept there for 4 or 5 days to be sold again,

42.

now serves further for the additional elucidation of you honourable gentlemen the manner in which the girl was stolen by the first prisoner, as well as how she came to be in the hands of her caretakers again from the second prisoner.

43.

To which the verified statements under letters *D, E* and *F* are sufficient, the corresponding declarations of the *wasser* Maren and his wife under letters D and E *in terminis* saying:

44.

That on a certain evening at eight o'clock the girl Kalie, whom he had adopted as his own child, having gotten a pain in her stomach, went outside to relieve herself,

45.

that his neighbour Parambil Barkie (or the first prisoner) then had taken the girl by the hand and brought her to his house, whereby the girl had started to scream, which was prevented by the prisoner by pushing a piece of linen in the mouth of the girl.

46.

That the prisoner then placed a mat over the girl and put a plank on top, and thus kept [her] with him for two days, after which he had brought the girl to the widow of the *Oostersen Capitein* Bapa Sale, so the *wasser* Maren and his wife declare, while the wife of Maren, named Madi, found the girl there without knowing that in the meantime she was kept with the second prisoner to be sold.

47.

That she, five days after the aforementioned girl was stolen, had come to the mentioned captain's wife to fetch laundry, had seen the girl there, and had asked the widow how she had acquired the girl.

48.

That the captain's wife had answered, that a Malabarian who owes me money has brought the girl here, for that reason she had thus asked whether she had bought the girl.

49.

That the captain's wife had answered no, adding, that [the] Malabarian owes me 12 *ropijen*, and has left the girl here while he went looking for another slave in the meantime.

50.

That the captain's wife furthermore had said to her go forth and find this Malabarian, that she the declarant thereupon had answered, keep still, he is not home now but left for the South, he shall return.

51.

That ten days later the prisoner had come home for one day, that she then having gone to him, had grabbed him by his *mondoe* cloth, whereupon the prisoner had started to fight with her; he had fled because of the undoing of his cloth or *moendoe*.

52.

That she had followed and called after him, there runs the thief, seize him! That thereupon a *sipaij* of the lord Ponneij had grabbed him and had handed him over to her husband (who had also followed), who had then handed him over to the *eijscher* in his official capacity.

53.

The verified statement under letter F provided by the widow of the *Oosterse kapitain* Bappe Sale is largely in accordance with the statement of the first prisoner and also of the *wasser* Madi.

54.

As she says that the prisoner owed her 12 *ropijen*, which she had at that time lent him two months before, and about which she had addressed the prisoner often without receiving anything.

55.

That the prisoner on a certain day had passed by her door with a girl, she had then addressed him about the money, to which the prisoner had replied that he did not have any money.

56.

That she had then said, leave the girl here for now until you give me money, which had also happened.

57.

That two or three days later the *wasvrouw* Madi had come to her to fetch dirty laundry, and that she had on this occasion asked how she acquired the mentioned girl which she had adopted as her own child to raise. To which she had answered, a Malabarian who owed me money has brought the girl here.

58.

That the *wasvrouw* had again replied, I know that Malabarian and will find him, and had notified her husband of this, who had then gone to seize the prisoner, and had brought him to the *eijscher* in his official capacity, who, after the conducted research, had sent for the aforementioned girl to be fetched from her deponent, and had returned her to her caretaker.

59.

The crimes of both prisoners have been presented to you honourable gentlemen by the *eijscher* in his official capacity, so now he will proceed to cite the determined punishments and to conclude afterwards.

60.

And says about that *meester* Johan Moorman in his treaty about crime and its punishments, in his third chapter about the various kinds of thefts on page 341, that anyone who held another's wife, daughter, son or slave against their will in his house, sold them, gave them away, or employed them in his services, has according to Roman law made themselves guilty of human theft, and those who commit this resentful deed carry the name of human thieves, which, according to the Old Testament, as is seen in Exodus 21 verse 16 and Deuteronomium 24 verse 7, must be punished by death.

61.
The same author furthermore teaches that when punishing this crime by death, one should chiefly pay attention to the intention of the person committing this crime, because if one undertakes this to make a profit of such a stolen human, then he would have placed his life before justice.

62.
Which death penalty Carpzovius in the 76th chapter of his treatises on such corporal punishment approves of, in which he says thus: that even though according to the law of Fabia the human thieves in the old days were punished randomly and with fines, yet presently following the law of Constantinus the punishment is by the sword.

63.
The mentioned author concludes that chapter with another solution, that it should further be noted that in crimes of human theft not only the human thieves but also those who have been helpful in that crime and have been complicit should be held to this same punishment by the sword.

64.
And how this explicitly matches with what was decreed by the honourables of the high Indian government in Batavia in their resolution taken on 21 October 1710, which the *eijscher* in his official capacity has the honour to note here orally.

65.
Caets ris omissis is understood to the enlightenment of you honourables hereby to declare that not only all those who transport or steal, by sea or by land, any humans, be they free or *lijfeigenen*, shall incur the punishment of death according to the mentioned placard, regardless of whether they were stopped, impeded or caught.

66.
But also that anyone who willingly and knowingly contributed their help or cooperated, be it through temptation of mentioned transported people, or

through housing or hiding them, at the request, service or aid of the thieves or transporters, furthermore also those who willingly and knowingly have provided any boats or other tools.

67.
As well as those who gave the order to steal people, or have tempted, induced, or instigated the transporters to do so.

68.
As well as those who knowingly bought those transported people or sold them on behalf of the thieves, all of whom incur the punishment of death according to the mentioned placard.

69.
Notwithstanding the office and prudence of the judge to impose, according to the circumstances, people, or anything else, a lesser punishment, as he in his good conscience shall deem suitable.

70.
On which foundation of the just mentioned period, the *eijscher* in his official capacity pleads that while the circumstances took place by which the girl has been returned to the owner, and that, for him, the inflicted damage has been refunded, without the prisoners having made any profit.

Concluding that the first prisoner mentioned in this chapter shall be condemned with certain judgement by you honourables to be brought to the place where it is customary to carry out criminal sentences of this honourable council, and there having been handed to the master of the execution, with a noose around the neck shall be displayed under the gallows, subsequently bound to a pole and severely whipped and branded on his bare back, furthermore to be exiled from here for a time of twenty-five consecutive years, to where the honourable lord ordinary Council of India as well as the governor and director of this coast shall appropriately judge to be, in order to labour *ad opus publicum* without pay *cum expensis*.

Furthermore that the second prisoner, also mentioned here, shall be condemned with certain judgement by you honourables to be brought to the place where it is customary to carry out criminal sentences of this council, and there having been handed to the executioner, bound to a pole and severely whipped on the bare back, furthermore to remain exiled from here for a time of fifteen consecutive years, to where the honourable lord ordinary Council of India as well as the governor and director of this coast shall advisably judge to be, in order to labour *ad opus publicum* without pay *cum expensis*.

Imploring here you honourable lord *nobile judicus officium*, [signed]

J. W. H. van Rossum.

[in margin] *Exhibitum* 29 August 1792.

3

The enslavement of Barrido

CR-249-5 Raad van Justitie, Criminele Processtukken, scan 99-124,
folio 197-247[1]

*This case concerns the investigation against several locals – a Moor, a swarte jood
and Pulayas – who are suspected of the illegal enslavement and selling of a local
freeborn Christian named Barrido. The case indicates the different authorities at
play, including the Company and the (secretary of the) king of Cochin. The case
deals with evidence regarding the circumstances under which Barrido was bought,
but also regarding the proof of his alleged slave status.*

Dictum.

E: agtb: heeren,

Uijt de hier neevens overgelegde documenten sal aen u E: agtb: komen te blijken,
hoe men alwederom op een diefse, en schelmagtige wijse onderstaen en gepoogt
heeft een vrij gebore christen van sijn dierbaere vrijheijd te berooven, en tot slaaf
te maeken. Een gruweldaet, waerlijk hoe verfoeielijk die is, en wat swaere
penaliteijten successive daer teegen sijn gestatueerd. Egter bij eenige [...]ige
menschen niet kan werden naegelaten. Ja selfs de mooren, en jooden schijnen
heeden ten daege als te collideren en samen te spannen om den onnoselen van
haer vrijheijd te berooven en in slavernij te dompelen, daer deese laeste nogtans
volgens haere wetten wel voornamentlijk verpligt zijn de vrijheijd voor te staen,
en beschermen een klaer voorbeeld van opgemelde collusie deeser twee natien
sullen u E: agtb: vinden in de papieren, die de ondergeteekende officier d'eere
heeft ter laste van den g'arresteerde jood Abraham Assuri in cas subject aen U E:
agtb: onder n:o 36: 37: 38 en 39: te presenteeren.

---

[1] Het register van de zaak verwijst ook naar een (ontbrekend) stuk 40 (Extract uijt de criminele rolle,
3 september 1737).

Want daer bij blijkt sonneklaer hoe den moor Seidoe woonagtig tot [. . .] em[. . .]er op een sinistere wijse gepoogt heeft de christen Barrido van sijn vrijheijd te berooven, met hem onder geleijde van twee Poeliassen na Cochim de Sima te transporteeren, ten eijnde aldaer den opgem:t jood als slaef te verkoopen, als meede hoe ged:te jood dit schelm stuck heeft gepoogt te bedecken, als hij deese geproneerde slaef met sijn lijfjonge na de stad senden de selve aldaer te verbergen, en ophouden, tot dat sig occagie soude opdoen, om dit slaef aen de man te helpen, t welk men 't nu hun dessein mislukt is, thans een glimp soekt te geeven, met te seggen dese jongen inde stad was gebragt om hem aen de E:E: agtb: heer commandeur te vertoonen, ten fine of mogelijk wel gemelte sijn E:E: agtb: den selven voor d'E: comp: mogte benoodigen, maer laet dit al blijken immers uijt de confessie van den g'arresteerde genoegsaem, hij de jongen van de moor reeds had gekogt, sonder te weeten of hij een slaef was, t welk onses agtens het eerste en voornaemste waer naer een kooper moet verneemen, want so lange de slaefbaerheijd van den te koop geveijlde jonge niet is gebleeken, oordeelt den officier onder reverentie niemand geen koop van eenige slaef mag aen gaen, ja 't is selfs ongeoorloofd na dien prijs te verneemen 't welk, indien exact word g'observeerd, een heijlsaem middel soude sijn om de sinistre practijquen der menschen dieven, te verijdelen, en te keur te stellen, waer omme de ondergeteekende ook oordeelt hoog noodig te weesen dat teegens de contraventeurs van deese g'opperde sussenue een exemplaire straffe dient te werden gestatueerd, en alle welke g'allegeerde redenen de officier versoekt dat den g'arresteerde jood hier vooren gem:t door UE: agtb: diffinitive vonnisse de stad en 's comp: limiten mag werden ontsegt voor den tijt van thien agter een volgende jaeren beginnende met den dag, dat het voorts: vonnisse sal werden gedecerneerd sonder binnen de gem:te thien jaeren wederom in de stad of 's comp: limiten te moogen komen op verbeurte van honderd rijkdaelders a 32: Cochimse fanums te verdeelen d' eene helft pro fisco en de ander helft voor de diaconije arme deeser steede in dien binnen de voorsz: tijd het decreet van deeser Raad mogt komen 't [. . .] en dit alles cum expensis, weijders dat de twee Poeliassen in deesen als Poelijs gebruik uijt hun arrest kost en schaedeloos sub poena confessio et convict moogen werden ontslagen, ofte te alsulken anderen fine als UE: agtb: na bevindinge der saeken sullen oordelen en bevinden te behooren.

Imploreerende en in alles etc:a., [get.] C: Stevens.

[in margine] Opgelegt in Raede van Justitie ter steede Cochin den 2 sept:er 1737.

Gerecolleerde klagt depositie van de christen Barrido.

[in margine] Pro fisco N:o 36:.

Compareerde voor de naergenoemde gecommitteerde leeden uijt den E: agtb: Raad van Justitie deser steede, den christen Barrido geboortig van Repolim en woonagtig tot Candanattij, oud naar gissing 25 jaeren, den welken door de vertaeling van den ondertolk Balthazar den Brouwer, onder verthooning van den g'arresteerde jood Abraham Assuri, die hij deposant getuijgt den eijgenste te wesen, waer op hij thans is klagende, klagenderwijse heeft te kennen gegeven, dat hij deposant seer jong sijnde met sijn moeder Bitanda genaemt van Repolim op Candanattij is komen woonen, om reden zijn vader hem deposant, en vrouw sijn moeder verlaeten hebbende, weggegane en naderhand nooijt weder te voorscheijn is gekomen, sonder te weeten waer hij naer toe is gegaen, dat nu omtrent thien à elf dagen geleden seker moor tot Oediamper woonagtig in naeme Seidoe, hem deposant op Candanattij ontmoet, en te kennen heeft gegeven en en hier op Cochim veel werk viel met balken te saegen, en daer door hij deposant gepersuadeert is geworden met voorb: moor mede te gaen, omme te arbeijden en aldus eenig loon te verdienen tot sijn onderhoud, dat hij deposant aan de wooningh van ged:te moor tot Oediamper gekomen, en sijn verblijf aldaer genoomen hebbende, het gebeurt is dat laetstleeden saturdag hij deposant en voors: moor in geselschap van nogh twee coelijs, waer van den een Ballon genaemt, en den tweede hem deposant bij naem onbekend is, tot Cochim de Sima aan het huijs van voorm: Abraham gekomen sijnde, aldaer sijn verbleeven tot eergisteren morgen, sonder dat hij deposant weet wat ged:te moor met dien jood in die tussen tijd gesproken, of verhandelt heeft, als eenelijk dat hij deposant eergisteren morgen door dito moor, en jood gelast is geworden met seeker swarte jood, hem bij naeme mede onbekend nae de stad te gaen, gelijk hij ook gedaen heeft; dat binnen de stad gekomen sijnde hij deposant gebragt is geworden in seker huijs daer een vrouwmensch in was, en een man met een dik been, sijnde de man blanken als de vrouw, dat hij deposant als toen is gelast geworden aldaer te blijven, om dat verkogt was, 't gunt door voorsch: swarte jood aen hem deposant te kennen wierd gegeven, dat hij deposant daertegen geprotesteert, dogh egter sijn protest niet hebbende kunnen helpen, aengesien men daer gheen reguard aan sloegh, naer dat die swarten jood weder nae buijten vertrocken was, sijn kans heeft waergenoomen, en 't huijs uijt loopende sijn cours direct naer de woning van den E:E: agtb: heer commandeur genomen heeft, dat hij deposant aldaer sijn cousijn den lascorijn Jaco aan de barak ontmoet, en aan den selven de gesteldh:t van saeken te kennen gegeven hebbende, die saek vervolgens aan sijn E:E: agtb: welgem: is bedeelt geworden, dat daer op hij deposant gisteren morgen met voorsz: jood Abraham die daer ook gekomen was, naer den fiscael is gesonden geworden.

Wijders door voorm: officier hem deposant zijnde afgevraegt, of niet tot Cochim de Sima ten huijse van den jood Abraham, in presentie van de twee Poeliasse coelijs Ballon, en Oeniaddan op de afvraege van gem: jood Abraham of hij een slaef van voorm: moor Seidoe, en een Chego van geslagt was, gerepliceert heeft dat hij een Chego, en door ged:te moor als een slaef van jongs op was groot gebragt, heeft hij deposant wel expresselijk beleeden van neen, sulx is mij niet afgevraegt geworden, veel min heb ik gedagten gehad om sulx te seggen, maer ik sustineeren, dat den blanke jood Abraham mij gekogt en weder verkogt heeft, naedemael ik door den moor in sijn huijs gebragt, en door hem met de swarte jood nae de stad ben gesonden geworden.

Voorts gevraegt sijnde of hij meer in de stad en voor desen ghen hijden is geweest, heeft hij g'antw: ik ben tevooren meer in de stad, maer nooijt een hijden geweest, naedemael ik van christen ouders gewonnen en gebooren ben.

Waer mede hij deposant dese zijne klagt depositie eijndigende verklart dus inhoud te behelsen de suijvere en opregte waerheijd.

Aldus gedaan, en gedeposeert binnen de stad Cochim ter ordinaris Raadcamer van den E: agtb: Raad van Justitie op den 20 aug:o 1737: in presentie van den opperchirurgijn Jan de Bruijn en boekhouder Cornelis Hendriksz: Oudewater, beijde leeden uijt den Raad voorm: die de minute deses nevens den deposant voors: tolk en mij secret:s hebben onderteekend.
'T welk getuijgt, [get.] H[...] Koller, secret:s.

Compareerde andermael voor de naergenoemde gecommitteerde leeden uijt den agtb: Raad van Justitie dezer steede, den deposant vermelt in de voorenstaende klagt depositie, dewelke hem deposant nu wederom ten overstaen van den ondercoopman, en fiscael deser commanderije Corijn Stevens, en in presentie van den g'arresteerde jood Abraham Assuri door mij secretaris van woorde tot woorde voorgehouden, en door de vertaeling van den ondertolk Balthasar den Brouwer wel, en duijdelijk te verstaan gegeven zijnde, verklaarde hij deposant bij het gedeposeerde in voorsz: sijne klagtschrift ten vollen te blijven persisteeren, sonder eenige de minste verandering te begeeren.

Waarnae door den officier aen hem deposant zijnde afgevraegt, of ter tijd wanneeer hij deposant binnen deser steede van de wooning van dien soo genaomde blanke man met dikke beenen is gebragt geworden, ged:te man geslaepen heeft, en eerst een poosje tijds naar des deposants arrive voor den dag gekomen, dan wel of d:o man present is geweest heeft hij deposant g'antwoord, soo drae ik ben boven gekomen heb ik de blanke man met de dikke beenen op een stoel sien zitten.

Aldus gerecolleert, en gepersisteert, mitsgaders naader gevraegt, en b'antwoord binnen de stad Cochim ter ordinaris Raadcamer van den agtb: Raad van Justitie op de 29:ten augustus anno 1737 in presentie van den vaandrig Jan Schut, en boekhouder Cornelis Hendrix Oudewater, beijden leeden uijt den Raad voorm:t.

Als gecommitt:den, [get.] Jan Schut, Cornelis Hendriksz: Oudewater.

Voorde vertaling, [get.] B: de Brouwer, ondertolk.

Dit werk [get.] is bij den deposant Barrido selfs gestelt.

Ten mijnen overstaen, [get.] C: Stevens.

Mij present, [get.] H: Koller, secret:s.

Confessie van de jood Abraham Assuri, N:o 37.

[in margine] Pro fisco.

Compareerde voor de naergenoemde gecommitteerde leeden uijt den E: agtb: Raad van Justitie deser steede, den gearresteerde jood Abraham Assuri tot Cochim de Sima woonagtig, oud 50: à 55 jaeren, den welken door de vertaeling van den ondertolk Balthasar den Brouwer vrijwillig geconfesseert, en beleeden heeft; dat op voorleden saturdagh tegens den avond in sijn confessants huijs gekomen is zeeker moor hem confessant bij naeme onbekend presenteerend aan hem een jongen te koop, dat hij deposant daer in speculatie gevonden, en 's daags daer aan d:o slaef g'accepteerd heeft, onder dese conditie noghthans, dat hij bevorens gem: jongen na d' stad soude senden ten fine denselve aan den E:E: agtb: heer commandeur te verthoonen, of het saek was, dat sijn E:E: agtb: d:o slaef ten dienst van d' E: comp: van nooden mogt hebben, als mede dat hij moor bewijs van wettige slaefbaerh:t van gem: jongen soude moeten verthoonen, dat gem: moor daer mede zig vergenoegt, en daer op den confessant voorm: jonge heeft afgevraegt, of hij een slaef van gem: moor, en van wat voor geslagt, of casta was, en daerop tot antw: ontfangen, dat hij een slaef van dito moor, en daer denselve, van jong, en kleijn af was opgebragt, sijnde een Chego van geslagt, dat bij die belijdenisse als getuigen present sijn geweest twee Poeliassen, die met voors: moor, en jongen als koelijs gekomen zijn, dat hij confessant daer nae voors: jonge met sijn confessant jongen Moessa aen de wooning van den slootemaeker Willem Brandenburg nae de stad gesonden heeft, ten fine daer zeeker vrouw mensch Jibica genaemt aan den E:E: agtb: heer commandeur welgem: verthoont te mogen werden, soo als dat wijf althoos verlag te doen bij aldien den confessant eenige slaven heeft te koop gehad; dat gem: jongen in 't huijs van Brandenburg

gekomen zijnde geprotesteert heeft, dat hij niet mogte werden verkogt, aangesien
hij een vrijgeboorne christen was, 't gunt des confessants voors: jonge Moessa
vernoomen hebbende tot hem gesegt heeft, dat hij daer maer soude blijven, en
dat hij Moessa onderentussen den moor die hem te koop had gebragt, soude
gaen opsoeken en binnen brengen, dat voorts soo drae dien jonge Moessa die
tijding aan den confessant gebragt heeft, hij confessant dien moor ten eersten
heeft opgesogt, verdog niet hem maer wel de voorm: twee Poeliassen, die als
coelijs met hem sijn mede gekomen, gevonden; dat daer nae Willem Brandenburg
bij hem confessant gekomen sijnde verhaelt heeft, dat voorm: slaef 't huijs uijt, en
naer den E:E: agtb: heer commandeur was geloopen, en dat sijn E:E: agtb: hem
Brandenburg door een lascorijn had doen weten, is ordonneeren om den
verkooper van dien slaef bij zijn E:E: agtb: te brengen; dat daer op hij confessant
nevens voors: twee Poeliassen coelijs binnen gekomen, en voor sijn E:E: agtb:
verscheenen sijnde, sijn E:E: agtb: g'ordonneert heeft d:o koelijs in de barak
moesten blijven, en dat hij confessant naer sijn huijs gaen, en 's morgens daer aan
weder binnen soude komen, get: geschied is, eijndel: verklaert hij confessant dat
gisteren volgens d'ontfangen ordre binnen de stad gekomen sijnde nae den fiscael
gesonden, en door dien officier op de geiselcamer in arrest is geplaetst geworden.

Aldus waermede hij confessant dese sijne confessie eijndigende verklaert dies
inhoud te behelsen de suijveren en opregte waerheijd.

Aldus gedaen en gepasseert binnen de stad Cochim ter ordinaris Raadcamer
van den agtb: Raad van Justitie op den 20: aug:o 1737 in presentie van den
opperchirurgijn Jan de Bruijn en boekhouder Cornelis Hendriksz: Oudewater,
beijde uijt Raed voorm: die de minute nevens den confessant voorsch: ondertolk
en mij sec:s hebben ondertekend.
't Welk getuijgt, [get.] H: Koller, secret:s.

Compareerde andermael voor de naer genoemde gecommitt:de leeden uijt den
agtbaere Raad van Justitie deser steede den confessant voorm: in de voorenstaende
confessie dewelke hem nu wederom, ten overstaen van den ondercoopman, en
fiscael deser commanderije Corijn Stevens, door mij secret:s van woorde tot
woorde voorgehouden en door de vertaaling van den ondertolk Balthasar den
Brouwer wel, en duijdelijk te verstaan gegeven sijnde, verklaarde hij confessant
bij den inhoude van voorsz: zijn vrijwillige belijdenisse ten vollen te blijven
persisteeren, sonder eenige de minste verandering te begeeren, wijders door den
officier hem confessant zijnde afgevraegt, of hij niet weet dat hij geeenige slaven
mag koopen, of pretendeeren aen te koopen, veel wier van buijten naar binnen
de stad senden sonder dat hem de whaere slaefbaerhijt van soo daenige lijfijgene

bij genoegsaam bewijs te voorens is gebleeken, heeft hij daer op g'antwoord, ik heb dien jongen niet gekogt, maer den selve eerelijk naer de stad gesonden, om met den eijgenaar naederhand te komen, en d:o slaef aan den E:E: agtb: heer commandeur te verthoonen.

Aldus gerecolleert, en gepersisteert mitsgaders nader gevraegt, en b'antwoord binnen de stad Cochim, ter ordinaris Raadcamer van den agtb: Raad van Justitie op den 29:den augustus 1737: in presentie van den vaandrig Jan Schut, en boekhouder Cornelis Hendriksz: Oudewater, bij de leeden uijt den raad voormelt. Dit merk [get.] en characters zijn bij den confessant Abraham Assuri selfs gestelt.

Als gecommitt:den, [get.] Jan Schut en C: Oudewater.

Voor de vertaling, [get.] B d' Brouwer, ondertolk.

Ten mijnen overstaen, [get.], C: Stevens.

Mij present, H: Koller, secret:s.

Gerecolleerde confessie van de g'arresteerde poeliassen Ballon en Oeniaden.
[in margine] Pro fisco No: 38.

Compareerden voor de naergenoemde gecommitteerde leeden uijt den E: agtb: Raad van Justitie deser steede Ballon, of hoofd der Poeliassen van Pannangattoe slaef van den koning van Cochim en den Poelia Oeniaden slaef van Addichil Caijmael van gem: Pannangattoe, dewelke tesamen en een ider van hen in 't bijsonder, door de vertaeling van den ondertolk Balthazar den Brouwer vrijwillig geconfesseert en beleeden hebben, dat op verleeden donderdag dan wel den 15: courant sij beijde confessanten gekomen sijn aan de hutte van den Eersten confessant, en aldaer van desselve vrouw hebben verstaen, dat seker moor in naem Seidoe kort tevooren was aen geweest, ter wijlen hij eersten confessant niet 'thuijs was, en tegens ged:te vrouwmensch had versogt, dat wanneer haer man 'thuijs quam, hij tegens hem soude seggen, om bij hem moor tot Oediamper aan sijn wooning te komen, dat den eerste confessant den tweede d:o als toen versogt heeft, om in sijn geselschap derwaerts te willen mede gaen, get: hij daer in condescendeerende, sij beijde confessantten des daags daer aan sijnde vrijdag nae Oediamper bij voorm: moor Seidoe sig vervoegt hebben, dat aldaer present is geweest den clager Barrido den welken nevens gem: moor hun lieden te kennen heeft gegeven, dat sij nae Cochim wilden gaen, om balken te saegen, haer confessanten versoekende om haer lieden derwaerts te convojeeren, beloovende beijde daer voor aan de confessanten 4: fan:s te sullen geven voor haeren moeijte; dat de confessanten daer toe resolveerende met hun lieden binnen seker haer vaertuijgh getreeden en des anderen daegs, sijnde saturdag nae den middagh op

Cochim de Sima aan de woning van den thans g'arresteerden jood Abraham Assuri gekomen zijn; dat zij confessanten niet hebben geweeten, wie ged:te Barrido was, alsoo sij hem bevoorens nooijt hadden gesien, en daerom niet kunnen oordeelen, of denselven en christen of moor, vrije, of slaef was; dat sij confessanten des anderen daegs, dan wel op saturdagh morgen te voors: huijs van ged:te jood verstaen hebben, dat opged:te moor hem Barrido aan den jood Abraham Assuri wilde verkoopen; dat daer op dien jood in presentie van hun confessanten aan Barrido heeft afgevraegt, of dien moor hem ook wel mogte verkoopen, so mede van wat casta of geslagt hij Barrido was en dat Barrido daer op wel duidelijk heeft geantw: Ik ben een Chego van geboorte en dese moor heeft ten opsigte van zijn gebrek vrijh:t om mij te kunnen verkoopen, alsoo hij mij van jongs op heeft grootgebragt, en onder houden, maar egter versoeke ik dat hij mij niet in de stad of elders anders verkope maer wel hier buijte op een goede plaetse, dat voorsch: jood daer tegen heeft ingebragt bij aldien ghij een Chego sijt waerom sijn dan uwe ooren niet doorgestooken volgens de usantie van uwe geslagt, en waerom draegt ghij dan gheen kuijf, of Carrombin gel: d'anderen Chegos doen, dat ged:te Barrido daer op tot antw: heeft gegeven, om dat ik door dese moor seer jong ben aengenomen geworden heb ik die teekens niet aan mij, volgens ons gebruijkt, dat den jood sulx verstaen hebbende egter aan den moor betuijgt heeft, dat dit alles niet genoeg was, maer dat hij binnen de stad bewijs moeste verthoonen van een wettige slaefbaerh:t, en dat daerop d:o moor heeft aangenomen bewijs te sullen brengen; dat daer op hij Barrido door seker jonge van dien jood nae de stad gesonden is geworden, welkene jonge uijt de stad reverteerende aen sijn lijfheer gerapporteerd heeft dat Barrido voorm: in de stad betuijgt had, hij geen slaef, maer een vrijgebooren christen was, en den moor voors: daerop antw: heeft gegeven, dat Barrido sigh met leugens was behelpende, met begeerte dat hij Barrido wederom uijt de stad mogte werden terug gebragt; dat de jood daer en tegen begeerde hij moor met hem naer de stad wilde gaen, en dese sulx accepterende seijde dat dan eerst soude heenen gaen, om wat vis te koopen ten fine aan de confessanten in dese de cost te kunnen geven, en deselve wederom doen vertrecken, en dat ged:te moor op dat pas heenen is gegaen sonder wederom te voorscheijn te komen; eijndel: getuijgen sij confessanten dat voors: jood siende, den moor niet wederom voor den dagh quam, hun confessanten heeft aangehouden, en naer de stad mede genomen, alwaer sij aan den fiscael sijn overgegeven geworden.

Waermede de confessanten dese haeren vrijwillige confessie eijndigende betuijgt desselve inhoud de suijveren en opregte waerh:t te behelsen.

Aldus gedaen en geconfesseert binnen de stad Cochim ter ordinaris Raadcamer van de agtb: Raad van Justitie op den 21: aug:o 1737 in presentie van den opperchirurgijn Jan de Bruijn en boekhouder Cornelis Hendriksz: Oudewater, beijde leeden uijt den Raad voorsch: die de minute deses nevens de confessanten voors: ondertolk en mij sec:s hebben ondertekend.
't Welk getuijgt, [get.] H: Koller, secret:s.

Compareerden andermael voor de naergenoemde gecommitteerde leeden uijt den agtb: Raad van Justitie deser steede de confessanten in de voorenstaende confessie verm: dewelke hun nu wederom ten overstaan van den ondercoopman, en fiscal deser commanderije Corijn Stevens, en in presentie van den g'arresteerde jood Abraham Assuri, door mij secretaris duijdelijk voorgehouden, en door de vertaeling van den ondertolk Balthasar den Brouwer van woorde tot woorde te verstaan gegeven zijnde, bleeven zij confessanten bij den inhoude van voorm: haere vrijwillige belijdenisse ten vollen persisteeren, sonder in den tekst eenige de minste veranderinge te begeeren.

Aldus gerecolleert, en gepersisteert binnen de stad Cochim ter ordinaris Raadcamer van den agtb: Raad van Justitie op den 29:ten augustus 1737: in presentie van den vaandrig Jan Schut, en boekhouder Cornelis Hendrix Oudewater beijde leeden uijt den Raad.
Als gecommitt:den, [get.] J:n Schuts en H: Oudewater.
Voor de vertaling, [get.] B: de Brouwer, ondertolk.
Dit merk is [get.] bij Ballon zelfs gestelt.
Dit merk [get.] is bij Oeniaden selfs gestelt.
Ten mijne overstaen, [get.] C: Stevens.
Mij present, [get.] H: Koller, secret:s.

Verklaring van de slootenmaeker Willem Brandenburg, N:o 39.
[in margine] Pro fisco.
Compareerde voor de naergen:de gecommitteerde leeden uijt den E: agtb: Raad van Justitie deser stede. Willem Brandenburg slootemaker in dienst den E: Comp: alhier op de smitswinkel bescheijden, denwelken te requisitie van den ondercoopman en fiscael deser commanderije Corijn Stevens, onder vertooning van den g'arresteerde jood Abraham Assuri / dien hij bekent dien eijgenste tewesen :/ waar tegens hij attestant thans is getuijgende, door vertaeling van den ondertolk Balthazar den Brouwer attesteerde en verklaerde waar en waaragtig te wesen, gelijk hij attesteerd en verklaerd bij desen, namentlijk dat op sondag j:o weken, dan wel den 18:e courant bij hem attest: aan zijn wooning is gekomen

Moessa, joodse slaef van den g'arresteerde hier bovengem: bij hem hebbende zekere jongen, dien hij verklaerde door zijn lijfheer Abraham Assuri aan den attest: gesonden te zijn, omme hem soo lange te bewaeren, tot dat ged:te Abraham Assuri met de ola soude binnen de stad, en bij den attest: gekomen zijn, dat ged:te Moessa daar op willende heenen gaen gesegt heeft, ik zal met mijn lijfheer dadelijk wederom komen, bevoorens de kerk aan, en de stadspoorte toegaet, dat ged:te Moessa op dat pas vertreckende geselschap gekomen was, verklaart heeft een vrijgebooren christen, en noijt slaef of lijfeijgen geweest, mitsgaders een neef te zijn van sekere laskorijn Jaco Mapule, die in de barak van den E:E: agtb: heer commandeur alhier bescheijden is, en dat hij attes:t daar op tot antwoord heeft gegeven, het is goed wanneer den jood binnen komt soo kunt u mede naer d'heer commandeur gaan, en doen daar u beklag, dat gemelte jongen daar op terwijl den attes:t naar agter was gegaen, zijn kans waargenomen en 't huijs uijtgesloopen; dat kort daar op ter ordre van zijn E:E: agtb: welgem: zeker lascorijn aan de attes:t wooning komende, g'ordonneeerd heeft, dat wanneer den gepretendeerde eijgenaer van voors: jongen mogt binnen komen, den attes:t denselven niet bang maken maar aan moest houden, en daar van laten kennisse geven, als wanneer welgem: zijn E:E: agtb: denselven zoude laten haelen; dat hij attes:t zulx heeft aangenomen omme promptelijk te obedieren, maar ziende voors: jood Abraham lang tardeerde, zig selvs naars Cochim de Sima vervoegt, en aan d:o Abraham naar den eijgenaar gevraegt, en tot replicq ontvangen heeft, hij is gevlugt, en hier niet meer, waar op den attes:t diende, dan moet gij zelvs met mij gaan ter ordre van zijn E:E: agtb:, en dat daar op d:o Abraham met hem attes:t ten eersten is mede gegaen, en in zijn geselschap twee Poeliasse coelis /: die volgens het het seggen van hem met den eijgenaer mede gekomen waren :/ na de stad mede genomen heeft, alwaar gekomen zijnde, hij attes:t voors: persoonen hij meergemelde zijn E:E: agtb: gebragt heeft, en toen is zijne weege gegaen.

Voorts door den officier bovengem:lt hem attes:t zijnde afgevraegt, of voorz: Moessa aan de wooning van hem atts:t in presentie van dien jongen in questie, niet gesegt heeft denselven verkogt was, of daar op d:o jongen niet heeft g'antwoord, ik ben geen slaef maar wel een vrijgebooren, met verder protest dat niet verkogt kan werden, verklaert hij attes:t zulx in zijn huijs in presentie van Moessa niet is voorgevallen, maar wel invoegen als hier vooren vermelt staat.

Voorts gevraegt zijnde, wat reden den attes:t heeft gehad om den jonge aantehouden, daar hij reets beleed een vrijgebooren christen te zijn, en of den attes:t niet weet, het van zijn pligt was geweest soo dadelijk daar van kennissse te geven aan den E:E: agtb: heer commandeur, en den fiscael, heeft bij daar op gerepliceerd, dat hij d'antwoord van den jonge gehoort hebbende, hem ten eerste heeft aangeraden, om zoodra den jood binnen quam, met hem na zijn E:E: agtb: te gaen, en aldaar zijn beklagt te doen, gelijk reets hier vooren vermelt staat, en dat hij daarvoor versoekt zulx dien jonge mag werden afgevraegt.

Waar mede hij attes:t dese zijn verleende verklaring eijndigende, betuijgt deselve te behelsen de suijvere en opregte waerheijd, voor reden van wetenschap gevende, alle tegens voors: staat gesien en gehoort te hebben, mitsgaders den attes:t alsoo in persoon wedervaeren te zijn, over zulx bereijd blijvende, dit zijn verleende getuijgenisse, ten allen tijde des noods, ofte daar toe gevergt werdende, met solemmele eede gestand te doen.

Aldus gedaan ende gepasseerd binnen de stad Cochim ter ordinaris Raadcamer van den E: agtb: Raad van Justitie op den 21:e aug:o 1737 in presentie van den oppermeester Jan de Bruijn, en boekhouder Cornelis Hendriksz: Oudewater, beijde leeden uijt den raad voorm: die de minute deser nevens den attes:t voors: tolk, en mij secretaris hebben ondertekend.

't Welk getuijgt, [get.] H: Koller, secret:s.

Compareerde andermael voor de naergenoemde gecommitteerde leeden uijt den agtb: Raad van Justitie deser steede den attestant gem: in de voorenstaande verklaring, dewelke hem attestant nu wederom ten overstaan van den ondercoopman, en fiscael deser commanderije Corijn Stevens, en in de tegenwoordigh:t van den g'arresteerde jood Abraham Assuri door mij secretaris van woorde tot woorde voorgehouden, en door de vertaaling van den ondertolk Balthasar den Brouwer wel en deuijdelijk te verstaan gegeven zijnde, verklaerde hij attestant bij het ter wedergesteld in voorsz: sijne verklaering ten vollen te blijven persisteeren, sonder eenige de minste veranderinge te begeeren, met dese bijvoeging nogthans, dat toen den jonge Moessa met dien gewaende slaef in sijn attestants huijs quam, hij attestant heeft leggen slaepen, en door sijn mijd geport is geworden; voorts heeft hij attes:t het voorenstaende naeder bekragtigt, door het opsteeken der twee voorste vingeren van sijn regter hand, en het uijtspreeken deser woorden Soo waarlijk helpt mij god allmagtigh.

Aldus gerecolleert, gepersisteert, en vermeerdert mitsgaders met solemmeelen eede gesterkt binnen de stad Cochim ter ordinaris Raadcamer van den agtb: Raad van Justitie op den 29 augustus anno 1737: in presentie van den vaandrigh Jan Schut, en boekh:der Cornelis Hendriksz: Oudewater, bijden leeden uijt den Raad voormelt.

Als gecommitt:ders, [get.] J:n Schut en C: H: Oudewater.

Voor de vertaling, [get.] B: D' Brouwer, ondertolk.

Dit werk is [get.] bij Wilm Brandenburg zelfs gestelt.

Ten mijnen overstaen, [get.] C: Stevens.
Mij present, [get.] H: Koller, secret:s.

Extract uijt de justitieele rolle deser steede, No: 40.[2]
Copia rol gehouden voor den E: agtb: Raad van Justitie binnen de stad Cochim
op Dinsdag den 3: september 1737: 'smorgens den 8: uuren.

Present alle de leeden, demptis den capitain militair Renicus Siersma, benevens
d'ondercooplieden Francois Terburg, en Abraham van Dewelle, de twee eersten
door indispositie, en den laesteren in commissie.

Corijn Stevens onderkoopman, en fiscael deser commanderije r:o: eijss:r en req:t

Contra

Den g'arresteerde jood Abraham Assuri tot Cochim de Sima woonagtig benevens
de twee Poeliassen coelis Ballon, en Oenianden, alle geregt en ged:t omme te sien
dienen van dictum.

Den eijss:r levert in rade over sijn schiftelijk dictum met den papieren daer toe
relatief onder een behoorlijk register, concludeert, en versoekt prout in fine van
dien.

Den eerst ged:e voor antw: segt, dat hij de jongen niet gekogt heeft en daerom
ook niet weet, wat er gepecceert soude zijn.
Den tweede, en derde ged:t acquiesceeren in het versoek van de fiscael voor
antw:.

Den eijss: voor replicq persisteert.

Item de ged:t persisteeren voor duplicq bij hun gedaen mondeling antwoord.

Den Raad, alvoorens in dese te voteren heeft goed gevonden, verstaen de stucken
aen de leeden ter leesing, en examinatie rond te senden.
Cochim dato voorsz:.
Accordeert, [get.] H: Koller, secret:s.

---

2   Bij dit stuk zijn twee strookjes tekst in Malayalam bijgevoegd.

Extract uijt de crimineele rolle, No: 41.

Extract uijt de criminele rollen gehouden voor den E: agtb: Raad van Justitie binnen de stad Cochim op vrijdag den 13:e Z:ber 1737: smorgens ten 8 uuren. Alle present, dempto den cap: militair Reinicus Siersma, en ondercoopman Abraham van Dewelle, de eerste door indispositie, en d'ander in commissie.

De stucken in de sake van evengemelte officier ex off: eijss:r ter eenre, contra den jood Abraham Assuri tot Cochim de Sima woonagtig, en de Poeliasse coelis Ballon, en Oenianden beijde tot Panangattoe te huijs horende, g'arresteerd:e en ged:t ter andere zeijde, volgens 't besluijt van 3:e courant bij de leeden rond geweest, en gelesen zijnde, zoo is den Raad op heden getreden tot het opnemen dervota, en heeft vervolgens in cas subject ten diffinitive gevonnist als volgt.

Den raad met aandagt gelesen etc:a doende regt etc:a.
Ontsegt het gedaen versoek van den eijss:r op ende jegens den jood Abraham Assuri bij zijn ingediend dictum vervat en ter nedergesteld, om reden den Raad daar toe moverende, en ordonneert over zulx dat hij jood uijt zijn detentie zal werden ontslagen, en weder op vrije voeten gesteld, benevens de twee boven gemelde Coelis Ballon en Oenianden onder handtastinge sub poena confessi et convicti, condemnerende egter gedagte Abraham Assuri in de lasten en misen van dit proces.
Accordeert, [get.] S: Darpen, j: clerq.

The enslavement of Barrido, CR-249-5 (translation)[3]

Dictum.

Honourable lords

From the documents here also presented to you honourables will appear, how people again in a thievish and wretched manner have attempted and tried to rob a freeborn Christian of his beloved freedom, and to enslave him. An atrocity, truly how detestable it is, and what heavy penalties consecutively have been established against it. However, with some [...] people [this] cannot be refrained

---

[3]   The register of this case also refers to the (missing) document 40 (Extract from the criminal roll, 3 September 1737).

from. Yes, even the Moors and Jews seem nowadays to congregrate and to conspire to rob the gullible of their freedom and immerse them in slavery, even though the latter nevertheless according to their laws are obligated to advocate and protect freedom. A clear example of the aforementioned collusion of these two nations will be found by you honourable lords in the documents, that the undersigned officer had the honour to present to you honourable lords against the arrested Jew Abraham Assuri *in cas subject* under number 36, 37, 38 and 39.

Because therein appears as clear as day how the Moor Seidoe residing on [...] em[...]er in a sinister manner tried to rob the Christian Barrido of his freedom and transported him to Cochim de Sima under guidance of two *Poeliassen*, in order to be sold here to the aforementioned Jew, as well as how the accused Jew tried to cover up this villainous act, as he sent the presented slave with his *lijfjongen* to the city to hide him, and hold him, until the occasion presented itself to sell the slave, which now that their design has failed, they try to explain by saying that this *jongen* was brought into the city in order to show him to the honourable lord commander, to see if the mentioned honourable lord wanted to use him for the honourable company, but let this already appear sufficiently from the confession of the arrested, that he had already bought the *jongen* from the Moor without knowing if he were a slave, which in our opinion is the first and foremost thing a buyer should ask for, because as long as the enslaveability of the auctioned for sale *jongen* is not proven, then the officer judges with reverence that no one may enter into the transaction of any slave; yes, it is even unlawful to ask for the price which, when it is exactly observed, would be a beneficial means to thwart and inspect the sinister practices of the thieves of humans, that is why the undersigned deems it necessary that against the offenders of this suggested claim an exemplary punishment should be established, and [for] all those reasons brought forward the officer's requests that the aforementioned arrested Jew by your honourable's final verdict can be denied the city and the limits of the Company for the time of ten consecutive years starting with the day that the aforementioned verdict shall be rendered, without being allowed within the aforementioned ten years to enter again the city or the Company's limits on forfeit of 100 *rijksdaelders* of 32 Cochim *fanums*, to be divided one half *pro fisco* and the other half for the diocese's poor of this city. If within this time the decree of this Council might come to [...] and all this *cum expensis*, furthermore that the two *Poeliassen* in this according to *Poelijs* customs are to be relieved from their detention without cost and compensation *sub poena confession et convict*, or to any other end as your honourables will judge and deem fit.

Requesting and in everything *etcetera*, [signed] C. Stevens.

[in margin] Appointed in Council of Justice of the city Cochin, 2 September 1737.

Verified deposition of complaint of the Christian Barrido.

[in margin] *Pro fisco* number 36.

There appeared before the undermentioned delegated members of the honourable Council of Justice of this city, the Christian Barrido born in Repolim and residing at Candanattij, by estimate 25 years old, who by translation of the junior interpreter Balthazar den Brouwer complained, whom under the display of the arrested Jew Abraham Assuri, whom he [the] deponent testified to be the one against whom he is now complaining, that the deponent when he was of a very young age had moved from Repolim to Candanattij together with his mother named Bitanda, because his father abandoned his wife, his mother and him, left and afterwards never returned, without knowing where he went to, that around ten or eleven days ago a certain Moor residing at Oediamper named Seidoe, met him [the] deponent on Candanattij, and let him know that here on Cochim there was ample work sawing beams, and that thus the deponent was persuaded to join the aforementioned Moor, to work and thus earn a wage to provide for himself, that the deponent came to the home of the mentioned Moor on Oediamper, and having stayed there, it happened that last Saturday the deponent and aforementioned Moor came to Cochim de Sima at the house of the aforementioned Abraham in the company of another two *coelijs*, one of whom was named Ballon, and the second's name unknown to the deponent, and stayed there until the morning of the day before yesterday, without the deponent knowing what the mentioned Moor has meanwhile discussed, or traded, except that the deponent on the morning of the day before yesterday was ordered by *dito* Moor and Jew to go to the city with certain *swarte jood*, his name also unknown to him, as he has done; that upon arriving in the city the deponent was brought into a certain house where there was a woman and a man with a thick leg, the man being white like the woman, that the deponent was then ordered to stay there, because [he] was sold, which was made known to the deponent by the aforementioned *swarte jood*, that the deponent protested against this, however his protest did not help, since they ignored it; after that, when the *swarten jood* had gone outside again, he saw his chance and walked out of the house and directly set course for the house of the honourable lord commander, that the deponent there met his cousin the lascorin Jaco at the barracks, and that when he had informed him of the situation, this matter was subsequently sent to the aforementioned honourable, that the deponent was then sent yesterday morning to the fiscal together with the aforementioned Jew Abraham who had arrived there too.

Furthermore, when the deponent was asked by the aforementioned officer whether he was not asked at Cochim de Sima in the house of the Jew Abraham, in the presence of the two *Poeliasse coelijs* Ballon and Oeniaddan, by the aforementioned Jew Abraham if he were a slave of the aforementioned Moor Seidoe, and of the *Chego geslagt*, had answered that he was a *Chego*, and raised by the aforementioned Moor as a slave from a young age; the deponent has explicitly stated no, such has not been asked of me, I have not even thought of saying such, but I argue that the white Jew Abraham has bought and again sold me, after I was brought into his house by the Moor, and was sent to the city by him with the *swarte jood*.

Then when asked whether he has been in the city more often and whether he was not a heathen before, he has answered: I have been in the city before, but never been a heathen, because I am born to and raised by Christian parents.

With which the deponent ended his deposition of complaint, declaring this to be the whole and honest truth.

Thus done and stated within the city of Cochim at the ordinary Chamber of Council of the honourable Council of Justice on 20 August 1737 in the presence of the chief surgeon Jan de Bruijn and bookkeeper Cornelis Hendriksz. Oudewater, both members from the aforementioned Council who have signed the original of this together with the deponent, aforementioned interpreter, and me the secretary. Which was declared, [signed] H[...] Koller, secretary.

There appeared again before the undermentioned delegated members of the Council of Justice of this city the deponent mentioned in the previous deposition of complaint, which was read to him [the] deponent now again before the second merchant and fiscal of this district, Corijn Stevens, and in the presence of the arrested Jew Abraham Assuri by me the secretary word for word, and was explained to him by translation of the junior interpreter Balthasar den Brouwer, the deponent declaring and persisting with what he stated in his aforementioned complaint, without desiring the least alteration.

When the deponent was asked by the officer if at the time when the deponent was brought into this city in the house of the so-called white man with thick legs, the aforementioned man was sleeping, and had appeared only after some time after the deponent had arrived, or whether *dito* man was present, the deponent had answered, as soon as I came upstairs I saw the white man with thick legs sitting on a chair.

Thus verified and persisted with, and also further queried and answered in the city of Cochim at the ordinary Chamber of Council of the honourable Council of Justice on 29 August 1737 in the presence of the *vaandrig* Jan Schut and bookkeeper Cornelis Hendrix Oudewater, both members from the aforementioned Council.

As delegated, [signed] Jan Schut, Cornelis Hendriksz. Oudewater.

For translation, [signed] B. de Brouwer, junior interpreter.

This mark [signed] was set by the deponent Barrido with his own hand.

In my presence, [signed] C. Stevens.

In my presence, [signed] H. Koller, secretary.

Confession of the Jew Abraham Assuri, Number 37.

[in margin] *Pro fisco.*

There appeared before the undermentioned delegated members of the Council of Justice of this city the arrested Jew Abraham Assuri, residing on Cochim de Sima, age 50 to 55 years, who voluntarily confessed through the translation of junior interpreter Balthasar den Brouwer, and stated that on Saturday past at dusk in his confessant's house had arrived a certain Moor, his name unknown to him confessant, presenting him a *jongen* for sale, that the deponent found [opportunity for] speculation therein, and the other day accepted *dito* slave, however under the condition that before this he would send the aforementioned *jongen* to the city in order to present him to the honourable lord commander, [to see] if it was the case that the honourable needed *dito* slave for the service of the Company, and also that the Moor should demonstrate a proof of legal enslaveability of the aforementioned *jongen*, that aforementioned Moor agreed with this, and that then the confessant had asked aforementioned *jonge*, whether he was a slave of the mentioned Moor, and of what *geslagt* or caste he was, and thereupon received the answer, that he was a slave of *dito* Moor, and was raised there from when he was young and small, being a *Chego* of *geslagt*, that during that statement two *Poeliassen* were present as witnesses, who together with the aforementioned Moor and *jongen* had arrived as *coelijs*, that the confessant after that sent the aforementioned *jonge* with his confessant's *jongen* Moessa to the house of the locksmith Willem Brandenburg in the city, so that [he] could be shown by a certain woman named Jibica to the mentioned honourable lord commander, as that woman was always used to doing whenever the confessant had some slaves for sale; that having arrived in the house of Brandenburg the mentioned *jongen* had protested that he was not allowed to be sold because he was a freeborn Christian, which the aforementioned *jonge* Moessa had heard, and said to him that he should just stay there and that he Moessa in the meantime would look up and bring in the Moor who put him up for sale, that as soon as the *jonge* Moessa had brought these tidings to the confessant, the confessant had first looked for that Moor, although he did not find him, but instead the aforementioned two *Poeliasen*, who had come with him as *coelijs*; that thereafter Willem Brandenburg coming to him [the] confessant has said that the aforementioned slave had walked out of the house and to the honourable lord commander, and that his honourable lord had let him Brandenburg know through a lascorin, and ordered that the seller of the slave be brought to him, the honourable lord; that upon that the confessant together with the aforementioned two *Poeliassen coelijs* entered and appeared before him, the honourable lord, that his honourable lord had ordered *dito coelijs* to remain in the barracks and that the confessant [could] go to his house, and the next morning to come in again, which has happened; finally the confessant declares that yesterday he arrived in the city according to the received order, after which he was sent to the fiscal and was placed under arrest at the torture chamber by that officer.

Thus the confessant ending his confession, declaring this to be the whole and honest truth.

Thus done and recorded within the city of Cochim at the ordinary Chamber of Council of the honourable Council of Justice on 20 August 1737 in the presence of the chief surgeon Jan de Bruijn and bookkeeper Cornelis Hendriksz. Oudewater, both members of the aforementioned Council, who have signed the original of this together with the confessant, aforementioned interpreter and me the secretary.

Which declares, [signed] H. Koller, secretary.

There appeared again before the undermentioned delegated members of the Council of Justice of this city, the confessant mentioned in the previous confession, which was presented now again to the deponent by me [the] secretary word for word in the presence of the second merchant and fiscal of this district, Corijn Stevens, and was plainly explained to him by translation of the junior interpreter Balthasar den Brouwer, the confessant declared that he persisted fully with the content of his aforementioned voluntary confession, without desiring the slightest alteration, furthermore when the confessant was asked by the officer whether he did not know that he wasn't allowed to buy slaves, or claim to buy, even less to send from outside to within the city before the true enslaveability of the *lijfijgene* has first been satisfactory proven, had answered that I have not bought that *jongen*, but sent him truthfully to the city, in order to come later with the owner and show *dito* slave to the honourable lord commander.

Thus verified and persisted with when further inquired, and answered within the city of Cochim, at the ordinary Chamber of the Council of the honourable Council of Justice on 29 August 1737 in the presence of the *vaandrig* Jan Schut, and bookkeeper Cornelis Hendriksz. Oudewater, both members of the aforementioned Council.

This mark [signed] and characters have been set by the confessant Abraham Assuri with his own hand.

As delegates, [signed] Jan Schut and C. Oudewater.

For the translation, [signed] B d' Brouwer, junior interpreter.

In my presence, [signed] C, Stevens.

In my presence, [signed] H. Koller, secretary.

Verified confession of the arrested *poeliassen* Ballon and Oeniaden.

[in margin] *Pro fisco* Number 38.

There appeared before the undermentioned delegated members of the honourable Council of Justice of this city Ballon, or head of the *Poeliassen* of Pannangattoe, slave of the king of Cochim, and the *Poelia* Oeniaden, slave of Addichil Caijmael from aforementioned Pannangattoe, who together and each for their own, by translation of the junior interpreter Balthasar den Brouwer, have voluntarily confessed and stated that last Thursday or 15th of this month they [the] confessants arrived at the hut of the first confessant, and there have heard from his wife that a certain Moor named Seidoe had been there shortly before, while the first confessant was not home, and had requested of the aforementioned woman that when her husband came home, she would say to him to come to this Moor's house at Oediamper, that the first confessant then requested the second *dito*, to go there in his company, to which he agreed; the confessants, the next day being Friday, went to Oediamper to the aforementioned Moor Seidoe, that there was present the complainant Barrido who let them know together with the aforementioned Moor that they wanted to go to Cochim, to saw beams, requesting the confessants to transport them there, promising to give both confessants 4 *fanums* for their troubles; that the confessants deciding upon this, then entered with them into their vessel and arrived the other day, being Saturday afternoon, at Cochim de Sima at the home of the now arrested Jew Abraham Assuri; that the confessants didn't know who the defendant Barrido was, because they had never seen him before, and therefore could not judge whether he was a Christian or a Moor, free, or a slave; that the confessants the other day, or Saturday morning, at the aforementioned house of the defendant Jew, were told that the defendant Moor wanted to sell Barrido to the Jew Abraham Assuri; that upon this, the Jew in the presence of the confessants asked Barrido whether that Moor was allowed to sell him, and also of what caste or *geslagt* Barrido was and that Barrido thereupon clearly answered: I am a *Chego* by birth and this Moor has due to his shortage the liberty to sell me, because he has raised and sustained me from a young age, but I requested, however, that he did not sell me in the city or elsewhere but rather here outside at a good place, that the aforementioned Jew objected to this, arguing that if you are a *Chego* why are your ears not pierced according to the custom of your *geslagt*, and why do you not wear a *kuif* or *Carrombin* like other *Chegos* do, that the defendant Barrido answered to this, because I was adopted at a young age by this Moor I do not have these marks on me, according to our tradition, that the Jew having heard this, however, said to the Moor that all this was not sufficient, but that he needed to show proof of a lawful enslaveability in the city and that thereupon *dito* Moor has agreed to bring proof; that thereupon Barrido by certain *jonge* of that Jew was sent to the city, which *jonge* returning from the city has reported to his owner that the aforementioned Barrido had declared in the city that he was not a slave, but a freeborn Christian, and the aforementioned Moor thereupon has answered that Barrido was lying, because Barrido wanted to be brought back from the city; that the Jew on the other hand wanted the Moor to go with him to the city and having accepted this said that he then would first leave, to buy some fish in order to feed the confessants, so they can leave, and that the defendant Moor had then left without coming back; finally the confessants testify that when the aforementioned Jew noticed [that] the Moor did not return, [he] has arrested the confessants and brought them with him to the city, where they were handed over to the fiscal.

With which the confessants ending their voluntary confession declared this to be the whole and honest truth.

As done and confessed in the city of Cochim at the ordinary Chamber of Council of the honourable Council of Justice on 21 August 1737 in the presence of the chief surgeon Jan de Bruijn and bookkeeper Cornelis Hendriksz. Oudewater, both members of the aforementioned Council, who have signed the original of this together with the confessants, aforementioned junior interpreter and me the secretary.
Which declares, [signed] H. Koller, secretary.

There appeared again before the undermentioned delegated members of the Council of Justice of this city, the confessants mentioned in the previous confession, which was presented clearly to the deponent now again before the second merchant and fiscal of this district, Corijn Stevens, and in the presence of the arrested Jew Abraham Assuri, by me the secretary, and was made clear to him word for word by translation of the junior interpreter Balthasar den Brouwer; the confessants persist fully with the content of their aforementioned voluntary confession, without desiring the slightest change.

Thus verified and persisted with in the city of Cochim at the ordinary Chamber of Council of the honourable Council of Justice on 29 August 1737 in the presence of the *vaandrig* Jan Schut and bookkeeper Cornelis Hendrix Oudewater, both members of the Council.

As delegates, [signed] J.n Schut and H. Oudewater.

For translation, [signed] B. de Brouwer, junior interpreter.

This mark [signed] was set by Ballon himself.

This mark [signed] was set by Oeniaden himself.

In my presence, [signed] H. Koller, Secretary.

Statement of the locksmith Willem Brandenburg, Number 39.

[in margin] *Pro fisco.*

There appeared before the undermentioned delegated members of the Council of Justice of this city, Willem Brandenburg, locksmith in the Company's service stationed here in the smith's shop, who on the requisition of the second merchant and fiscal of this district, Corijn Stevens, under display of the arrested Jew Abraham Assuri (who he confesses to be one and the same), against whom the testifier now is testifying, by translation of the junior interpreter Balthazar den Brouwer, attested and declared to be true and truthful, as he attests and declares hereby, namely that on Sunday last week, or 18th of this month, has arrived with him the testifier at his home Moessa, Jewish slave of the aforementioned prisoner, having with him a certain *jongen*, whom he declared to have been sent by his master Abraham Assuri to the testifier in order to keep him for some time, until the aforementioned Abraham Assuri had come with the ola to the city, and to the testifier, that the aforementioned Moessa then wanting to go had said, I will return shortly with my master, before the church starts and the city gate closes, that Moessa had come to that departing group, has declared that he was a freeborn Christian and never a slave or *lijfeijgen*, also being a cousin of a certain lascorin Jaco Mapule, who resides here in the barrack of the honourable lord commander, and that the testifier has replied, that it is good, when the Jew enters you can also go to the lord commander and complain there, that the mentioned *jongen* upon this, while the testifier had gone to the back, had taken his opportunity and sneaked out of the house; that shortly after this a certain lascorin coming to the house of the testifier on the order of the aforementioned honourable, has ordered that when the alleged owner of the aforementioned *jongen* should come in, the testifier should not scare him but arrest him, and send the word out, when the aforementioned honourable lord commander should send for him; that the testifier has agreed thus to obey immediately, but seeing that the aforementioned Jew Abraham tarried for a long time, he went himself to Cochim de Sima and inquired of *dito* Abraham about the owner, and received in reply the information that he has fled, and is not here anymore, to which the testifier responded, then you must yourself accompany me on the order of the honourable lord, and that upon that *dito* Abraham at first went along with the testifier, and in his company he has brought two *Poeliasse coelis* (who according to his statement had come with the owner) to the city, where, when he arrived there, the testifier has brought the aforementioned persons to the aforementioned honourable lord, and then left again.

Furthermore, the testifier being asked by the above-mentioned officer whether the aforementioned Moessa at the home of the testifier, in the presence of that *jongen*, had not said that he was sold, whether *dito jongen* had not answered to that, I am not a slave but I am a freeborn, with further protest that he could not be sold, the testifier declared that such had not transpired in his house in the presence of Moessa, but that it happened as is noted before.

Furthermore, being asked what reason the testifier had to arrest the *jongen*, because he already had professed to be a freeborn Christian, and whether the testifier does not know, that it was his duty to immediately inform the honourable lord commander, and the fiscal, of this, he had replied that hearing the answer of the *jongen*, he advised him, first, to go with him to the honourable lord as soon as the Jew entered, and make his complaint there, as has been stated before, and that he therefore requests that the *jongen* can be asked about this.

With this the testifier ends his given statement, declaring it to be the whole and honest truth, indicating as cause of knowledge, having seen and heard everything of the aforementioned, even so this has happened to the testifier, remaining prepared, if necessary, at any time needed, to maintain with solemn oath this provided declaration.

Thus done and recorded within the city of Cochim at the ordinary Chamber of the honourable Council of Justice on 21 August 1737 in the presence of the chief surgeon Jan de Bruijn and bookkeeper Cornelis Hendriksz. Oudewater, both members of the aforementioned council who have signed the original of this, besides the aforementioned testifier, interpreter and me the secretary. Which declares, [signed] H. Koller, secretary.

There appeared again before the undermentioned delegated members of the honourable Council of Justice of this city the testifier mentioned in the preceding statement, which was now again presented to the testifier word for word by me [the] secretary in the presence of the second merchant and fiscal of this district, Corijn Stevens, and in the presence of the arrested Jew Abraham Assuri, and explained plainly by translation of the junior interpreter Balthasar den Brouwer, the testifier declared that he persisted fully with his aforementioned statement, without desiring the slightest alteration, however with the addition that when the *jongen* Moessa with the presumed slave arrived in the testifier's house, the testifier had been sleeping, and was nudged by his maid; furthermore, the testifier has further affirmed the aforementioned, by raising the first two fingers of his right hand and pronouncing these words: So help me God Almighty.

Thus verified, persisted with and copied together with the solemn oath in the city of Cochim at the ordinary council of the honourable Council of Justice on 29 August 1737 in the presence of the *vaandrig* Jan Schut and bookkeeper Cornelis Hendriksz. Oudewater, both members of the aforementioned Council.

As delegates, [signed] J.n Schut and C. H. Oudewater.

For the translation, [signed] B. D' Brouwer, junior interpreter.

This mark is [signed] by Wilm Brandenburg himself.

In presence of me, [signed] C. Stevens.

In my presence, [signed] H. Koller, Secretary.

Extract of the criminal roll of this city, Number 40.[4]
Copy roll kept for the honourable Council of Justice within the city of Cochim on Tuesday, 3 September 1737 in the morning at 8 o'clock.

Present all members, except the military captain Reinicus Siersma, besides the *onderkooplieden* Francois Terburg and Abraham van Dewelle, the former two by indisposition and the latter in commission.

Corijn Stevens, second merchant and fiscal of this district, *eijsscher*, in his official capacity and petitioner

Contra

---

4 Two small papers with texts in Malayalam are attached to this document.

The arrested Jew Abraham Assuri residing at Cochim de Sima, besides the two *Poeliassen coelis*, Ballon and Oenianden, all judged and accused to see serving of *dictum*.

The *eijscher* hands over in council his written *dictum* with the documents for that under a proper register, concludes, and requests *prout in fine* of that.

The first defendant in answer says that he had not bought the *jongen* and therefore also does not know what would have been transgressed.
The second and third defendants acquiesce in the request of the fiscal for answers.

The *eijsscher* insists on a reply.

Idem the defendants insist on duplication of their given verbal answer.

The Council, before voting in this matter, has permitted and authorized the dissemination of the documents for reading and examination by the members. Cochim, date aforementioned.
Approved, [signed] H. Koller, secretary

Extract of the criminal roll of this city, Number 41.
Extract of the criminal roll presented for the honourable Council of Justice within the city of Cochim on
Friday, 13 September 1737 in the morning at 8 o'clock
All present, except the military captain Reinicus Siersma and second merchant Abraham van Dewelle, the former by indisposition and the other in commission.

The documents in the case of the aforementioned officer in his official capacity on one side, contra the Jew Abraham Assuri residing at Cochim de Sima, and the *Poeliasse coelis* Ballon and Oenianden, both belonging at Panangattoe, arrestees and defendants on the other hand, according to the decision of the third of this month passed around the members, and having been read, so the Council presently entered in registering of the vote, and has subsequently in *cas subject* judged finally as follows.

The Council having read with attention *etcetera* doing justice *etcetera*.

Denies the request of the *eijsscher* against the Jew Abraham Assuri as contained and written in his submitted *dictum*, to convince the Council of this, and ordains that the Jew is released from his detention and set free again, together with the two aforementioned *coelis* Ballon and Oenianden, referring to *sub poena confessi et convicti*, condemning however the aforementioned Abraham Assuri for the burdens and expenditures of this trial.

Approved, [signed] S. Darpen, junior interpreter.

Falsification of a slave *ola*

CR-249-13 Raad van Justitie, Criminele Processtukken, scan 215-238, folio 425-469[1]

This case concerns the trial of two local subjects of the King of Cochin, Ittij and Ittinaen, who are accused of having falsified a slave ola – a local document proving someone's enslaveability or slave status. They try to sell Ittij's brother-in-law at a local tavern, but are turned in to the authorities by the toepas *Marcellino de Rosairo, who doubts the veracity of the document they presented. Ittij and Ittianen are convicted by the VOC Court of Justice and handed over to the King of Cochin.*

Confessie van den Canniaen Ittij, N:o 52.

[in margine] Pro fisco.

Compareerde voor de naergenoemde gecommitteerde leeden uijt den E:agtb: Raed van Justitie binnen de stad Cochim den Canniaen Ittij geboortig van Coeroerraddoe, oud 38: jaeren onderdaen van de koninginne van Cochim, thans 'sheeren gev: den welken door vertaeling van den ondertolk Balthazar den Brouwer vrijwillig geconfesseert ende beleden heeft, dat hij gev: nu eenige tijd geleden, vermits niet wel bij sijn gesigt was, voorgenomen heeft met zijn swager sijnde den klager Comen na des gev:s broeder Conden woonagtig op Illewene sig te begeven, ten eijnde sijn gev:s gesigt aldaer te doen genesen, dat derhalven aldaer gekomen sijnde, hebben sij bevonden dat bovengemelte Conden niet te huijs, maer na Angecaimael tot het verrigten van sijn affaires vertrocken was, dat den gev: nevens sijn swager daer op naer Paloertij sijn gegaen, om vervolgens na evengem: Angecaimael over te vaeren, dog tot Paloertij ten huijse van den aldaer woonende Caniaen gekomen wesende hebben sij daer gevonden den mede gev: Ittinaen, dat desen als doen den confessant heeft voorgeslagen om dik gem: sijn swaeger te verkoopen en het geld onder haer beijde te verdeelen, dat den

---

[1] Het register van de zaak verwijst ook naar een (ontbrekend) stuk X (Eijsch en conclusie).

confessant sulx bewilligt hebbende, alsoo te saemen met hun drie binnen de stad zijn gekomen, als wanneer den mede gev: Ittinaen zeker persoon den confessant onbekend op straet heeft aengesprooken, met wien hij Ittinaen over de prijs niet kunnende accordeeren, voorts na zeker huijs daer drank verkogt werd /:betekenende de groote schagerije/ sijn gegaen, alwaer meer gerepte Ittinaen met een ander persoon sijnde een Toepas den gev: insgelijx onbekend, over de prijs is eens geworden, waer na sij tesaemen door desen Toepas na den E: fiscael sijn gebragt, daer sijnde wierden sij g'examineerd, en na dat een iders naem opgeschreven was na 't gevangen huijs gesonden geworden.

Wijders gevraegt sijnde of hij gev: en sijn macker Ittinaen sijn gev:s swager niet hebben gewardeert voor 300: fan:s, en naderhand in de schagerije komende denselven voor 150: d:os afgestaen, met versoek aen den kooper sulx aen e:r Comen niet bekend temoeten maken, maer hem een soopje tegeven en aen haer verkopers het bedongen geld, om aldus met agterlating van hem Comen stilletjes opteleven, soo mede of sij een ola van slaefbaerheijd van gedagten Comen aen den koper niet hebben overhandigt, heeft hij gev: aldus g'antw: mijn macker heeft de prijs gemaekt, en d'ola aen den kooper overgegeven, maer hoedanig sij de koop hebben bedongen, weet ik niet; nademael gedagte Ittinaen mij sulx niet heefd bekend gemaekt, ook heb ik niet gesegt aen dien jongen een soopje tegeven, en ons met het geld telaeten heenen gaen en of mijn macker sulks gesegt heeft, weet ik niet.

Eijndigende hier mede hij gev: dese sijne vrijwillige confessie verklaert desselvs inhoud de suijvere en opregte waerheijd te behelsen.

Aldus gedaen ende geconfesseert binnen destad Cochim ter ordinaris Raedcamer van den E: agtb: Raed van Justitie op den 11:e 7:ber 1737: in presentie van den vendrig Jan Schut en boekhouder Cornelis Hendr:ks Oudewater beijde leden uijt den Raad voorm:, die de minute deses benevens den confess:t voors: ondertolk en mij g:clercq hebben ondertekend.
'T welk getuijgt, [get.] S: v: Dorpen, g: clerq.

Compareerde andermael voor de naegenoemde gecommitteerde leeden uijt voorsz: agtb: Raed van Justitie den confessant in het hoofd der voorenstaende confessie gemelt, dewelke hem nu wederom ten overstaen van den sec:s uijt voormelte Rade Hend:k Wendelin Koller /die mits indispositie van den fiscael deser commanderije Corijn Stevens het fiscalaet in desen prointerum is fungerende/ ende in presentie van den mede gev: den Caniaan Ittinaen door mij gesw: clerq onder vertaeling van den ondertolk Balthazar den Brouwer van woorde tot woorde wel ende duijdelijk voorgehouden ende te verstaen gegeven zijnde, bleef hij confessant bij den inhoude van voorsz: zijne vrijwillige confessie ten vollen persisteren, zonder eenige deminste veranderinge te begeeren, met dese amplicatie nogthans dat eer en bevorens zij de koop in de schagerije beslooten hebben, en nog een Caniaan in name Ittinaen Coenje, met haar en [d:o] gepretendeerde slaef binnen destad en in zeker huijs van een blank vrouwspersoon gekomen is, en de prijs willende maken van verkoop, en daar mede niet kunnende accorderen, zijt tesamen na buijten zijn gegaen, tot aan de brugh van Calawette, alwaer ged:te Caniaan de gev:s belast heeft om de jongen in questie in de stad te brengen en verkoopen, waarna d:o Caniaan is heenen gegaen.

Aldus gerecolleert en gepersisteerd, mitsgaders bijgevoegt binnen destad Cochim ter ordinaris Raad-camer van voorsz: E: agtb: Raad van Justitie op den 20:en Z:ber 1737 in presentie van den hoofdtolk Cornelis van Meeckeren, enboekh: Cornelis Hendriksz: Oudewater beijde leeden uijt gemelte Raad.

Als gecommitts, [get.] C: v: Meeckeren, C: H: Oudewater.

Voor de vertaling, [get.] B: D: Brouwer, ondertolk.

Bij den [get.] gev: Itti selvs gesteld.

Ten mijnen overstaan, bij indispositie van den fiscael, [get.] H:W:n Koller, secret:s.

Mij present, [get.] S: v: Dorpen, g: clerq.

Confessie van den heijdens Caniaen Ittinaen, N:o 53.

[in margine] Pro fisco.

Compareerde voor de naergenoemde gecommitteerde leeden uijt den E: agtb: Raed van Justitie, den heijdens Caniaen Ittinaen geboortig van Coeroernaddoe oud 16: jaeren, onderdaen van 't Cochims rijk, thans 'sheeren gev: den welken door vertaeling van den ondertolk Balthazar den Brouwer vrijwillig geconfesseert ende beleeden heeft, dat hij confess:t van bovengemelte Coeroernaddoe nu eenige dagen geleden tot Paloertij gekomen, en aldaer verbleven is om eenige sijnen affaires te verrigten, mits ged:s dat hij confess:t ondertussen nu en dan ook binnen de stad is geweest, dog laest te huijs tot voors: Paloertij gekomen wesende, heeft hij confessant aldaer ontmoet of gevonden des confess:es ouder broeder den mede gev: Ittij, benevens sijn swager Comen, dat den confessant derhalven van desen sijn broeder vernomen heeft, waerom aldaer gekomen was, die ten antwoord gaf om den confessant tesien, te gelijk versoekende dewijl hij Ittij noit de stad gesien had, met hem derwaerts te willen gaen, 'tgunt den confessants bewilligt hebbende, sijn sij vervolgens in geselschap van den Caniaen bij wien den confessant was inwoonende Ittinaen Coenje genaemt, benevens voor gerepte Comen op weg gegaen, als wanneer onderweegs des confessants broeder, en even gedagte Caniaen hebben te kennen gegeven, dat s'van sints waren dito

Comen teverkoopen hem confess:t versoekende sulx bij dees en geene sijner kennis in destad tewillen aengeven, dat den confess:t daer in almede gecondescendeerd hebbende, sijnse vervolgens binnen de stad, en ten huijse van den mixties Cornelis Govertsz: gekomen, na dat bevorens door gem: Caniaen Ittinaen Coenje een ola wegens de slaefbaerheijd gesch:, en aen des confessants broeder Ittij overgegeven was, die deselve aen hem confess:t weder ter hand stelden, om aen de geene te behandigen die Comen mogte komen te koopen, dat Cornelis Govertsz: op hun aenkomste niet tehuijs gevonden sijnde, sijlieden aldaer sijn verbleven om hem aftewagten, dat intussen seker vrouwspersoon hun onbekend aldaer gekomen is, vragende wat sijlieden daer quamen doen, dat den confess:t daer op heeft gerepliceert om een slaef te verkoopen haer deselve tegelijk vertoonende, dat gedagte vrouwmensch daer in gading vindende met den anderen den koop hebben beslooten tot op 200: fan:s, waer na seker Hollander de man van d:o vrouw tehuijs gekomen wesende, wierden haer aengesegt na den hoofdtolk te moeten gaen ten eijnde aldaer de slaef te examineeren, en een ander ola te passeeren; dat den confessant met sijn geselschap sulx niet willende doen, sij tesamen weder destad uijtgegaen en tot Callewete omtrent debrugh gekomen sijnde, dikgem: Caniaen aldaer gebleven is, seggende aen den confessant en desselvs broeder gij lieden kunt maer wederom met de jongen naer destad gaen, en sien hem te verkoopen; dat hier na wederom binnen destad gereverteert wesende, heeft den confess:t op straet ontmoet seker Coelij die in de schagerije dienst doet /:betekenende daer mede Barkij:/ aen wien den confess:t afvroeg of een slaef koopen wilde, 'twelk door den anderen met ja b'antwoord, en na dies prijs vernomen sijnde, eijschte den confessant 300 fan:s, waer mede hij barkij niet tevreden was, maer bood integendeel 150: fan:s, dog des confessants broeder pretendeerde 200 fan:s, reden waerom sij niet kunnende over een komen, is Barkij voorts weggegaen; weshalven den confessant met sijn broeder eijndelijk te raden wierd, gemelte jongen Comen voor de aengeboden somme van 150: fan:s aftestaen; dat oversulx met hun beijde enden jongen na de schagerije sijn gegaen, en hebben aen Barkij hem andermael gepresenteerd, die deselve g'accepteerd, en de slaefbaere ola uijt handen van den confessant ontfangen hebbende, quam ondertussen aldaer mede seker Toepas den confessant bij naeme onbekend, denwelken de ola door den Mallabaers schrijver van den hoofdtolk hebbende laten nasien, wijders hun gesamentlijk na den E: fiscael heeft gebragt, alwaer sij lieden g'examineerd en vervolgens na 't gevangen huijs gesonden sijn geworden.

Eijndigende hier meede denconfess:t dese sijne vrijwillige confessie met betuijging deselve te behelsen desuijvere en opregte waerheijd.

Aldus gedaen ende geconfesseert binnen de stad Cochim ter ordinaris Raadcamer van den E: agtb: Raad van Justitie op den 11:e 7:ber 1737: in presentie van den vendrig Jan Schut, en boekhouder Cornelis Hendriksz: Oudewater beijde leeden uijt den Raed voormelt die de minute deses nevens den confess:t voors: ondertolk en mij g:clercq hebben ondertekend.
'T welk getuijgt, [get.] S: v: Dorpen], g:clerq.

Compareerde andermael voor de naergen:de gecommitteerde leeden uijt voors: Raede, den confessant in het hoofd der voorenstaende confessie gemelt, dewelke hem nu wederom ten overstaen van den secretaris van opgem:te collegie Hendrik Wendelin Koller /die mits indispositie van den fisc:l deser commanderije Corijn Stevens, het fiscalaet in desen prointerim is fungerende/ ende in presentie van den mede gev: Caniaan Ittij door mij gesw: clerq onder vertaeling van den ondertolk Balthazar den Brouwer van woorde tot woorde wel ende duijdelijk voorgehouden, ende te verstaen gegeven zijnde, bleef hij confessant bij den inhoude van voors: zijne vrijwillige confessie ten vollen persisteren, onder dese alteratie nogthans dat den gev: Ittij bovengemelt, den confessant versogt had, dewijl niet hij gev: Ittij maar zijn zwager Comen noit de stad gesien had, derhalven met haar mede te willen gaen.

Aldus gerecolleerd gepersisteerd en g'altereerd binnen destad Cochim ter ordinaris Raad-camer van gemelte agtb: Raad van Justitie op den 20:e Z:ber 1737 in presentie van den oppertolk Cornelis van Meeckeren en boekhouder Cornelis Hendriksz: Oudewater beijde leeden uijt voors: Raed.
Als gecommitts, [get.] C: v: Meeckeren, C: H: Oudewater.
Voor de vertaling, [get.] B: D: Brouwer, ondertolk.
Gesteld [get.] bij den gev: Ittinaan.
Ten mijnen overstaen, bij indispositie van den fiscael, [get.] H: W:n Koller, secret:s.
Mij present, [get.] S: v: Dorpen, g: clerq.

Gerecolleerde verklaring van den Toepas Marcellino, en christen Barkij.
[in margine] Pro fisco N:o 54:.
Compareerden voor de naergenoemde gecommitteerde leeden uijt den E: agtb: Raad van Justitie deser steede Marcellino de Rosairo Toepas, en inwoonder deser steede, mitsgad:s den christen Barkij alhier in de grote arax tapperije als coelij bescheijden, dewelke /: onder verthooning van den gev:s Canneaens Ittij en Ittena die sij bekennen d'eijgenste tewesen, waer tegen sij thans getuijgden :/ter requisitie van den onderkoopman, en fiscael deser commanderije Corijn Stevens,

door vertaeling van den ondertolk Balthazar den Brouwer attesteerden, en verklaerden waer en waeragtig tewesen, gel: zij attestant getuijgende verklaert, dat op den 24: courand hij attestant t' huijs geweest sijnde, den tweede d:o Barkij bij hem is gekomen, te kennen gevende, dat er een slave jonge aen de arax tapperije was tekoop gebragt, hem eerste attes:t afvraegende, of genegen was den selve te koopen, dat hij attes:t op dat pas naer de tapperije is gegaen en aldaer drie persoonen heeft gevonden, staende binnen op deplaets omtrent deput, dat hij attes:t aan twee der selve, die hem teverstaen gaven d:o jongen daer te koop tehebben gebragt, gevraegt heeft, of sij met ged:te Barkij reets prijs hadden gemaekt? En tot antw: ontvangen, ja wij hebben de koop geslooten voor een hondert en vijftig fanums, versoekende egter aen hem attes:t, omme aene: verkogte jongen sulx niet telaeten blijken, dat hij attes:t daer door een quaed vermoeden krijgende gerepliceert heeft, hoe kan dat wesen want wij moet dien jongen naer den oppertolk Van Meeckeren brengen, en hem laeten examineeren, en dan den E:E: agtb: her command:r premissie versoeken om een wettige koopola tedoen passeeren; dat sij beijde verkoopers daer niet toe willende treeden genoegsaem te kennen gaven, sij sulx niet gaerne wilden sien, maer ter contrarie aan hem eerste attes:t hebben versogt, om wat arak aen den jonge te geven, denselve aldaer tedoen blijven, en aenhouden, mitsgad:s aen hun verkoopers de hondert en vijftig fan:s te geven, op dat sij stilletjes konden haeres weegs gaen. Dat hij attestant sulx niet willende toestaen, d'ola van dien jongen, dewelke de verkopers reets tevooren onder het maeken van genoemde prijs aan den tweede attes:t hadden overgegeven, heeft doen lesen door seker christen lascorijn, den Mallabaerse schrijver Britto, welke man betuijgt heeft, dat die ola vals was, en den attes:t aengeraeden, die saek aen den fiscael bekend te maeken, en dat hij attes:t daer op naer ged:te officier sig vervoegt, en het voorgevallene te kennen gegeven, en vooren gem: ola aen den selven heeft behandigt.

Den tweeden attes:t Barkij getuijgende segt dat hij in dato 24: voors: des morgens drie persoonen op straet ontmoet, en van een derselve verstaen heeft, er een slaef te koop was gebragt, vraegende of hij wilde koopman wesen? Dat hij attes:t daer op van ja dienende, op het eijgenste pas daer mede gekomen is seeker lascorijn gen:t Joan, dat hij attestant en ged:t Joan met d:o Mallabaer prijs willende maeken, denselve drie hondert fan:s voor dien jongen gepretendeert, maer dat sij lieden niet meer dan hondert en vijftig d:os willende geven, joan is heenen gegaen, en hij attes:t sig mede naer de schacherije vervoegt heeft als wanneer kort daer aen ged:te drie Mallabaeren bij hem gekomen zijn en den voorengen: aen hem attes:t voor 150: fan:s ged:te jonge overgelaeten en een ola daer van heeft overgegeven en dat hij attes:t daerop naer Marcellino bovengem:

sig begeven, en hem de saek heeft bekend gemaekt; voorts verklaert hij tweede attes:t sig ten vollen te conformeeren met het geene den eersten attes:t heeft opgegeven, aengesien hij bij dat geval in persoon is present geweest.

Waer mede hij attes:ts dese hunne verleende getuijgenisse eijndigende verklaeren desselvs inhoude te behelsende de suijvere en opregte waerheijd, gevende voor reden van wetenschap 'tgunt voors: staet hun attestanten aldus in persoon gebeurt, en wedervaeren te sijn mitsgaders 'tselve aldus gesien ende gehoord tehebben en over sulx blijven sij attestanten bereijd, dit haer getuijgde nader met solemneele eede te sterken.

Aldus gedaen en g'attesteerd binnen de stad Cochim ter ordinaris Raad camer van den Eagtb Raad van justitie op den 30: aug:o 1737 in presentie van den onderkoopman Francois Terburg en boekhouder Cornelis Hendriksz: Oudewater beijde leeden uijt den Raad voorm: die de minute deses nevens deattestanten voors: ondertolk en mij secret:s hebben onderteekend.

'Twelk getuijgt, [get.] H: W:n Koller, secret:s.

Compareerde andermael voor denaergenoemde gecommitteerde leeden uijt voorsz: agtb: Raad van Justitie de attestanten in de voorenstaende verklaring gemelt, dewelke hun nu wederom ten overstaen van den secretaris der Justitie Hendrik Wendelin Koller /:die mits indispositie van den fiscael deser commanderije Corijn Stevens, het fiscalaet in desen prointerum is fungerende/ ende in presentie van de gevange Canacasa Itti en Ittinan, door mij gesw: clerq onder vertaeling van den ondertolk Balthazar den Brouwer van woorde tot woorde wel ende duijdelijk voorgehouden ende te verstaen gegeven zijnde, bleven zij attestanten bij den inhoude van voors: hunne verleende getuijgenisse ten vollen persisteren, zonder eenige deminste veranderinge te begeeren.

Aldus gerecolleerd en gepersisteerd binnen de stad Cochim ter ordinaris Raad camer van welgemelte agtb: Raad van Justitie op den 18:en Z:ber 1737 in presentie van den ondercoopman Francois Terburg en boekhouder Cornelis Hendriksz: Oudewater beijde Leeden uijt den Raad voorm:.

Als gecommitt:s, [get.] F:s Terburg, C:s H: Oudewater.

Voor de vertaling, [get.] B: D: Brouwer, ondertolk.

Dit is 't [get.] merk van Marcellino.

Dit is [get.]'t merk van Barkij.

Ten mijnen overstaan bij indispositie van den fiscael, [get.] H: W:n Koller, secret:s.

Mij present, [get.] S:t V: Dorpen, g: clerq.

Klagt depositie van de heijdenen Canniaen Comen, N:o 55.

[in margine] Pro fisco.

Compareerde voor de naergenoemde gecommitteerde leeden uijt den E: agtb: Raed van Justitie deser steede, den heijdens Caniaen Comen geboortig van Coeroernaddoe oud 32: jaeren, onderdaen van den koning van Cochim, den welken door vertaeling van den ondertolk Balthazar den Brouwer onder vertooninge van de gev:s Ittij en Ittinaen, /die hij deposant betuijgt beijde de eijgenste t'wesen over wien hij thans is klagende:/ klagender wijse heeft tekennen gegeven dat hij deposant met boven gem: Ittij hem in swagerschap bestaende van voorm: Coeroernaddoe na Illoewene opsijn gedaen versoek bij sijn broeder Conden is gegaen, dog denselven niet te huijs gevonden hebbende, sijnse met hun beijde voorts na Paloertij vertrocken, alwaer sij ontmoeten hebben den aldaer woonende Canniaen hem deposant bij naeme onbekend benevens den tweeden gev: in desen Ittinaen; dat wijders sij met hun vieren van gem: Paloertij na destad sijn gegaen, daer komende begaven sij gesamentlijk met den deposant na twee â drie huijsen, en eijndel: na de groote schagerije, dat ondertussen den deposant ook gesien heeft voors: Caniaen een ola gesch: en deselve aen des deposants swager Ittij overgegeven heeft, niet wetende ten wat eijnde, dat binnen de schagerije gekomen sijnde, den deposant verstaen heeft hij verkogt zouden werden, als wanneer den deposant daer tegens heeft geprotesteert, met betuijging van geen slaef te wesen maer een vrijgeboorene, dat vervolgens sij tesaemen door seker Toepas na den E: fiscael sijn gebragt, aldaer g'examineerd, en voorts na 't gevangen huijs gesonden geworden.

Waer mede hij deposant dese sijne klagtdepositie eijndigende, verklaert desselvs inhoud de suijvere en opregte waerheijd tebehelsen.

Aldus gedaen ende gedeposeert binnen de stad Cochim ter ordinaris Raad camer van den E: agtb: Raad van Justitie opden 11: 7:ber 1737 in presentie vanden vendrig Jan Schut en boekhouder Cornelis Hendriksz: Oudewater beijde leden uijt denRaadvoorm: die de minute deses nevens den deposant voors: ondertolk en mij g: clerq hebben ondertekend.

'Twelk getuijgt, [get.] S:t v: Dorpen, g: clerq.

Compareerde andermael voor de naergenoemde gecommitteerde leeden uijt den E: agtb: Raad van Justitie binnen destad Cochim, den deposant in het hoofd der voorenstaende klagtdepositie gemelt, dewelke hem nu wederom ten overstaen van densecretaris der Justitie Hendrik Wendelin Koller /die mits indispositie van den fiscael deser commanderije Corijn Stevens, het fiscalaet prointerum is fungerende:/ ende in presentie van de gev:s Itti en Ittinan door mij ges: clercq onder vertaeling van den ondertolk Balthazar den Brouwer van woorde tot woorde wel ende duijdelijk voorgehouden en de te verstaen gegeven zijnde, bleef hij deposant bij den inhoude van voors: zijne verleende getuijgenisse ten vollen persisteren zonder eenige deminste veranderinge te begeeren.

Aldus gedaan ende gerecolleerd ter ordinaris Raad camer van welgem: agtb: Raad van Justitie op den 16:en Z:ber 1737 in presentie van den ondercoopman Francois Terburg en boekhouder Cornelis Hendriksz: Oudewater beijde leeden uijt voorsz: Raede.

Als gecommitt:, [get.] F:s Terburg, C: H: Oudewater.

Voor de vertaling, [get.] B: D: Brouwer, ondertolk.

Bij den [get.] deposant selvs gesteld.Ten mijnen overstaan bij indispositie van den fiscael, [get.] H: W:n Koller, secret:s.

Mij present, S: v: Dorpen, g: clerq.

Translaat eener vitieuse slaafbaare ola, N:o 55 ½.[2]

In 't jaer Coilang 912:, de maand Carcadagam /:Mallabaersen stijl, sijnde nae onse reek:, anno 1737; de maand julij:/ is dese slaefbare ola gesch:; Caneracattoe Caddenawarrij Sainen Nalaar /een naam, die men best doent:, als radende nae de letters, die seer gebreckel: gesch: sijn, heeft konnen leesen:/ inwoonder van Chemanattij, heeft navolgens de wardering, de prijs in contant ontfangen, en afgestaen, om temogen verkopen en doden, aan Ittij Errawij, tenweten van de getuijgen Chenden Canden.

Gesch: bij coemaren Baloe. Niet getekent.

[in margine] N:r de ola is soo vitieus datse allerwegen discordeerd met een wettige slaefbaere ola.

Voor de translatie Cochim den 24:e aug:o 1737, [get.] B: D: Brouwer, g: transl:r.

Extract uijt de criminele rolle, N:o 56.

Extract uijt de criminele rolle gehouden voor den E: agtb: Raad van Justitie binnen de stad Cochim op vrijdag den 4:en october 1737 'smorgens ten 8 uuren alle present dempto den ondercoopman en winkelier Abraham van Dewelle als zijnde in commissie.

Corijn Stevens ondercoopman en fiscael deser commanderije ex: off: eijss:r

Contra

---

[2] Bij dit stuk zijn twee strookjes tekst in Malayalam bijgevoegd.

De heijdense Caniaens Ittij en Ittinaen beijde geboortig van Coeroerrnaddoe, d'eerste oud 38, en den tweede 16 jaeren, beijde onderdaenen van 'tCochims rijk thans 'sheeren gev:s en ged:s omme over menschen diefte eijsch ad mortem te aanhooren.

Den sec:s deses Raads levert uijt name ende vanwegen den sekel: fiscael in Rade over zijn schriftel: criminelen eijsch en conclusie met de bijlagen daar toe relatief, en concludeert in fine van dien pro ut inscriptis.

Den gev:s voor antwoord zeggen, teweten den eerst gemelte Ittij, dat door onwetenheijd tot het feijt gekomen is, en versoekt derhalven vergiffenis, en den tweeden gev: Ittinaen dat hij door den eersten is verleijd geworden.

Den sec:s qq: persisteerd voor replicq bij den ingedienden eijsch en conclusie van den eijss:r.

De gev:s voor duplicq bij hun gegeven antwoord.

Den Raad alvoorens in desen almede ten diffinitive te vonnissen ordonneert insgelijx de stucken aan de leeden ter lesinge en examinatie rond te senden. Accordeert, [get.] S: v: Dorpen, g: clerq.

Extract uijt de regtsrolle, N:o 57.
Extract uijt de regtsrolle gehouden voor den agtb: Raad van Justitie binnen de stad Cochim op Dingsdagh den 22:ten 8:ber 1737: des morgens ten agt uuren alle present, dempto den vaendrig Jan Schut, als zijnde command:nt tot Cranganoor.

Met het leesen, en resumeeren der papieren van voorsz: eijsser ex officio contra de hijdense Canniaens Ittij, en Ittinaen, thans 's heeren gevangens, en gedaagdens meede gedaan werk gekreegen hebbende, soo heeft den raad op heeden, nae het opneemen der stemmen ten diffinitve gevonnist als volgt:

Den Raad met aandagt etc:a doende regt uijt naeme etc:a.

Ontslaet den g'arresteerden aanklager Comen vrij, ende liber uijt sijn arrest, en verklaart de gevangens in den hoofde deses gem: volkomen schuldig aan schandelijk menschen diefte, en ordonneert oversulx, dat gem: Caniaens, met goedvinden, ende believen der hoogen overighijt dezer custe, aan haeren wettigen heer, en competente regter den koning van Cochim sullen werden overgegeven ter sodaanigen straffe, als haere hijdense weten in cas subject komen te dicteeren, cum expensis, met ontsegginge voor het overige etc:a. Accordeert, [get.] H: W:n Koller, secret:s.

Falsification of a slave ola, CR-249-13 (translation)[3]

Confession of the Canniaen Ittij, Number 52.

[in margin] *Pro fisco*.

There appeared before the undermentioned delegated members of the honourable Council of Justice in the city of Cochim the *Canniaen* Ittij, born at Coeroerraddoe, age 38 years, subject of the queen of Cochim, currently their honours' prisoner who by translation of the junior interpreter Balthazar den Brouwer voluntary confessed and admitted that some time ago he, the prisoner, as he had problems with his sight, had intended with his brother-in-law, being the complainant Comen, to go to the prisoner's brother Conden, residing in Illewene, in order to treat the prisoner's sight there, that therefore having arrived there, they had found that the above mentioned Conden was not at home, but had left for Angecaimael to conduct his affairs, that thereupon the prisoner and his brother-in-law went to Paloertij, to sail over to the said Angecaimael, but having come to Paloertij at the house of the *Caniaen* living there, they found the co-prisoner Ittinaen there, that he then proposed to the confessant to sell his oft-mentioned brother-in-law and to divide the money among them both, that the confessant having agreed to this, the three thus having arrived in the city together, when the co-prisoner Ittinaen approached a certain person unknown to the confessant, with whom Ittinaen could not reach agreement on the price, then went to a certain house where liquor was sold (meaning the big *schagerije*), where the oft-mentioned Ittinaen agreed on the price with another person, being a *Toepas* also unknown to the prisoner, after which they were all together brought to the honourable fiscal by this *Toepas*, there they were examined, and after everyone's name was written down they were sent to prison.

Furthermore, having asked whether the prisoner and his friend Ittinaen had not valued his prisoner's brother-in-law at 300 *fanums*, and afterwards coming into the *schagerije* ceded him for 150 *ditos*, with a request to the buyer to not tell

---

[3]   The register of this case also refers to a (missing) document X (*Eijsch en conclusie*).

this to Comen, but to give him a drink and the sellers the stipulated money, to thus silently enrich themselves by leaving Comen behind, and also whether they did not hand over an *ola* of slaveability of the mentioned Comen to the buyer, the prisoner answered as follows: my friend decided on the price, and handed over the *ola* to the buyer, but how they stipulated the deal, I do not know; afterwards the mentioned Ittinaen did not disclose this to me, I also did not give an instruction to give that *jongen* a drink and allow us to leave with the money, and whether my friend did say such, I do not know.

Ending his voluntary confession, herewith the prisoner declares its contents hold the whole and honest truth.

Thus done and sentenced in the city of Cochim at the ordinary chamber of council of the honourable Council of Justice on 11 September 1737 in the presence of the *vendrig* Jan Schut and bookkeeper Cornelis Hendr.ks Oudewater, both members of the aforementioned Council, who signed the original of this besides the aforementioned confessant and me the sworn clerk.

Which declares, [signed] S. v. Dorpen, sworn clerk.

Appeared again before the undermentioned delegated members of the aforementioned Council of Justice the confessant mentioned in the heading of the previous confession, which was now again well and clearly put and explained to him word for word by me the sworn clerk by translation of the junior interpreter Balthazar den Brouwer in the presence of the secretary of the aforementioned Council Hend.k Wendelin Koller (who by indisposition of the fiscal of this district, Corijn Stevens, is serving here as fiscal *pro interum*) and in the presence of the co-prisoner *Caniaen* Ittinaen, the confessant fully persisted with the contents of his aforementioned voluntary confession, without desiring the least alteration, yet with this addition that before they had concluded the purchase in the *schagerije*, and another *Caniaen* named Ittinaen Coenje came into the city and into a certain house of a white woman with her and *dito* alleged slave, and wanting to establish the price of sale, and not being able to agree on it, they went outside together, to the bridge of Calawette, where the defendant *Caniaen* had ordered the prisoners to bring and sell the *jongen* in question in the city, after which the mentioned *Caniaen* left.

Thus verified and persisted with, and added in the city of Cochim at the ordinary chamber of council of the aforementioned honourable Council of Justice on 20 September 1737 in the presence of the chief interpreter Cornelis van Meeckeren and bookkeeper Cornelis Hendriksz. Oudewater, both members of the mentioned Council.

As delegates, [signed] C. v. Meeckeren, C. H. Oudewater.

For the translation, [signed] B. D. Brouwer, junior interpreter.

[signed] Set down by the prisoner Itti himself.

In my presence, by indisposition of the fiscal, [signed] H. W.n Koller, secretary.

In my presence, [signed] S. v. Dorpen, sworn clerk.

Confession of the heathen *Caniaen* Ittinaen, Number 53.

[in margin] *Pro fisco.*

There appeared before the aforementioned delegated members of the honourable Council of Justice, the heathen *Caniaen* Ittinaen, born at Coeroernaddoe, age 16 years old, subject of the Cochim empire, now their honours' prisoner who by translation of the junior interpreter Balthazar den Brouwer voluntary confessed and admitted that he the confessant from the aforementioned Coeroernaddoe came to Paloertij some days ago now and stayed there to arrange some of his affairs, and that the confessant meanwhile has also been in the city now and then, but having come home to the aforementioned Paloertij the other day, the confessant met or found the confessant's older brother, the co-prisoner Ittij, there, and his brother-in-law Comen, that the confessant consequently heard from his brother why he had come there, answering that it was to see the confessant, at the same time requesting to go to the city with him because he, Ittij, had never seen it, to which the confessant having consented, they set forth in the company of the *Caniaen* named Ittinaen Coenje with whom the confessant resided, and aforementioned Comen, when being underway the brother of the confessant and aforementioned *Caniaen* informed [him] that they intended to sell *dito* Comen asking him, the confessant, to declare this to acquaintances of his in the city, that the confessant having agreed to this, thereafter they came into the city, and at the house of the *mixties* Cornelis Govertsz., after an *ola* for the slaveability was written by the mentioned *Caniaen* Ittinaen Coenje beforehand, and handed over to the confessant's brother Ittij, who handed it again to him, the confessant, to give to the one who would buy Comen, that Cornelis Govertsz. was not found to be at home upon their arrival, they stayed there to await him, that meanwhile a certain woman unknown to them came there, asking what they came to do there, that the confessant replied to sell a slave, showing him to her at the same time, that the mentioned woman finding it to her liking settled the purchase with the others at 200 *fanums*, after which a certain *Hollander* husband of *dito* woman having come home, she was told to go to the chief interpreter in order to examine the slave there and execute another *ola*; that the confessant not wanting to do such with his company, they left the city together again and having come to Callewete, near the bridge, the oft-mentioned *Caniaen* stayed there, telling the confessant and his brother, you people can go to the city again with the *jongen*, and try to sell him; that thereafter having returned to the city, the confessant encountered on the street certain *Coelij* who served at the *schagerije* (along with Barkij) whom the confessant asked whether [he] wanted to buy a slave, to which the other replied with yes, and after his price was heard, the confessant demanded 300 *fanums*, to which he Barkij did not agree, but offered 150 *fanums* instead, yet the confessant's brother demanded 200 *fanums*, [which was the] reason why they could not come to an accord, thus Barkij left; for which reason the confessant finally conferred with his brother, to cede the mentioned Comen for the offered price of 150 *fanums*; that therefore they both went to the *schagerije* with the *jongen*, and presented him to Barkij again, who accepted this, and received the slaveable *ola* from the hands of the confessant; meanwhile certain *Toepas* unknown to the confessant by name arrived there, who, having let the Malabarian writer of the chief interpreter examine the *ola*, brought them to the honourable fiscal again, where they were examined and subsequently sent to prison.

The confessant ending his voluntary confession, herewith professing it contains the whole and honest truth.

Thus done and sentenced in the city of Cochim at the ordinary chamber of council of the honourable Council of Justice on 11 September 1737 in the presence of the *vendrig* Jan Schut and bookkeeper Cornelis Hendriksz. Oudewater, both members of the aforementioned Council, who signed the original of this besides the aforementioned confessant and me the sworn clerk. Which declares, [signed] S. v. Dorpen, sworn clerk.

Appeared again before the undermentioned delegated members of the aforementioned Council, the confessant mentioned in the heading of the previous confession, which was now again well and clearly put and explained to him word for word by me the sworn clerk by translation of the junior interpreter Balthazar den Brouwer in the presence of the secretary of the aforementioned Council, Hendrik Wendelin Koller (who by indisposition of the fiscal of this district, Corijn Stevens, is serving here as fiscal *prointerum*) and in the presence of the co-prisoner *Caniaan* Ittij, the confessant fully persisted with the contents of his aforementioned voluntary confession, however with this alteration that the above-mentioned prisoner Ittij had asked the confessant, because not he the prisoner Ittij but his brother-in-law Comen had never seen the city, whether he would therefore like to go with them.

Thus verified and persisted with, and added in the city of Cochim at the ordinary Chamber of Council of the aforementioned honourable Council of Justice on 20 September 1737 in the presence of the chief interpreter Cornelis van Meeckeren and bookkeeper Cornelis Hendriksz. Oudewater, both members of mentioned Council.

As delegates, [signed] C. v. Meeckeren, C. H. Oudewater.

For the translation, [signed] B. D. Brouwer, junior interpreter.

[signed] Set down by the prisoner Ittinaen.

In my presence, by indisposition of the fiscal, [signed] H. W.n Koller, secretary.

In my presence, [signed] S. v. Dorpen, sworn clerk.

Verified statement of the *Toepas* Marcellino and Christian Barkij.

[in margin] *Pro fisco* Number 54.

There appeared before the undermentioned delegated members of the honourable Council of Justice of this city Marcellino de Rosairo, *toepas* and inhabitant of this city, and the Christian Barkij, employed here in the large arrack tavern as *coelij*, who (upon display of the imprisoned *Canneaens* Ittij and Ittena, whom they confess to be the very same, against whom they currently both testify), on requisition of the second merchant and fiscal of this district, Corijn Stevens, by translation of the junior interpreter Balthazar den Brouwer attested, and declared to be true and truthful, as the testifier states, declaring that on 24th of this month the testifier having been at home, the second *dito* Barkij came to him, informing him that a slave *jonge* was brought for sale at the arrack tavern, asking him, the first testifier, whether he was inclined to buy him, that the testifier only then went to the tavern and found three persons there, standing inside the courtyard near the well, the two men told him that they had brought *dito jongen* there to sell, the testifier then asked the two of them whether they had determined a price with the defendant Barkij already? And received as answer, yes, we have confirmed the purchase for 150 *fanums*, requesting of him, the testifier, however, to not show such to the sold *jongen*, that the testifier consequently becoming suspicious, replied, how is that possible because we have to bring that *jongen* to the chief interpreter Van Meeckeren, and let him be examined, and then request permission of the honourable lord commander to pass a lawful *koopola*; that both sellers not wanting to do such, making their opposition clear, but to the contrary requested from him, the first testifier, to give the *jongen* some arrack, make him stay there and detain [him], and give the 150 *fanums* to them, the sellers, so that they could silently go on their way. That the testifier, not wanting to allow this, made a certain Christian lascorin, the Malabarian writer Britto, read the *ola* of that *jongen*, which the sellers had already handed over to the second testifier while determining the mentioned price, who had asserted that that *ola* was false and recommended that the testifier inform the fiscal of the matter, and that thereupon the testifier went to the officer and informed [him] of the events, and handed over the earlier mentioned *ola* to him.

The second testifier, Barkij, testifying says that he had met three persons on the street on 24th in the morning, and heard from one of them [that] a slave was was put up for sale there, asking whether he would like to be [a] buyer? That the testifier answered yes to that, [and that] on his account a certain lascorin named Joan came along, that the testifier and Joan sought to agree on a price with the Malabarian, he claimed 300 *fanums* for that *jongen*, but that they not wanting to give more than 150, Joan left and the testifier also went to the *schaggerije*, when shortly thereafter the three Malabarians came to him and left the *jongen* with the testifier for 150 *fanums* and handed over an *ola* of this, and that the testifier thereupon went to the above-mentioned Marcellino and notified him of the matter; furthermore, the second testifier declares that he fully agrees with what the first testifier has submitted, since he was present in person in that case.

Whereby the testifiers ending their testimony declaring its contents to contain the whole and honest truth, indicating as cause of knowledge [that] what has been postulated, thus happened and befell [to] the testifiers in person, as well as having thus seen and heard it, and the testifiers remain willing to further confirm this their confession with a solemn oath.

Thus done and attested in the city of Cochim at the ordinary chamber of council of the honourable Council of Justice on 30 August 1737 in the presence of the second merchant Francois Terburg and bookkeeper Cornelis Hendriksz. Oudewater, both members of the aforementioned Council, who signed the original of this besides the testifiers aformentioned, the junior interpreter and me the sworn clerk.
Which declares, [signed] H. W.n Koller, secretary.

Appeared again before the mentioned delegated members of the aforementioned Council of Justice the testifiers mentioned in the above confession, which was now again well and clearly put and explained to them word for word by me the sworn clerk by translation of the junior interpreter Balthazar den Brouwer in the presence of the secretary of the aforementioned Council Hendrik Wendelin Koller (who by indisposition of the fiscal of this district, Corijn Stevens, is serving here as fiscal *prointerum*) and in the presence of the imprisoned

Canacasa Itti and Ittinan, the confessants fully persisted with the contents of their aforementioned voluntary confession, without desiring the slightest alteration.

Thus verified and persisted with, and added in the city of Cochim at the ordinary chamber of council of the aforementioned honourable Council of Justice on 18 September 1737 in the presence of the second merchant Francois Terburg and bookkeeper Cornelis Hendriksz. Oudewater, both members of the aforementioned Council.

As delegates, [signed] F.s Terburg, C.s H. Oudewater.

For the translation, [signed] B. D. Brouwer, junior interpreter.

This is the [signed] mark of Marcellino.

This is [signed] the mark of Barkij.

In my presence, by indisposition of the fiscal, [signed] H. W.n Koller, secretary.

In my presence, [signed] S.t v. Dorpen, sworn clerk.

Deposition of complaint of the heathen *Canniaen* Comen, Number 55.

[in margin] *Pro fisco*.

Appeared before the aforementioned delegated members of the honourable Council of Justice of this city, the heathen *Caniaen* Comen, born in Coeroernaddoe, aged 32 years, subject of the king of Cochim, who by translation of the junior interpreter Balthazar den Brouwer under display of the prisoners Ittij and Ittinaen (whom the deponent professed to be the ones about whom he is currently complaining), complained that the deponent with the aforementioned Ittij related to him as brother-in-law went to his brother Conden from Coeroernaddoe to Illoewene at his request, but not having found him at home, they both then set out to Paloertij, where they met the *Canniaen* living there unknown by name to the deponent and the second prisoner in this, Ittinaen; that furthermore the four of them went from the mentioned Paloertij to the city, and coming there they proceeded jointly with the deponent to two or three houses, and finally to the big *schagerije*, that meanwhile the deponent also saw the aforementioned *Caniaen* write an *ola* and hand it over to the deponent's brother-in-law, not knowing for what purpose, that having come inside the *schagerije*, the deponent understood he would be sold, and when the deponent protested against this, declaring to be not a slave but a freeborn, that thereafter they were jointly brought to the honourable fiscal by a certain Toepas, examined there and sent further to the prison.

Whereby the deponent, ending this his complaint deposition, declares its contents to contain the whole and honest truth.

Thus done and deposited in the city of Cochim at the ordinary chamber of council of the honourable Council of Justice on 11 September 1737 in the presence of the *vendrig* Jan Schut and bookkeeper Cornelis Hendr.ks Oudewater, both members of the aforementioned Council, who signed the original of this besides the aforementioned deponent, junior interpreter and me the sworn clerk. Which declares, [signed] S. v. Dorpen, sworn clerk.

Appeared again before the mentioned delegated members of the aforementioned honourable Council of Justice in the city of Cochim, the deponent mentioned in the above complaint deposition, which was now again well and clearly put and explained to him word for word by me the sworn clerk by translation of the junior interpreter Balthazar den Brouwer in the presence of the secretary of the aforementioned Council Hendrik Wendelin Koller (who by indisposition of the fiscal of this district, Corijn Stevens, is serving here as fiscal *prointerum*) and in the presence of the prisoners Itti and Ittinan, the deponent fully persisted with the contents of their aforementioned testimony, without desiring the slightest alteration.

Thus verified and persisted with at the ordinary chamber of council of the aforementioned honourable Council of Justice on 16 September 1737 in the presence of the second merchant Francois Terburg and bookkeeper Cornelis Hendriksz. Oudewater, both members of the aforementioned Council.
As delegates, [signed] F.s Terburg, C.s H. Oudewater.
For the translation, [signed] B. D. Brouwer, junior interpreter.
Set by [signed] deponent himself.
In my presence, by indisposition of the fiscal, [signed] H. W.n Koller, secretary.
In my presence, [signed] S.t v. Dorpen, sworn clerk.

Translation of a false slaveable *ola*, Number 55 1/2.[4]

In the year Coilang 912, the month [of] Carcadagam (Malabarian style, being in our calculation *anno* 1737; the month [of] July) this slaveable *ola* is written, Caneracattoe Caddenawarrij Sainen Nalaar (a name, that one was able to read doing their best, guessing the letters, which are written very deficiently), inhabitant of Chemanattij, has after the evaluation, received the price in cash and ceded, to be allowed to sell and kill, to Ittij Errawij, with knowledge of the witness Chenden Canden.

---

[4]   Two small papers with texts in Malayalan are attached to this document.

Written by Coemaren Baloe. Not signed.

[in margin] Note: the *ola* is so deficient that it is discordant in every respect regarding a lawful slaveable *ola*.

For the translation Cochim, 24 August 1737, [signed] B. D. Brouwer, sworn interpreter.

Extract from the criminal roll, Number 56.

Extract from the criminal roll presented before the honourable Council of Justice in the city of Cochim on Friday, 4 October 1737 in the morning at 8 o'clock, all present except the second merchant and *winkelier* Abraham van Dewelle, being commissioned elsewhere.

Corijn Stevens second merchant and fiscal of this commandment *ex officio eijsser*

Contra

The heathen *Caniaens* Ittij and Ittinaen, both born at Coeroernaddoe, the first aged 38 and the second 16 years, both subjects of the Cochim kingdom, currently the lords' prisoners and defendants to hear *eijsch ad mortem* for human theft.

The secretary of this Council handed over in the name and by order of the fiscal in Council his written criminal *eijsch en conclusie* with the attachments related to it, and concludes *in fine* of it *pro ut inscriptis*.

The prisoners reply, namely the first mentioned Ittij, that due to ignorance [he] acted in the way he did, and therefore requests forgiveness, and the second prisoner Ittinaen, that he was enticed by the first.

The secretary *qualitate qua* persisted with the submitted *eijsch en conclusie* of the *eijsser* for counter-plea.

The prisoners for rejoinder to their given answer.

The Council before sentencing with this and definitively ordains the documents also to be sent for reading and examination to the members.

Approves, [signed] S. v. Dorpen, sworn clerk.

Extract from the judicial roll, Number 57.
Extract from the judicial roll held before the honourable Council of Justice in
the city of Cochim on Tuesday, 22 October 1737 in the morning at eight o'clock,
all present except the *vaendrig* Jan Schut, being commander in Cranganoor.

With the reading and summarizing of the papers of the aforementioned *eijsser
ex officio* contra the heathen *Canniaens* Ittij and Ittinaen, currently the lords'
prisoners and defendants having done their received work, so the council has
now sentenced, after collecting the votes, as follows:

The Council with attention *etcetera* doing justice in the name of *etcetera*.

Acquits the arrested complainant Comen free, and *liber* from his arrest, and
declares the prisoners mentioned in the heading of this fully guilty of disgraceful
human theft and ordains as such, that mentioned *Caniaens*, with permission and
the grace of the high government of this coast, will be handed over to their
lawful lord and competent judge the king of Cochim for such punishment as
their heathen laws will dictate *in cas subject, cum expensis*, denying the rest
etcetera.
Approves, [signed] H. W.n Koller, secretary.

Disputed status of Malickoema

CR-355-2 Raad van Justitie, Criminele Processtukken, scan 21-45[1]

This case concerns the trial of two local 'Moors' who are accused of abducting and selling Malickoema to the wife of a Company official, to whom she argues that she is a free woman and not a slave. The sellers are not able to provide the written proof of the slave status of the woman, and the case is reported to the court. The two Moors defend themselves by saying that they recognized the woman as the slave of a relative when they encountered her in a village of washermen. The case provides details on the backgrounds of Malickoema and the Moors.

Eijsch en conclusie door den ondercoopman en fiscaal Nicolaas Bowijn, No: 1.
Eijsch en conclusie opgesteld ende overgegeven aan den E: heer Adriaan Harstede, oppercoopman en secunde van Mallabaar mitsgad:s president nevens de leden van den agtb: Raad van Justitie deser stede, door ende van wegen Nicolaas Bowijn ondercoopman en fiscaal alhier ex officio eijsscher

Contra

De moren Miram Poelle en Miram den eerste laatst op Calicoilan en den tweede op Coilans Paroe woonagtig geweest, beijde onderdanen van den koning van Coi- en Calicoilan, thans 's heeren gevangens en gedaagdens. Omme eijsch t'aanhoren.

E: agtb: heer en heeren,

dat alle menschen uijt de baarmoeder vrijgeboren worden; is een waarheijd die buijten eenige contestatie is, als op de natuur en reden gegrond zijnde, want den

---

[1] Het laatste deel van het procesdossier ontbreekt. Het register van de zaak verwijst ook naar de (ontbrekende) stukken 7 en 8 (Extracten van de criminele rolle, 26 juni en 3 juli 1742).

schepper des menschelijken geslagt het eerste paar menschen een vrije ziel in een vrij lighaam ingeschapen hebbende, soo volgd daaruijt dat alle derselver nakomelingen met deselve vrijheijd zijn hervoort gekomen, welk prarogatief geen sterveling vermogens is in het minste te krenken. Ja selvs heeft niemand magt sig selvs daar van te beroven overmits de vrijheijd na sijn waarde niet kan geschat werden waarover Gajus in sijn 22: wet ook uijtdrukkelijk komt te leren, dat de vrijheijd, of sijn selvs meester te zijn alle zaken in waarde is overtreffende, soo als dan ook onse voorvaderen hun goed en bloed tot behoudenisse van dat goddelijk pand hebben gesacrifieert indien ook alle natien van outsher de vrijheijd na hare waarde gekend hadden soo zoude de dispotique en tirannique heerschappij deselve nooijt hebben doen smoren en ondergaan, ende slavernij, schoon door het regt van oorlog eerst ingevoerd, zoude nooijt tot die hoogte geklommen zijn als men deselve heden door de lafhertigheijd van wankelbare gemoederen siet opgestegen voornamentlijk in dese oosterse landen alwaar de slavernij als een koninginne schijnd te heerschen derhalven alhier ook op het hoogste noodig is, dat de vrijheijd op het kragtigste werd gemaintineert - En d' overtreders van dien op het rigoreuste tot afschrik van anderen mogen werden gestraft op dat d' onnoselen dat dierbaar juweel op geenerlij wijse mogt werden ontfutseld.- met dit oogmerk heeft den eijsscher op heden wederom d'eer om voordeze E: agtb: tafel te doen sisteren de gevangens Miram Poelle en Miram in den hoofde deses gemelt die sig niet ontsien hebben de moorse vrouw Malickoema onder pretext dat sij zoude zijn een slavin van Pattakawittil Miram Poelle zoon van des eerste gev:s grootmoeders suster woonagtig tot Tengapatnam van hare dierbare vrijheijd te beroven met deselve aan mevrouw commandeur te koop te veijlen voor 250: fan:s. So als dat nader consteert uijt d'articulen van Miram Poelle onder n:o 15: te vinden want het is geweest in de maand februarij jo: leden dat de gevangens voormelt na de wassers negerij gaande om schoon goed voor den joods koopman Ezekiel Rabbi te halen; haar bij den wasser Barido sienden den eerste gev: haar ten eerste heeft aangevat voorts door het nevens de wassers Barido hier bovengem:t, Jaco en Manuel gevraagd zijnde: waarom hij zulx dede, gaf den twede gevangen daar op tot antwoord dat sij de slavin was van sijn makker daarbij voegende dat soo hij wassers genegens waren haar 25: fan:s te geven sij de meijd weder zouden laten lopen maar de wassers daarop replicerende dat sij geen fan:s hadden, soo hebben de gevangens de voors: vrije meijd naar de pandiaal van Ezekiel rabbij vervoerd en haar daarin verborgen tot des anderen daags morgen wanneer de gevangens met haar, binnen dese stad komende, aan wel gemelte mevrouw commandeurs te koop hebben gepresenteerd en ook verkogt voor 250:- fan:s maar dese meijd bemerkende dat sij verkogt was en dat den eerste gevangen Miram Poelle op de regtmatige begeerte van mevrouw soo even gen:t niet instaat was d'ola van hare slaavbaarh:t te kunnen leveren, heeft sij aan mevrouw geklaagd dat sij geen slavin maar vrij was, waaromme mevrouw commandeurs met goed fondament de voors: gev:s en meijd bij den eijsscher heeft gesonden om enqueste daarna te doen.

Gelijk den eijss:r ex officio de gevangens op articulen verhoorende, om agter de ware geschapentheijd deser zake te komen niet heeft kunnen ervaren dat den eerste gevangen eenige pretentie op die vrije vrouw had veel min dat hij bevoegd zoude zijn haar te kunnen verkopen. Want volmondig beleijd den eerste gev: op art:l 10: dat hij niet instaat is d' ola van hare slaavbaarheijd te kunnen aantonen gevolgelijk soo spreekt het van selve dat hij geen magte ook heeft deselve te kunnen verkopen.

En eens genomen sij was waarlijk een slavin van sijn grootmoeders susters zoon, wat magt heeft hij die meijd te vercopen kan hij aantonen dat hij daartoe gequalificeert is, immers niet dierhalven zoude het ter contrarie van sijn pligt geweest zijn was sij waarlijk een slavin van een van sijne vrienden geweest deselve aan d'overigheijd aan te geven, dewijl sij in 's Comp:s juridisctie domicilie was houdende, en ordre dienaangaande teffens versoeken maar den eerste gev: niets tot sijn verschoning wetende bij te brengen segd op art:l 10: dat hare slaav ola op Tengapatnam bij Pattakawittil Miram Poelle gebleven zijnde niet weet of deselve met den oorlog verband of absent geraakt is, desgelijx segd sijnen swager den twede gevangen Miram dat hij geen magt heeft gehad de voorsz: meijd op te vatten en te verkopen maar dat hij eerlijk met hem was medegegaan, omdat hij gesegd had, dat het sijn meijt was, en teffens beloofd had, bij verkoop van deselve 20: of 25: fan:s aan hem te geven,

dus dat den twede gevangen door de hertstogten der begeerlijkheijd aangedaan en misleijd zijnde; sig ongevoelig in het net, gelijk men segd, heeft geholpen en sig schuldig gemaakt aan menschen diefte, en daarom thans als een mede pligtige teregt gesteld word, ook zal men nog nader bij de klagt depositie van de vrije vrouw Malikkoema kunnen beschouwen hoe onbevoegd en buijten alle aannemelijke reden den eerste gevangens haar heeft willen eijgenen schoon sij duijdelijk aantoond hoe sij van Tengapatnam :/vrij en liber zijnde:/ over Calicoilan en Tekkencoer alhier op Pagodinho is gekomen het welk nader gesterkt word door de attestatie van den wasser Maddem die haar uijt medelijden bij sig genomen en dit heen op haar versoek gebragt heeft alvorens denselve omtrent 50: ropias tot hare genesing heeft uijtgegeven in hare siekelijke staat;

soo als U: E: agtb: alle het voorenstaande omstandig zullen geschreven vinden bij de documenten die den eijsscher nevens dese d' eer heeft aan U: E: agtb: te presenteren gequoteert van no: 2: tot 6: voorts zal den eijssr: overgaan om U: E: agtb: aan te tonen aan wat straffe de gev:s sig in desen hebben schuldig gemaakt dat men geen gewin mag drijven met een mensch zulx leert Mosis Deuter: Cap: 24: v: 7: alwaar uijtdrukkelijk gelesen werd dat den gewin drijver sterven moet. Waarmede volkomentlijk overeenstemmen de keijserlijke statuten alwaar op het 225: blad wel duijdelijk geschreven staat dat hij die een mensche, welke niet lijveijgen is, van een ander verkoopt, sijn lijv verbeurt heeft, en met den swaarde zal gestraft werden den regts geleerden Adamus Strufius van menschen dieverije tracterende leeraart aldus wanneer imand een mensch sonder geweld, wegvuerd en voor geld verkoopt om in slavernij te brengen den sodanige moet capitaal gestraft werden agter volgens de wet Fabia deplag: cap: pag: 2: quastio 3:-

Item Johannes Pomerschi lib: 4: tit: 18: blad 621: citeert dat uijt kragte der landvrede gedagte crimen met de dood gestraft werd.-

Het placcaat op den 14. maart 1670 hier terstede g'emaneert statueert wel uijtdrukkelijk,

soo wie bevonden of agterhaald werd eenige vrij mensch of menschen gestolen, doen stelen, gekogt, verkogt, ofte daartoe geholpen te hebben,

d'een soo wel als d'ander sonder genade als menschen dieven zullen gestraft werden.

Alle welke geciteerde wetten genoegsaam doceren en aantonen de gev:s in den hoofde deses gemeld de dood straffe moeten ondergaan overzulx den eijsscher onder reverentie vermeijnt bevoegd te zijn om te kunnen en mogen

Concluderende dat de gevangens in den hoofde deses gemeld door U: E: agtb: diffinitive vonnisse zullen werden verklaard omme ter ordinaire geregts plaatse, alwaar men hier gewoon is criminele sententie t'executeren gebragt en aldaar aan den scherpregter overgegeven zijnde den eerste gevangen Miram Poelle aan de galge met de koorde gestraft te werden dat er de dood navolgd, wijders het dode lighaam na het buijten geregt gesleept en andermaal ten exempel van anderen aan de galg opgehangen omme aldaar invoegen voors: te verblijven tot dat door de lugt en vogelen des hemels zal wesen verteert, en den twede gevangen Miram aan een paal gebonden strengelijk met roede gegeesseld, gebrandmerkt en voor 25: Jaren in de ketting geklonken om gedurende die tijd voor de kost sonder loon te arbeijden cum expensis, dan wel als vassalen van den koning van Coi- en Calicoilan zijnde U: E: agtb: zulx behagende volgens goed vinden van den edele agtb: heer commandeur en veldoverste mitsgad:s oppergebieder deser custe tot conservatie der contracten en alliantien aan hunnen wettigen heer en competenten regter ter straffe over gegeven werden, voorts dat de g'arresteerde aanklägter Malikkoema kost en schadeloos uijt haar arrest mag werden ontslagen, ofte ter alsulke andere fine etca.

Implorerende op ende in alles etc:a, [get.] N:s Bowijn.

[in margine] Overgegeven in Rade van Justitie terstede Cochim op den 26:e junij 1742.-

Gerecolleerde klagt depositie van de moorse vrouw Malickoema, No: 2.

[in margine] Pro fisco.

Compareerde voor de naargen; gecommitteerde leeden van den agtb: Raad van Justitie deser steede, de moorse vrouw Malickoema, geboortig tot Tengapatnam, oud nae aansien 24. jaaren, dewelke door vertaling van den jongtolk, en onder verthoning van de mooren Miraan, en Miran Poela, die sij betuijgd de ijgenste te wesen, over dewelke haar in desen is beswarende, klagender wijse te kennen gaf; hoe nu vier jaar geleden zij nae de dood van haar man; den moor Miraan, wijl zij ouderlos en weduwe was, mitsgaders niemand had, die haar de kost gaf, de weg dit heen had bij de hand genomen, twee jaaren lang had zij tusschen Tengapatnam, en Calicoilan hier en daar met bedelen doorgebragt, drie maanden was zij op Calicoilan gebleven, en daar vandaan gaande, om den weg Cochim waarts tenemen, had sij op de weg ontmoed den wasser Madden, en terwijl sij depasante ondertusschen ziek raekte, had dien wasser haar nae Tekkencoer gevoert, alwaar sij over het jaar had siek gelegen, dog door de zorge, ende g'adhibeerde hulpe, bijstand en onderhout van gem: Madden is de deposante weder hersteld geraakt, en sedert met hem meede op Pagodinjo gekomen; omtrend twintig dagen is zij geweest ten huise van de opperste wasser, wanneer de mooren Miraan, en Miram Poela van Calicoilan haar bij de wasser ontmoedende met geweld meede namen nae een Pandiaal, van waar sij 's anderen daghs, 's morgens de deposante nae de stad voerende, haar aan mevrouw commandeurse ten koop preesenteerde; dan dewijl de deposante protesteerde geen slavin te wesen wierd sij benevens de twee mooren aan den officier ter enqueste overgegeven.

Waarmeede de deposante haare klagt depositie ijndigende, betuigd derselver inhoud de opregte en suivere waarheijt is behelsende.

Aldus gedaan en gedeposeert binnen de stad Cochim, ter ordinaris Raadcamer op den 25. maij anno 1742. in presentie van de E:s Cornelis van Meeckeren en Lourens Trogh, beijde leeden uit den Raad voorm: die de minute deses nevens de deposante, jongtolk en mij secretaris hebben ondertekend.

't Welk getuigd, [get.] Joan Klijn, secret:.

Compareerde voor de naargen: gecommitt:de leeden uit den agtb: Raad van Justitie deser steede, de deposante in de voorenstaande klagt depositie gem:, dewelke aan haar nu wederom, ten overstaan van den ondercoopman en fiscaal deses commandements N:s Bowijn in presentie van de gev: mooren Miram en Miram Polle, door vertaling van den ondertolk, wel en duidelijk voorgelesen, en teverstaan gegeven sijnde bleef sij deposante bij dies inhoud ten vollen persisteeren.

Wijders door den officier aan de deposante gevraagt sijnde, heeft sij daarop g'antwoord, als voor ieder vrage ternedergesteld.

1

Of sij bij het hoofd van de wassers den wel bij de wasser Barido gewoont heeft.
Antw: Bij Barido.

2

Of sij geen slavin is van Pattakawittil Miram Polle, woonagtig op Tangapatnam, en soon van de suster van de grootmoeder van de gev: moor Miram Polle?
Antw: Neen, ik ben geen slavin van hem, maar nae de dood van mij man ben ik eenige tijd in desselfs huis verbleeven, en op de laatste rijgie krijgende, ben ik van daar weggegaan.

3

Soo neen, waarom den moor Miram Polle haar heeft willen verkopen?
Antw: Dat weet ik niet.

4.

Op te geven wat sij verder tot haar verschoning bij te brengen heeft?
Antw: Ik heb niet met al meer te seggen.

5.

Of de wasser Maden haar niet weggevoert heeft om te verkopen?
Maden heeft sulx niet gedaan, wij malkander ontmoedende, ben ik willens meede gegaan.

Aldus gerecolleert, gepersisteert nader gevraagt ende b'antwoord binnen de stad Cochim ter ordinaris Raadcamer op de 25 junij anno 1742, in presentie van de E:s C:s van Meeckeren, en Stephanus van Zuijlen, beijde leeden uit den Raad voorm.

Als gecommitt:, [get.] C: v: Meeckeren, S: v: Zuijlen.
Voor de vertaling, [get.] B: D: Brouwer, tolk.
Gesteld bij [get.] Malikoma.
Mij present, [get.] Joan Klijn, secret:.

Gerecolleerde en b'eedigde attestatie van den heijdens wasser Madden, N:o 3.
[in margine] Pro fisco.
Compareerde voor de naargen:, gecommitteerde leeden uit den agtb: Raad van
Justitie deser steede den heijdens wasser Madden, van Calicoilan, oud nae
aansien 30. jaaren, denwelken onder verthoning van de gev: mooren Miraan, en
Miran Poela, mits gaders de vrijvrouw Malickoema, die hij allegaar verklaard wel
tekennen, en deselfde te wesen, van dewelke in desen is sprekende, ten requisitie
van den ondercoopman en fiscaal deses commandements Nicolaas Bowijn, door
vertaling van den jongtolk, attesteerde waar en waaragtig tewesen; dat nu ruim
twee jaaren geleden, den attestant op sijn woonplaats, Calicoilan sijnde, de
moorse vrijvrouw bovengem:, verscheijde reijsen aan sijn huis is gekomen,
eenige boesoeroeken, betel, en areek versoekende, soo als deselve bij de andere
inwoonders ter gem: plaatse ook deede, en dat hij attestant uit medelijden, aan
deselve nu en dan iets meede deelde; dat gem: vrouw siek ge worden sijnde , den
attestant door commiseratie en sonderlijke genegentheijt, alle moeijte en sorge
tot haar genesing heeft aangewend, en in de 50. ropias in haar siekte verquastert.
    Dat gem: vrouw ten laatsten genesende, den attestant met toestemming van
deselve, geresolveert heeft, met malkander Cochimwaarts te tevertrekken, alwaar
nu omtrend 3. maanden geleden, aankomende en hun verblijf bij het hoofd der
wassers op Pagodinjo nemende op seekeren dag, bovengem: twee mooren bij
gem: hooft quamen pretendeerden van den attestant, 't gem: vroumensch, ofte bij
wijgering, 40. Cochimse fanums, onder voorgeven dat deselve van ouders tot
ouders des tweeden moor sijn slavin sij, voegende den moor Miraan daarbij; Wat
is er aan 30: ofte 40. fanums gelegen, geeft die, en neemt de meijt na u. dat den
attestantt sooveel geld niet hebbende, en bij het hoofd der wassers, ofte iemand
anders ter leen krijgen komende, dikgem: twee mooren, dat vroumensch met
geweld weggevoert hebben.
    Waarmeede den attestant, sijn verklaringe ijndigende betuijgd derselver
inhoud de suivere en opregte waarheijt is behelsende, voor reden van wetenschap
gevende, dat al het geen hierboven is ternedergesteld, op Calicoilan, en Pagodinjo
in persoon bijgewoont, gedaan, en aangesien heeft, blijvende oversulx bereijd
sijn g'attesteerde, ten allen tijden des noods ofte daartoe gevergte werdende, met
eede te sullen bevestigen.

Aldus gedaan en g'attesteert, binnen de stad Cochim ter ordinaris Raad camer, op den 25. maij anno 1742. in preesentie van de E:s Cornelis van Meeckeren en Lourens Trogh beijde leeden uit den Raad voorm:, die de minute deses nevens den attestant, jongtolk en mij secretaris hebben ondertekend.
't Welk getuigd, [get.] Joan Klijn, secret:s.

Compareerde voor de naargen: gecommitteerde leeden uit den agtb: Raad van Justitie deser steede de attestant in de voorenstaande verklaringe gem:, dewelke aan hem nu wederom ten overstaan van den ondercoopman en fiscaal deses commandements, N:s Bowijn door vertaling van den ondertolk, en in presentie van de gev: mooren Miram, ende Miram Polle, wel ende duidelijk voorgehouden sijnde, bleev hij attestant, bij dies inhoud ten vollen pesisteeren.

Voorts door den eijss:r aan den attestant gevraagt sijnde de volgende vragen, heeft denselven daarop g'antwoord, als voor ieder is ter nedergesteld.

1
Of hij bij het hoofd van de wassers dan wel bij den wasser Barido gewoond heeft?
Antw: Bij Barido.

2
Of den moor Miram 40. dan wel 25. fanums gepreetendeerd heeft van de wassers, en hem?
Antw: Hij heeft geen seeker getal maar wel eenige fanums geijscht?

3
Of hij van Malikoma, nooit gehoord heeft, dat sij een slavin van iemand was?
Antw: Neen.

4.
Of hij met Malikoma tesamen van Calicoilan herwaarts vertrokken is, dan wel, of hij haar op de weg gevonden heeft?
Antw: Twee meijlen benoorden Calicoilan heb ik haar ontmoed.

5.
Of hij de voorsz: meijd niet weggevoert heeft om te verkopen?
Antw: Neen.

Verders heeft den attestant sijn gegeve verklaring, en de voorenstaande nadere vragen met eede, op de heijdense manier voor de Pagood op Mattancherij bevestigt.

Aldus gerecolleert gepersisteert nader gevraagt ende b'antwoord, mitsgaders met Eede, op de heijdense wijse bevestigt, binnen de ordinaris Raad camer, en voorts voor de Pagood van Mattancherij op den 25. junij anno 1725. in preesentie van de E:s C:s van Meeckeren
en Stephanus van Zuijlen beijde Leeden uit den Raad voorm:.
Als gecommitt:, [get.] C: V: Meeckeren, S: v: Zuijlen.
Voor de vertaling, [get.] B: D: Brouwer, tolk.
Gesteldt bij [get.] den wasser Maden.
Mij present, [get.] Joan Klijn, secret:s.

Gerecolleerde attestatie van de christen wassers Jaco, Manuel, en Barido nevens het hoofd derselven Manuel, N:o 4.
[in margine] Pro fisco.
Compareerden voor de naargen: gecommitteer[de] leeden uit den agtb: Raad van Justitie deser steede, de christen wassers Jaco, Manuel, en Barido, nevens het hoofd derselven in name Manuel, alle woonagtig op Pagodinjo, dewelke ter requisitie van den ondercoopman, en fiscaal deses commandements Nicolaas Bowijn, onder verthoning van de gev: mooren Miraan, en Miran Polle, die sij verklaren de ijgenste tewesen, van dewelke in desen sijn sprekende, door vertaling van den jongtolk verclaarden waar ende waaragtig tewesen teweeten, de drie eerste attestanten verklaren, dat nu omtrend drie maanden geleden, den meede wasser Maden, inwoonder tot Calicoilan een moors vroumensch gebragt heeft op Pagodinjo, ten huise van den tweeden attestant Barido, en nae een verblijf van 10 a 12 dagen daar ook verscheenen, om schoon goed tehaalen, twee mooren den eene gen:t Miraan, en den andere Miran Polle, beijde dienaren van den joods koopman Ezekiel Rhabbij; dat den eerstgem: Miraam dat vroumensch aansiende, haar ten eersten vatte, en door de attestanten gevraagt sijnde, waarom hij sulx deede? antwoorde de tweede moor Miran Poele; dat sij de slavin was van sijn makker, daarbij voegende; dat soo sij attestanten genegen waaren, haar 25. fanums tegeven, zij de meijd weder souden laten lopen; dat de deposanten verklarende geen fanums hadden, de mooren met de meijd sijn heenen gegaan.
   Den vierden attestant verklaard dat nu drie maanden geleden, de mooren bovengem, bij de wassers op Pagodinjo waaren gekomen, om eenig goed te haalen, en aldaar de mooren Malickoema ontmoedende, haar hebben aangepakt, seggende

den moor Miran Poele tegens Jaco, Manuel, en Barido, dat de meijd een slavin was van sijn makker Miraan, en dat, soo sij genegen waaren 25. fanums te geven, sij de meijd aldaar souden laten dat den attestant sulx hoorende, gesegt heeft. Is de meijd uwe, soo neemt se weg, anders sal ik ulieden met slagen van hier verdrijven.

Waarmeede de attestanten hunne verklaringen ijndigende betuigen derselver inhoud de opregte ende suivere waarheijt is behelsende, gevende voor reden van wetenschap, dat al 't gheen een ieder in desen heeft verklaart, in persoon bijgewoont, gehoort, en gesien heeft, blijvende oversulx bereijd hun g'attesteerde des noods sijnde nader met eede te sullen bevestigen.

Aldus gedaan en g'attesteert, binnen de stad Cochim ter ordinaris Raadcamer, op den 31:e maij, anno 1742. in preesentie van de E:s Cornelis van Meeckeren, en Lourens Trogh, beijde leeden uit den Raad voorm: die de minute deses, nevens de attestanten, jongtolk en mij secretaris hebben ondertekend,
't welk getuigd, [get.] Joan Klijn, secret:.

Compareerden voor de naargen: gecommitt leeden uit den agtb: Raad van justitie deser steede de attestanten in de voorenstaande verklaringe gem; dewelke aan hun nu wederom ten overstaan van den ondercoopman, en fiscaal deses commandements Nicolaas Bowijn, door vertaling van den ondertolk, in preesentie van de moorin Malikoema, de heijdens wasser Maden en de gev: mooren, Miram en Miram Polle, onder vertaling van den ondertolk, wel ende duidelijk voorgehouden sijnde, bleeven sij bij dies inhoud ten vollen persisteeren, met dese alteratie dat Miram Polle, de meijd gevat en gesegt heeft deselve sijn slavin was, en dat Miram van de attestanten voor den largatie den meijd 25. Fanums heeft gepreetendeerd.

Wijders hebben de attestanten den inhoud van haar gegeve verklaringe nader met eede solemneel bevestigt, door het opleggen hunner regter hand, ieder apart, op het heijl: Evangelium S:t Johannis, en het uitspreeken deser woorden. Ik sweere op het heijl: Evangelium S:t Johannis, dat al 't gheen in desen getuigd heb de suivere en opregte waarheijt is behelsende.

Aldus gerecolleert, gepersisteert, g'altereert en met eede solemneel bevestigt, binnen de stad Cochim ter ordinaris Raadcamer op den 25: julij anno 1742. in preesentie van de E: Cornelis van Meeckeren, en Stephanus van Zuijlen, beide leeden uit den Raad voorm:

Als gecommitt:s, [get.] C: v: Meeckeren, S: v: Zuijlen.

Voor de vertaling, [get.] B: D: Brouwer, tolk.

Gesteld bij [get.] de wasser Jaco.

D:o [get.] Manuel.

D:o [get.] Barrido.

„ [get.] Manuel.

Mij present, [get.] Joan Klijn, secret:s.

Articulen van den gev: Miram Poella, N:o 5.

Compareerde voor de naargen: gecommitt:e leeden uit den agtb: Raad van Justitie deser steede den levenen: in de nevenstaande articulen gem:, dewelke aan hun door vertaling van den ondertolk van woorde te woorde voorgehouden sijnde, heeft hij daarop soodanig g'antwoord is voor ieder in margine is ter nedergesteld.-

Articulen opgesteld ende overgegeven aan twee E:s gecommitteerde leden uijt den agtb: Raad van Justitie deser stede door ende van wegen Nicolaas Bowijn ondercoopman en fiscaal alhier omme daar op gevraagd ende g'examineerd te werden den moor Miram Poella, mitsgad:s desselvs te gevene antwoorden in margine deses ter neder te stellen.

1:

Eerstelijk tevragen des gev: naam, geboorte plaats, ouderdom, waar woonagtig en wiens onderdaan hij is,

Antw: Miram Polla, op Calicoilan geboortig, en aldaar woonagtig oud 20. a 22. jaaren, onderdaan van den koning van Calicoilan.

2.

Of den gev: de vrijvrouw Malikoema kent;

[An]tw: Ja.

3:

Hoedanig en waar den gev: hare gekend heeft;

Antw: Ik ken sij om dat sij een slavin is geweest, van Poelikelwittil Miram Polle soon van mijn grootmoeders suster woonagtig tot Tengapatnam.

4:

Of sij een slavin van imand dan wel een vrij vrouw is.

Antw: Als boven.

5:

Waarom den gev: met sijn makker Miram haar in de negerij der verwers en schilders met geweld aangepakt en vandaan weg gevoert heeft?

Antw: Om reeden als boven gesegt.

6:

Wat magt den gev: gehad heeft zulx te doen.

Antw: Als even.

7.

Of sij bij die occasie daartegen niet geprotesteert heeft, seggende geen slavin maar vrij was;

Antw: Sij heeft niet geprotesteert, of gesegt, dat sij een vrijvrouw is.

8:

Soo neen waarom het hoofd van de wassers, de wassers Jaco, Manuel, en Barido daartegen geweest zijn?

Antw: Sij sijn daar niet tegengeweest, maar het hoofd der wassers heeft gesegt; soo het uw slavin is, neemt sij weg?

9:

Of waarom den gev: dan aan voors: wassers heefd gesegd indien sij genegen waren haar te houden dat sij aan Miram 25: fan:s zouden geven als wanneer hij deselve zoude laten volgen?

Antw: Dat heb ik niet gesegt, maar de wassers hebben met Miram gesproken, dat ik de meijd aan niemand dan aan het hoofd der wassers moest verkopen, edog ik heb g'antwoord, dat ik de slavin met den wasser die haar vervoert heeft, aan de overigheijt soude overgeven.

10.

Of den gev: kan aantonen dat sij een slavin is;

Antw: Haar slaven ola kan ik niet toonen, die is op Tengapatnam bij de eijgenaar Pattanawittil Miram Pole gebleeven, maar of het nog in wesen, ofte in de oorlogh jo: leden meede verbrand en absent is, weet ik niet.

11:

Soo ja op te geven waarmede den gev: zulx zal bewijsen.

Antw: Als eerst gesegt is.

12:

Hoelange het nu geleden is, dat de weg voering van dese vrouw geschied is,

Antw: Omtrend 4. a 5. maanden.

13:

Of zulx niet geschied is ter gelegentheijd dat hij met sijn makker Miram na de wassers negerij ging om schoon goed voor den joods koopman Ezekiel Rabbi te halen.

Antw: Ja.

14:

Of den gev: de voors: vrouw vandaar na een pandiaal vervoerd: en daar een heel nagt deselve verborgen hebbende, des anderen daags morgen binnen dese stad niet heeft gebragt.

Antw: Ja maar niet geborgen.

15:

Of den gev: binnen de stad komende haar aan mevrouw commandeurs niet te koop gepresenteert heeft?

Antw: Ja.

16:

Op te geven voor hoeveel de koop gesloten was;

Antw: Voor 250: fanums.

17:

Of de voors: vrouw horende dat de koop gesloten was aan mevrouw wel gem:t niet geklaagd heeft dat sij geen slavin maar vrij was.

Antw: De slavin heeft aan mevrouw geklaagt, dat ik geen magt had om haar te verkopen.

18:

Of mevrouw zulx verstaande den gev:, sijn makker Miram en de vrouw Malikkoma bij den fiscaal niet gesonden heeft om enqueste daarna te doen?

Antw: Ja.

19:

Soo neen hoe het dan komt dat hij thans in gevangenisse sit?

Vervalt.

20:

Te vragen of den gev: meermaals sulke verbodene handel gedreven heeft.

Antw: Verboden handel van slaven heb ik nooit gedaan, maar omdat dese meijd een slavin van mijne vrienden is, heb ik sulx onderstaan.

21:

Op te geven waarmede den gev: sig generende?

Antw: In mijn land plagt ik ketels potten en pannen te verkopen, maar hier ter plaatse ben ik als coelij bij Ezekiel Rhabbij in dienst geweest.

22:

Of den gev: wel weet dat niemand vrijluijden mag verkopen?

Antw: ja dat weet ik wel, maar die meijd is een slavin van mijnen vrunden?

23:

Of den gevangen nu niet moet bekennen zulx gedaan hebbende, de straffe des doods verdiend heeft.

Antw: Neen, want ik heb soodanig een misdaat niet begaan.

Aldus gevraagt en b'antwoord binnen de stad Cochim ter ordinaris Raadcamer op den 21:e junij anno 1742. In preesentie van de E:s J:n J:b Korsgens, en Gijsbert Jan Feith, beijde leeden uit den Raad voorm:.

Cochim den 21:e junij 1742:

[get.] N:s Bowijn.

Als gecommitt:s, [get.] J:s J:b Korsgers, G:t J: Feith.

Voor de vertaling, [get.] B: D: Brouwer, tolk.

Gesteld bij den [get.] moor Miram Polle.

Mijn present, [get.] Joan Klijn, secret:.

Compareerde voor de naargen: gecommitteerde Leeden uit den agtb: Raad van Justitie deser steede de gev: om de voorenstaande articulen gem:, dewelke aan hem nu wederom ten overstaan van den ondercoopman, en fiscaal dese commandements Nicolaas Bowijn, door vertaling van den ondertolk articulatim van woorde te woorde voorgehouden sijnde, bleef hij gev: bij de gedane responsen als nog persisteeren.

Wijders door den officier aan den gev: voorgehouden sijnde de volgende vragen, heeft hij daarop soodanig g'antwoord, als voor ieder terneder gesteld.

1

Hoe lang het nu geleden is, dat den gev: van Tengapatnam is weg gegaan.
Antw: Omtrend 4. jaaren.

2

Of den gev: nooit op Calicoilan Malikoma gekend heeft?
Antw: Ja ik heb haar op Calicoilan gesien en gekend.

3.

Hoe lange het nu geleeden is dat den gev: haar daar gekent heeft?
Antw: Een of twee jaar, sij was bij mijn muijl in huis.

4

Waarom den gev: haar op Calicoilan niet opgevat en verkogt heeft?
Antw: omdat sij bij mijn muijl in't huis was wat hoeft ik haar te vatten, maar van
daar heeft Madden deselve vervoert, en ik heb haar op Cochim ontwaard.

5.

Of den gev: niet verpligt was, toen hij Malikoma op Pagodinjo, ontmoetde haar
aan de overigheijd alhier aan te geven, soo den gev: vermeend op haar eenig regt
te hebben dewijl sij in 's comp:s jurisdictie woonagtig was?
Antw: Ik heb sij in de stad gebragt, en om dat sij een slavin van mijne vrunden
was, heb ik gemeent haar te verkopen, en het geld bij occacie aan deselve te
restitueeren.

6

Of den meede gev: Miram swager van den gev: is.
Antw: Wijdlopig wegens onse voorsaten.

Aldus gerecolleert gepersisteert nader gevraagt en b'antwoord, binnen de stad
Cochim, ter ordinaris Raadcamer op den 25. Junij anno 1742 in preesentie van
de E:s C:s van Meeckeren en Stephanus van Zuijlen beijde leeden uit den Raad
voorm:.
Als gecommitt:s, [get.] C: V: Meeckeren, S: v: Zuijlen.
Voor de vertaling, [get.] B: D: Brouwer, tolk.
Gesteld bij [get.] de moor Miram Polle.
Mij present, [get.] Joan Klijn, secret:.

Articulen van den tweede gev:.

Compareerde voor de naargen: gecommitteerde leeden uit den agtb: Raad van Justitie deser steede de gevr:de in de nevenstaande verklaringe gem:, dewelke aan denselven door vertaling van den ondertolk Balthasaar den Brouwer van woorde te woorde voorgehouden sijnde, heeft hij daarop soodanig g'antwoord, als in margine deses is ternedergesteld.

Articulen opgesteld ende overgegeven aan twee E:s gecommitteerde leden uijt den agtb: Raad van Justitie deser stede door ende van weegen Nicolaas Bowijn ondercoopman en fiscaal alhier omme daar op gevraagd ende g'examineerd te werden den moor Miram mitsgad:s desselvs te geven antwoorden in margine deses ter neder testellen.

1
Eerstelijk tevragen des gev:s naam, geboorte plaats, ouderdom, waar woonagtig en wiens onderdaan hij is.
Antw: Miram, geboortig van Coilangs Paroe, oud omtrend 20. jaaren, woonagtig op Poelikare noordewaarts Paroe, onderdaan van de Coning signattij.

2:
Of den gev: de vrijvrouw Malickoema kent?
Antw: Ja ik kenne haar, na sij is opgevat.

3:
Hoedanig en waar den gev: haar gekent heeft.
Antw: mijn makker Miram Polle heeft deselve aan mij verthoond, en ik heb sij meermalen gesien op Pagodinjo.

4:
Of sij een slavin van imand dan wel een vrij vrouw is?
Antw: Dat weet ik niet, maar soo als mijn makker mij verhaalt heeft, is sij sijn slavin.

5:
Waarom den gev: haar in de negerij der wassers aangepakt, en met geweld van daar weg gevoert heeft?
Antw: om dat Miram Polle seijde Malikoema sijn slavin was ben ik meede gegaan op sijn versoek.

6:

Wat magt den gev: gehad heeft zulx te doen.

Antw: Als even.

7:

Of sij bij die occagie daar tegen niet geprotesteert heeft seggende geen slavin maar vrij was?

Antw: Neen tegens mij niet en of sij sulx heeft gedaan tegens mijn makker, dat weet ik niet.

8.

Soo neen: waarom het hoofd van de wassers gent: Manuel, de wassers Jaco, Manuel, en Barido daartegen geweest zijn?

Antw: Sij sijn daar niet tegen geweest, maar aan mijn makker gevraagt hebbende, of het sijn slavin was? en denselve antwoordenden ja, en dat sij van sijn vrunden gekogt sij: heb ik g'seijd is het uw slavin, laat sij dan aan die menschen over, ik sal maken dat u geld daarvoor krijgt, dog Miram Polle heeft sulx niet willen doen.

9.

Of waarom sijn makker Miram Poella dan aan voorm: wassers gesegd heeft indien sij genegen waren die vrouw te houden dat sij dan 25: fan:s aan den gev: zouden geven als wanneer hij deselve zoude laten volgen.

Antw: Mijn makker heeft dat niet gesegt, maar ik, dog mij makker wilde de meijd aan de wassers niet verkopen.

10.

Of den gev: kan aantonen dat sij een slavin van hem is.

Antw: Neen, ik kan sulx niet aanthonen, maar soo als mijn makker seijde, weet ik niet beter sij is sijn slavin.

11

Soo ja op tegeven waarmede dat den gev: zulx zal bewijsen.

Antw: Vervalt.

12:

Hoe lange het nu geleden is, dat de weg voering van gem: vrouw geschied is?

Antw: Omtrend 4 maanden na gissing.

13.

Of zulx niet geschied is ter gelegentheijd dat hij met sijn makker Miram Poella na de wassers negerij ging, om schoon goed voor den joods koopman Ezekiel Rabbij te halen.

Antw: Ja.

14:

Of den gev: de voors: vrouw van daar na een pandiaal vervoerd en daar een hele nagt deselve verborgen hebbende, des anderen daags morgen binnen dese stad niet gebragt heeft?

Antw: Mijn makker heeft de meijd met sig genomen, en in een Pandiaal laaten blijven, maar 's anderen daags de meijd willende na de stad brengen, heeft hij mij versogt om meede te gaan, het welk ik ook gedaan heb, niet beter wetende of het was sijn slavin.

15:

Of den gev: binnen de stad komende haar aan mevrouw command:s niet te koop gepresenteert heeft?

Antw: Neen, maar mijn makker Miram Polle heeft sulx gedaan.

16:

Op te geven voor hoe veel de koop gesloten was.

Antw: dat weet ik niet vast, ik heb niet daarnae geluistert.

17.

Of de voors: vrouw horende dat de koop gesloten was aan mevrouw wel gemeld niet geklaagd heeft dat sij geen slavin maar vrij was?

Antw: Ik heb sulx niet gehoort, ik ben er niet bij geweest.

18:

Of mevrouw zulx verstaande den gev: sijn makker Miram Poella en gem: vrouw bij den fiscaal niet gesonden heeft om daar enqueste na te doen?

Antw: De lascorijns hebben mij, mijn makker en de meijd na de heer fiscaal gebragt.

19:

Soo neen hoe het dan komt dat hij in gevangenisse sit?

Antw: Als boven.

20.

Te vragen of den gev: meermaals zulke verboden handel gedreven heeft.

Antw: Neen, daar weet ik niet van.

21:

Op te geven waarmeede den gev: sig is generende.

Antw: Voor desen op Paroe met den visvangst, en op Cochim, met voor coelij tewerken bij Ezechiel.

22.

Of den gev: wel weet dat niemand vrij luijden mag verkopen?

Antw: Ja dat weet ik wel.

23.

Of den gev: nu niet moet bekennen zulx gedaan hebbende de straffe des doods verdiend heeft?

Antw: Ik heb geen misdaat bedreven, die diergelijke swaare straffe verdient, maar op het seggen van mijn makker, dat het sijn slavin was, ben ik meede gegeaan.

Cochim den 21:e junij 1742.

[get.] N:s Bowijn.

Aldus gevraagt en b'antwoord binnen de stad Cochim ter ordinaris Raadcamer op den 21:e Junij anno 1742 in preesentie van de e:s J:n J:s Korsgens en Gijsbert Jan Feith beijde leeden uit den Raad voorm:.

Als gecommitteerdens.

[get.] J:n J:s Korsgens, G: J: Feith.

Voor de vertaling, [get.] B: D: Brouwer, tolk.

Gesteld bij [get.] Miram.

Mij present, [get.] Joan Klijn, secret:.

Compareerde voor de naargen: gecommitteerde leeden uit den agtb: Raad van justitie deser stede de gev: in de voorenstaande articulen gem: dewelke aan hem nu wederom benevens de verleende antwoorden ten overstaan van den ondercoopman, en fiscaal deses commandements Nicolaas Bowijn, door vertaling van den ondertolk articulatim, wel ende duidelijk voorgehouden sijnde, bleef hij gev: bij den teneur sijnen gegevene responsiven persisteeren.

Wijders door den officier aan den gev: voorgehouden sijnde de navolgende vragen, heeft hij daarop soodanig g'antwoord, als voor ieder een is ternedergesteld.

1

Of den gev: nooit gehoort heeft, dat de moorin Malikoma een slavin is van Pattakawittil Miram Polla zoon van de grootmoeders suster van den gev: Miram Polle?
Antw: Neen.

2

Of den gev Miram Palle, swager is van den gev:.
Antw: Ja.

3

Wat den gev: Miram Polle van den gev: belooft heeft te geven wanneer Malikoma verkogt soude sijn?
Antw: Twintig a 25: fanums.
[...]

Disputed status of Malickoema, CR-355-2 (translation)[2]

Eijsch en conclusie drawn up by the second merchant and fiscal Nicolaas Bowijn, Number 1.
Eijsch en conclusie prepared and handed over to the honourable lord Adriaan Harstede, *oppercoopman* and *secunde* of Malabar as president besides the members of the honourable Council of Justice of this city, by and because of Nicolaas Bowijn, second merchant and fiscal here, *ex officio eijsscher*

Contra

The Moors Miram Poelle and Miram the first having resided most recently on Calicoilan and the second on Coilans Paroe, both subjects of the king of Coi- and Calicoilan, currently their honours' prisoners and defendants. To listen to the *eijsch*.

---

[2] The last section of the case file is missing. The register of this case refers to the (missing) documents 7 and 8 (Extracts from the criminal roll, 26 June and 3 July 1742).

Honourable lord and lords,

That all persons are born free from the womb is a truth that is beyond any contestation, as it is based on nature and logic, because the creator of humankind has created the first couple of humans with a free soul in a free body, thus it follows that all their descendants have been created with that same freedom, which prerogative no mortal has the ability to impair in the least. Yes likewise no one has the power to rob themselves of this since the worth of liberty cannot be estimated, which Gajus in his 22nd law explicitly teaches, that the liberty, or being their own master, exceeds all affairs in value, so as our forefathers also have sacrificed their property and blood to guard that divine gift, if all nations of olden times also had known liberty to her worth, then despotic and tyrannical rule would never have silenced and perished them, and slavery, as first instated by the rule of war, would never have ascended to that height, as one presently sees it risen through the cowardliness of wavering attitudes, especially in these Eastern lands where slavery appears to rule as a queen, thus also being the most necessary here, to maintain the liberty most strongly. And the offenders of such may be punished in the most rigorous manner for the deterrence of others so that the foolish in no way may be robbed of that most precious jewel – for this purpose, the *eijsscher* at present has the honour once more to have the prisoners Miram Poelle and Miram appear before this honourable table, who have not refrained from robbing the Moorish woman Malickoema of her precious liberty by offering her for sale to the commander's wife for 250 *fanums* under the pretext that she was a slave of Pattakawittil Miram Poelle, son of the first prisoner's grandmother's sister residing at Tengapatnam, as further appears from the articles of Miram Poelle found under number 15, because it was in the last month, February, that the aforementioned prisoners went to the *wassers negerij* in order to retrieve clean laundry for the Jewish merchant Eziekel Rabbi; seeing her at the *wasser* Barido, the first prisoner firstly grabbed her, after which Jaco and Manuel were asked by the *wassers*, besides the above-mentioned Barido, why he did that, the second prisoner answering that she was the slave of his friend, adding that if the *wassers* agreed to give them 25 *fanums* they would let the girl walk away, but the *wassers* replied that they did not have any *fanums*, thus the prisoners abducted the aforementioned free *meijd* to the *pandiaal* of Ezekiel Rabbi and hid her there until the next morning, when the prisoners, arriving with her in this city, presented her for sale and also sold [her] to the often mentioned commander's wife for 250 *fanums*, but this *meijd* noticing that she was sold and that the first prisoner Miram Poelle was not able, on the justifiable wish of the lady, to produce the *ola* of her slaveability, she complained to the lady that she was not a slave but free, upon which the commander's wife with good reason sent the aforementioned prisoners and *meijd* to the *eijscher* to investigate the matter.

As the *eijsscher ex officio* interrogating the prisoners on articles, to discover the truth behind these affairs, has not been able to find out whether the first prisoner had any claim on the free woman, much less that he would be authorized to sell her.

Because the first prisoner fully confesses in article 10 that he is not able to present the *ola* of her slaveability thus it is evident that he is not allowed to sell her.

And presuming she was truly a slave of his grandmother's sister's son, what right has he to sell that *meijd*, can he prove he is qualified for that, after all for if it were not so it would be contrary to his duty if she truly were a slave of one of his friends, the same should have been notified to the government, while she was kept in the Company's jurisdiction *domicilie*, and request orders in that regard, but the first prisoner could not offer anything to his exculpation, saying in article 10 that her slave *ola* was left at Tengapatnam with Pattakawittil Miram Poelle, not knowing if it was burned or gone missing during the war, likewise his brother-in-law the second prisoner Miram says that he did not have the right to seize and sell the aforementioned *meijd*, but that he had gone with him honestly, because he had said that it was his *meijd* and also had promised, with her sale, to give him 20 or 25 *fanums*.

So that the second prisoner was affected by the passions of greed and was misled; was drawn into the net, as one says, and has made himself guilty of human theft and therefore is now being tried as an accomplice, likewise one shall be able to see in the deposition of complaint of the free woman Malikkoema how unauthorized and without all plausible reason the first prisoner wanted to appropriate her even though she clearly showed how she came from Tengapatnam (being free and *liber*) over Calicoilan and Tekkencoer to here in Pagodinho which is strengthened further by the testimony of the *wasser* Maddem who took her in out of pity and brought her hither at her request before he had spent around 50 *ropias* to treat her sickness.

As your honourables will find all the aforementioned written in the documents that the *eijsscher* together with this has the honour to present to you honourables, quoted from number 2 to 6, thus the *eijscher* will proceed to show you honourables of what crime the prisoners have made themselves guilty – that one cannot make a profit with a human, such teaches Mosis Deuter, chapter 24 verse 7, which explicitly states that the profiteer must die.

With which completely correspond the Imperial Statutes wherein on the 225th page is written very clearly that he who sells a human who is not a *lijveijgen* of another has forfeited his life and will be punished with the sword; the legist Adamus Strufius, dealing with human thievery, teaches that when someone abducts a human without violence and sells for money to bring into slavery, that person has to receive a capital punishment following the law of Fabia *deplag: cap:* page 2 question 3.

Idem Johannes Pomerschi *lib:* 4 *tit:* 18 page 621 cites that to preserve a country's peace, the mentioned crimes will be punished by death.

The placard ordained on 14 March 1670 here in this city states explicitly that whoever has been found out, or caught, to have stolen, let steal, bought, sold, or aided therein any free human or humans.

The one so as the other will be punished without mercy as human thieves.

All the cited laws amply teach and indicate that the prisoners above-mentioned have to undergo the death penalty, as such the *eijscher* respectfully believes to be qualified and allowed to be

Concluding that the prisoners mentioned in the heading will be declared with your honourables' certain judgement to be brought to the usual place of execution, where one commonly executes the criminal sentence and there being handed over to the executioner, the first prisoner Miram Poelle will be punished at the gallows with the cord until death follows, additionally the dead body dragged away from the place of execution and again hung on the gallows as an example for others to stay until consumed by the air and birds of the sky, and the second prisoner Miram, bound to a pole, severely scourged with a rod, branded and put into chains for 25 years in order to, during that time, work for a living without salary *cum expensis*, or being vassals of the king of Coi- and Calicoilan, to be handed over to their lawful lord and qualified judge for punishment, if this pleases your honourables and with approval of the honourable lord field commander and chief commander of this coast in order to maintain the contracts and alliances, furthermore that the arrested accuser Malikkoema may be released from her detention, acquitted from cost and compensation, or for other such ends *etcetera*.

Imploring on and in everything *etcetera*, [signed] N.s Bowijn

[in margin] Handed over in Council of Justice in the city of Cochim on 26 June 1742

Verified deposition of complaint of the Moorish woman Malickoema, Number 2.

[in margin] *Pro fisco*.

There appeared before the undermentioned delegated members of the Council of Justice of this city, the Moorish woman Malickoema, born in Tengapatnam, estimated age 24 years, who, by translation of the junior interpreter, and at the showing of the Moors Miraan, and Miran Poela, whom she declared to be the same persons she accused, made it known in complaining manner; how she took the road hither four years ago after the death of her husband, the Moor Miraan, because she was an orphan and a widow, and had no one who gave her a living, she had spent two years begging here and there between Tengepatnam and Calicoilan, she stayed at Calicoilan for three months, and leaving from there, to travel to Cochim, she met the *wasser* Madden on the way, and while the deponent had become exceedingly ill in the meantime, that *wasser* had taken her to Tekkencoer, where she had lain ill during the year, yet thanks to the care, and applied aid, support and sustenance from mentioned Madden, the deponent recovered, and since arrived with him at Pagodinjo; she stayed at the house of the chief *wasser* for around twenty days, when the Moors Miraan, and Miram Poela from Calicoilan after encountering her at the *wasser* took her violently to a *Pandiaal*, from where they took the deponent to the city the next morning, presented her to the commander's wife for sale; then because the deponent protested by saying she was not a slave, she was, together with the two Moors, handed over to the officer for hearing.

With which the deponent ended her deposition of complaint, attesting it contains the pure and honest truth.

Thus done and stated within the city of Cochim at the ordinary chamber of council on 25 May in the year 1742, in the presence of the honourables Cornelis van Meeckeren and Lourens Trogh, both members of the aforementioned Council, who have signed the original of this besides the deponent, aforementioned junior interpreter and me the secretary.

Which declares, [signed] Joan Klijn, secretary.

There appeared before the undermentioned delegated members of the Council of Justice of this city, the deponent mentioned in the previous complaint; which was now again put and explained to her well and clearly, in the presence of the second merchant and fiscal of this district, Nicolaas Bowijn, and in the presence of the prisoners Moors Miram and Miram Polle, by translation of the interpreter, the deponent fully persisted with its content.

Additionally asked by the officer of the deponent, she has answered thereon as put down for every question.

1.

Whether she lived with the chief of the *wassers* or the *wasser* Barido?
Answer: At Barido.

2.

Whether she is a slave of Pattakawittil Miram Polle, residing at Tangapatnam, and son of the sister of the grandmother of the prisoner Moor Miram Polle?
Answer: No, I am not his slave, but after the death of my husband I stayed for some time in his house, and after getting *rijgie* I left from there.

3.

If not, why the Moor Miram Polle wanted to sell her?
Answer: I do not know.

4.

To state what else she has to contribute to her innocence?
Answer: I have nothing left to say.

5.

Whether the *wasser* Maden did not abduct her in order to sell her?
Answer: Maden did no such thing, after meeting each other, I went along willingly.

Thus verified, persisted with, questioned and answered within the city of Cochim at the ordinary chamber of council on 25 May in the year 1742, in the presence of the honourables Cornelis van Meeckeren and Stephanus Zuijlen, both members of the aforementioned Council.
As delegates, [signed] C. v. Meeckeren, S. v. Zuijlen.
For the translation, [signed] B. D. Brouwer, interpreter.
Set by [signed], Malikoma.
In my presence, [signed] Joan Klijn, secretary.

Verified and sworn testimony of the heathen *wasser* Madden, Number 3.
[in margin] *Pro fisco*.
There appeared before the undermentioned delegated members of the honourable Council of Justice of this city, the heathen *wasser* Madden, of

Calicoilan, estimated age 30 years, who on display of the imprisoned Moors
Miraan, and Miran Poela, together with the free woman Malickoema, whom he
all declared to know well, and being the same that are mentioned here, at the
request of the second merchant and fiscal of this district, Nicolaas Bowijn, by
translation of the junior interpreter, testified it to be true and truthful; that more
than two years ago, the testifier being in his place of residence, in Calicoilan, the
aforementioned Moorish free woman came to his house several times, asking for
some *boesoeroeken*, betel and arrack, as she did with the other inhabitants of the
mentioned place as well, and that the testifier gave her something now and then
out of pity; that when the mentioned woman had fallen ill, the testifier, through
sympathy and exceptional affection, took all effort and care in order to heal her,
and spent around 50 *ropias* on treating her illness.

That when the mentioned woman was finally recovering, the testifier decided,
with her permission, to depart for Cochim, where they arrived around three
months ago and took up their residence with the chief of the *wassers* in Pagodinjo;
on a certain day the aforementioned two Moors came to the mentioned chief
demanding from the testifier the mentioned woman, or if he refused, 40 Cochim
fanums, under pretence that she was the slave of the second Moor from parents
to parents, the Moor Miraan adding: What does 30 or 40 *fanums* matter, give
them and take the *meijd* with you. That since the testifier did not have that
amount of money, and could not borrow it from the chief of the *wassers* or
anyone else, the two often mentioned Moors abducted the woman by force.

With which the testifier ended his testimony, attesting it to contain the pure
and honest truth, indicating as the basis of this knowledge, that all that is written
down above, was attended in person, done and witnessed at Calicoilan and
Pagodinjo, remaining willing to affirm his testimony under oath, at all times in
need or when asked to.

Thus done and testified within the city of Cochim at the ordinary Chamber
of the Council of Justice on 25 May 1742 in the presence of the honourables
Cornelis van Meeckeren and Lourens Trogh, both members of the aforementioned
Council, who have signed the original of this together with the testifier, junior
interpreter and me the secretary.
Which declares, [signed] Joan Klijn, secretary.

There appeared before the undermentioned delegated members of the Council
of Justice of this city, the testifier in the above testimony which was now again
well and clearly put to him in the presence of the second merchant and fiscal of
this District, Nicolaas Bowijn, by translation of the interpreter, and in the

presence of the prisoners Moors Miram and Miram Polle, the testifier, fully persisted with its contents.

Also asked by the officer of the testifier the following questions, he answered to this as is put down for each.

1.
Whether he had lived at the chief of the *wassers* or the *wasser* Barido?
Answer: At Barido.

2.
Whether the Moor Miram demanded 40 or 25 *fanums* of the *wassers*, and him?
Answer: He did not demand a certain number, but at least some *fanums*?

3.
Whether he had never heard of Malikoma, that she was a slave of someone?
Answer: No.

4.
Whether he had, together with Malikoma, left from Calicoilan, or whether he had found her on the way there?
Answer: I met her two miles north of Calicoilan.

5.
Whether he had not taken the aforementioned *meijd* to sell her?
Answer: No.

Furthermore the testifier confirmed his given statement, and the above further questions under oath, in the heathen manner before the Pagoda at Mattancherij.

Thus verified, persisted with, questioned and answered within the city of Cochim at the ordinary Chamber of Council, and furthermore in front of the Pagoda of Mattancherij, on 25 June 1742 in the presence of the honourables Cornelis van Meeckeren and Stephanus Zuijlen, both members of the aforementioned Council.
As delegates, [signed] C. v. Meeckeren, S. v. Zuijlen.
For the translation, [signed] B. D. Brouwer, interpreter.
Set by [signed] the *wasser* Madden.
In my presence, [signed] Joan Klijn, secretary.

Verified testimony of the Christian *wassers* Jaco, Manuel and Barido besides their head Manuel, Number 4.

[in margin] *Pro fisco.*

There appeared before the undermentioned delegated members of the Council of Justice of this city, the Christian *wassers* Jaco, Manuel and Barido, along with their chief called Manuel, all residing in Pagodinjo, who on request of the second merchant and fiscal of this Doman, Nicolaas Bowijn, on display of the prisoners Moors Miraan, and Miran Poela, whom they all declared to be the same that are mentioned here, by translation of the junior interpreter declared to be true and truthful, namely the first three testifiers declare, that now around three months ago, the fellow *wasser* Maden, resident of Calicoilan, brought with him a Moorish woman to Pagodinjo, to the house of the second testifier Barido, and after a stay of ten to twelve days there also appeared two Moors, one named Miraan, and the other Miran Polle, both servants of the Jewish merchant Ezekiel Rhabbij, to collect clean laundry; that the first mentioned Miraam, seeing that woman grabbed her firstly, and was asked by the testifiers, why he did such a thing? The second Moor Miran Poele answered that she was the slave of his friend, adding that if the testifiers were inclined to it, to give them 25 *fanums*, so they would let the *meijd* go free; that when the deponents declared that they did not have *fanums*, the Moors had taken the *meijd* with them and left.

The fourth testifier declared that now around three months ago, the aforementioned Moors arrived at the *wassers* in Pagodinjo to collect some goods, and meeting the Moor Malickoema there, grabbed her, the Moor Miran Poele saying to Jaco, Manuel and Barido that the *meijd* was a slave of his friend Miraan, and that if they were inclined to it, to give them 25 *fanums*, so they would leave the *meijd* there, that the testifier hearing such, had said is the *meijd* yours, then take her away, or else I will drive you people away with blows.

With which the testifiers ended their testimonies, attesting them to contain the pure and honest truth, indicating as the basis of this knowledge that each of their testimonies was attended in person, done and witnessed, remaining willing to affirm their testimony under oath, at all times in need or when asked to.

Thus done and testified within the city of Cochim at the ordinary Chamber of Council on 31 May 1742 in the presence of the honourables Cornelis van Meeckeren and Lourens Trogh, both members of the aforementioned Council, who have signed the original of this together with the testifiers, junior interpreter and me the secretary.

Which declares, [signed] Joan Klijn, secretary.

There appeared before the undermentioned delegated members of the Council of Justice of this city the testifiers mentioned in the above statements; which were well and clearly put to them again in the presence of the second merchant and fiscal of this district, Nicolaas Bowijn, by translation of the interpreter, in the presence of the Moor Malikoema, the heathen *wasser* Maden and the prisoners Moors Miram and Miram Polle, by translation of the interpreter, they fully persisted with its contents, with this alteration that Miram Polle had grabbed the *meijd* and had said that she was his slave, and that Miram had demanded 25 *fanums* from the testifiers for the release of the *meijd*. Additionally the testifiers solemnly confirmed the contents of their given statements further under oath, by placing their right hand, everyone separately, on the holy *Evangelium* Saint Johannis, and by pronouncing these words: I swear on the holy *Evangelium* Saint Johannis that all that I have testified contains the whole and honest truth.

Thus verified, persisted with, altered and with oath solemnly confirmed, within the city of Cochim at the ordinary Chamber of Council on 25 July 1742 in the presence of the honourables Cornelis van Meeckeren and Stephanus van Zuilen, both members of the aforementioned Council.

As delegates, [signed] C. v. Meeckeren, S. v. Zuijlen.

For the translation, [signed] B. D. Brouwer, interpreter.

Set by [signed] the *wasser* Jaco.

Dito [signed] Manuel.

Dito [signed] Barido.

Dito [signed] Manuel.

In my presence, [signed] Joan Klijn, secretary.

Articles of the imprisoned Miram Poella, Number 5.

There appeared before the undermentioned delegated members of the Council of Justice of this city the prisoners, mentioned in the articles below, which was presented to them word for word by translation of the interpreter, he answered to that as is written down for each one in the margin.

Articles drawn up and handed over to two honourable delegated members of the Council of Justice of this city and by and on the order of Nicolaas Bowijn, second merchant and fiscal here, in order to be questioned and examined the Moor Miram Poella, as well as put his answers down in the margins.

1.

Firstly to ask the prisoner's name, place of birth, age, place of residence, and whose subject he is?

Answer: Miram Polla, born in Calicoilan, and residing there, age 20 or 22 years, subject of the king of Calicoilan.

2.

Whether the prisoner knows the free woman Malikoema?

Answer: Yes.

3.

In what capacity and where the prisoner has known her?

Answer: I know her because she was a slave, of Poelikelwittil Miram Polle son of my grandmother's sister residing in Tengapatnam.

4.

Whether she is someone's slave or a free woman?

Answer: As above.

5.

Why the prisoner along with his friend Miram had, in the *negerij* of the *ververs* and *schilders*, grabbed and took her away by force?

Answer: For reasons as stated above.

6.

What authority the prisoner had to do such?

Answer: As above.

7.

Whether she had not protested at that occasion, saying that she was not a slave but free?

Answer: She has not protested, or said that she was a free woman.

8.

If not, why the chief of the *wassers*, the *wassers* Jaco, Manuel and Barido, were opposed to this?

Answer: They were not opposed to this, but the chief of the *wassers* said: if it is your slave, take her away?

9.

Or why the prisoners then said to the aforementioned *wassers* that if they were inclined to keep her that they would give 25 *fanums* to Miram after which he would let her go?

Answer: I did not say that, but the *wassers* have talked with Miram, that I should not sell the *meijd* to anyone but the chief of the *wassers*, but I answered that I would hand over the slave, along with the *wasser* who had abducted her, to the authorities.

10.

Whether the prisoner can prove that she is a slave?

Answer: I cannot show her slave *ola*, which was left in Tengapatnam with the owner Pattanawittil Miram Pole, but if it is still whole, or has been burned and lost in the recent war, I do not know.

11.

If yes, to state with what the prisoner can prove such?

Answer: As said before.

12.

How long ago it has been that the abduction of this woman had taken place?

Answer: Around four or five months.

13.

Whether this had not happened on the occasion when he with his friend Miram went to the *wassers negerij* to collect clean laundry for the Jewish merchant Ezekiel Rabbi?

Answer: Yes.

14.

Whether the prisoner had abducted the aforementioned woman from there to a *pandiaal* and hid her there for a whole night, having brought her into this city the next morning?

Answer: Yes, but [she was] not hidden.

15.

Whether the prisoner, entering the city, had not offered her up for sale to the commander's wife?

Answer: Yes.

16.

To state for how much the sale was closed.

Answer: For 250 *fanums*.

17.

Whether the aforementioned woman, hearing that the sale was closed, had not complained to the mentioned lady that she was no slave but free?

Answer: The slave had complained to the lady that I had no authority to sell her.

18.

Whether the lady having heard such, did not send the prisoner, his friend Miram and the woman Malikkoma to the fiscal to inquire into this?

Answer: Yes.

19.

If not, how is it that he is currently in prison?

Cancelled.

20.

To ask whether the prisoner has conducted such forbidden trade on other occasions?

Answer: I have never conducted the forbidden trade of slaves, but because this *meijd* is a slave of my friends, I have undertaken such.

21.

To state the occupation of the prisoner?

Answer: In my land I try to sell kettles, pots and pans, but here I have been in the service of Ezekiel Rhabbij as *coelij*.

22.

Whether the prisoner knows that no one can sell free persons?

Answer: Yes I do know that, but this *meijd* is a slave of my friends.

23.

Whether the prisoner should not admit that having done this, to deserve the death penalty?

Answer: No, because I have not committed such a crime.

Thus questioned and answered within the city of Cochim at the ordinary Chamber on 21 June 1742 in the presence of the honourables J.n J.b Korsgens and Gijsbert Jan Feith, both members of the aforementioned Council.

Cochim 21 June 1742, [signed] N.s Bowijn.

As delegates, [signed] J.n J.b Korsgers, G.t J. Feith.

For the translation, [signed] B. D. Brouwer, interpreter.

Set by [signed] Moor Miram Polle.

In my presence, [signed] Joan Klijn, secretary.

There appeared before the undermentioned delegated members of the Council of Justice of this city, the prisoner, mentioned in the aforementioned articles, which were now again presented to him word for word, in the presence of the second merchant and fiscal of this District, Nicolaas Bowijn, and by translation of the junior interpreter *articulatim*, the prisoner continued to persist with the given answers.

Additionally presented to the prisoner the following questions by the officer, he has answered to this as such, as is put down for each.

1.

How long has it been, that the prisoner has left Tengapatnam?

Answer: About four years.

2.

Whether the prisoner has never known Malikoma in Calicoilan?

Answer: Yes, I have seen and known her in Calicoilan.

3.

How long ago it is now that the prisoner has known her there?

Answer: One or two years; she was in the house with my *muijl*.

4.

Why the prisoner had not seized and sold her in Calicoilan?

Answer: Because she was in the house with my *muijl* I did not have to seize her, but from there Madden had abducted her, and I saw her in Cochim.

5.

Whether the prisoner was not obligated, when he met Malikoma in Pagodinjo, to hand her over to the authorities here, if the prisoner supposes to have any right to her while she was living within the Company's jurisdiction?

Answer: I had brought her into the city, and because she was a slave of my friends, I intended to sell her and to refund the money on occasion to him.

6.

Whether the fellow prisoner Miram is the brother-in-law of the prisoner?

Answer: Distantly, because of our ancestors.

Thus verified, persisted with, questioned and answered, within the city of Cochim, at the ordinary Chamber on 25 June 1742 in the presence of the honourables C.s. van Meeckeren and Stephanus van Zuijlen, both members of the aforementioned Council.

As delegates, [signed] C. v. Meeckeren, S. v. Zuijlen.

For the translation, [signed] B. D. Brouwer, interpreter.

Set by [signed] Moor Miram Polle.

In my presence, [signed] Joan Klijn, secretary.

Articles of the second prisoner.

There appeared before the undermentioned delegated members of the Council of Justice of this city the questioned, mentioned in the articles below, which was presented word for word to him, by translation of the interpreter Balthasaar den Brouwer, he answered to that as such, as is written down in the margins.

Articles drawn up and handed over to two honourable delegated members of the Council of Justice of this city by and because of Nicolaas Bowijn, second merchant and fiscal here, to be questioned and examined the Moor Miram as well as put down his anwers in the margins.

1.

Firstly to ask the prisoner's name, place of birth, age, place of residence and whose subject he is?

Answer: Miram, born in Coilangs Paroe, age around 20 years, residing in Poelikare north of Paroe, subject of the king Signattij.

2.

Whether the prisoner knows the free woman Malickoema?

Answer: Yes I know her, after she was seized.

3.

In what capacity and where the prisoner has known her?

Answer: My friend Miram Polle has shown her to me, and I have seen her several times in Pagodinjo.

4. Whether she is someone's slave or a free woman?

Answer: That I do not know, but as my friend has told me, she is his slave.

5.

Why the prisoner had, in the *negerij* of the *wassers*, grabbed and taken her away by force?

Answer: Because Miram Polle said Malickoema was his slave, I went along on his request.

6.

What authority the prisoner had to do such?

Answer: As above.

7.

Whether she had not protested on that occasion, saying that she was not a slave but free?

Answer: No, not to me and I do not know if she had done such to my friend.

8.

If not, why the chief of the *wassers*, named Manuel, [and] the *wassers* Jaco, Manuel and Barido were opposed to this?

Answer: They were not opposed to this, but had asked my friend, if it was his slave? And he answered yes, and that she was bought from his friends: I said is it your slave, then leave her to those people, I shall make sure you will get money for it, but Miram Polle did not want to do such.

9.

Or why his friend Miram Poella then said to the aforementioned *wassers* that in case they were inclined to keep the woman that they then would give 25 *fanums* to the prisoner after which he would let it go?

Answer: My friend did not say that, but I, however my friend did not want to sell the *meijd* to the *wassers*.

10.

Whether the prisoner can prove that she is a slave of his?

Answer: No, I cannot prove such, but as my friend said, I do not know better than that she is his slave.

11.

If yes, to state with what the prisoner can prove such?

Answer: Cancelled.

12.

How long ago it has been now, that the abduction of this woman had taken place?

Answer: Around four months by estimation.

13.

Whether such did not happen on the occasion that he went with his friend Miram Poella to the *wassers negerij* to collect clean laundry for the Jewish merchant Ezekiel Rabbij?

Answer: Yes.

14.

Whether the prisoner had transported the aforementioned woman from there to a *pandiaal* and hid her there for a whole night, having brought her into this city the next morning?

Answer: My friend took the *meijd* with him, and let her stay in a *pandiaal*, but wanting to bring the *meijd* to the city the next day, he requested me to accompany him, which I have done, not knowing better than that it was his slave.

15.

Whether the prisoner entering the city had not offered her up for sale to the commander's wife?

Answer: No, but my friend Miram Polle had done such.

16.

To state for how much the sale was closed?

Answer: I am not sure of that, I have not listened to that.

17.

Whether the aforementioned woman, hearing that the sale was closed, had not complained to the mentioned lady that she was no slave but free?

Answer: I have not heard this; I was not there.

18.

If the lady, having heard such, did not send the prisoner, his friend Miram Poella and the mentioned woman to the fiscal to investigate this?

Answer: The lascorins have taken me, my friend and the *meijd* to the lord fiscal.

19.

If not, how is it that he is currently in prison?

Answer: As above.

20.

To ask if the prisoner has conducted such forbidden trade on other occasions?

Answer: No, I do not know anything about that.

21.

To state the occupation of the prisoner?

Answer: Before this in Paroe with fishing, and in Cochim, with working as *coelij* for Ezechiel.

22.

Whether the prisoner knows that no one can sell free persons?

Answer: Yes, I do know that.

23.

Whether the prisoner should not admit, that having done this, to deserve the death penalty?

Answer: I have committed no crime that deserves such heavy punishment, but on the word of my friend that it was his slave, I went along.

Cochim 21 June 1742, [signed] N.s Bowijn.

Thus questioned and answered within the city of Cochim at the ordinary Chamber on 21 June 1742 in the presence of the honourables J.n J.b Korsgens and Gijsbert Jan Feith, both members of the aforementioned Council.

As delegates, [signed] J.n J.b Korsgers, G.t J. Feith.

For the translation, [signed] B. D. Brouwer, interpreter.

Set by [signed] Miram.

In my presence, [signed] Joan Klijn, secretary.

There appeared before the undermentioned delegated members of the Council of Justice of this city, the prisoner, mentioned in the aforementioned articles, which were now again well and clearly put to him, along with the provided answers, in the presence of the second merchant and fiscal of this District, Nicolaas Bowijn, and by translation of the junior interpreter *articulatim*, the prisoner continued to persist with the contents of the given answers.

Additionally presented to the prisoner the following questions by the officer, he answered to this as such, as is put down for each.

1.

Whether the prisoner had never heard that the Moor Malikoma was a slave of Pattakawittil Miram Polla, son of the grandmother's sister of the prisoner Miram Polle?

Answer: No.

2.

Whether the prisoner Miram Palle is the brother-in-law of the prisoner?

Answer: Yes.

3.

What the prisoner Miram Polle promised to give the prisoner when Malikoma would have been sold?

Answer: Twenty to 25 *fanums*.

. . .

Proof of enslavement

CR-355-13 Raad van Justitie, Criminele procesdossiers, scan 395-410

This case concerns an investigation of Awassa, Checko and Coenje Pokre, who are accused of stealing and selling the jongen *Apocre. They are reported to the court by the head translator of the Company. The three are released, because the Council deems it proven that Apocre was the legal property of one of the accused. The case contains a translation of a local document (ola) that served as a proof of enslavement (slaafbaarheid).*

Dictum, N:o 19.

E: agtb: heeren,

Het is niet lang geleeden, maer nu eerst daags op den 14:' deser gebeurt, dat den hooft tolk Cornelis van Meeckeren, aan de hooge overigheijd deser custer rapport gedaan hebbende, dat de gev:s met naemen Awassa, Cheko, en Coenje Pokre, de eerst gem: op Porca, en d' twee andere op Cochim de Sima woonagtig, seeker jongen in name Apocre soude gestoolen, en alhier in de stad te koop gebragt hebben; den eijss:r g'ordonneert is geworden, naer de waare geschapentheijd van die saek enquete te doen, tgunt dan door den selver gedaan zijnde, bevonden heeft dat gew: hoofd tolk te haestig is geweest, omtrent het doen van gem: rapport; want gem: jongen voor twee gecommitt:de leeden uijt dese agtb: vergadering gehoort zijnde, heeft denselven rondborstig bekent, en beleeden, dat hij is van Chegos geslagt, en genaamt te zijn geweest Chaka, geboortig vijf mijlen binnen 'slands op Pannanij in zijn jonkheijd door zijn ouders aan seker moor op gem: Pananij in name Moenian Koedij verkogt zijnde, denselven twee maanden naer dato hem wijders verkogt heeft aan den eerstgem: gev: Awassa, toen tertijd mede op Pananij woonagtig; edog nu 4: jaren geleeden na de veroorsaekte brand aldaer op Porca komende, en daer ter plaetse gewoond hebbende, van daer nu 12: dagen geleeden met zijn meester Awassa alhier op Cochim aankomende 2: dagen daernae, door den selven verder is verkogt geworden aan den tweeden gev:

Cheko, en dat deser Cheko 'sdaags daar aan hem wederom te coop gepresenteerd
heeft aan een Boeginees vaandrig, vide de gerecolleerde confessie van gem:
jongen geq: n:o 20: desen annex; waeruit en uit den inhoud van een Mallabaerse
vereficatie of slaafbare ola, die den eerstgem: gev: Awassen, aan den tweeden d:o
Cheko heeft gepasseert, en in origineel en translaet onder n:o 24: hier nevens, ter
genoegen komende te blijken, dat gem: jongen Apocre niet gestoolen, nog vrij
van slavernije is, zal den eijsser aangaande de verdere omstandigheeden van die
zaek zig om cortheijts halven gedraegen aen den inhoude van de vrijwillige
gerecolleerde confessies van voors: drie gevangens geq:t n:o 21: 22: e en 23: en U:
E: agtb: met verschuldigd eerbied versoeken, de gevangene mooren hier in den
beginne vermeld staande, uijt hunne detentie kost en schadeloos te ontslaan, en
voorsz: jongen Apocre aan zijn wettigen lijfheer zijnde den tweeden gev: Cheko,
wederom te doen overgeeven ofte ten alsulken andere fine etc:.
Imploreerende op ende in alles etc:, [get.] N: Bowijn.
[in margine] Overgegeven in Rade van Justitie ter stede Cochim op den 19:
maert 1743.

Gerecoll: confessie van den slave jongen Apocre, N:o 20.
[in margine] Pro fisco.
Compareerde voor de naegen: gecommitteerde leeden uit den agtb: Raad van
Justitie deser steede den slave jonge Apocre, voor deser sijnde geweest casta Chego
met name Chacko, geboortig 5. mijlen binnen 'slands op Panani, denwelken onder
verthoning van de gev: moor Abassa, Coenje Pokre, en Cheko, die hij bekend wel
te kennen, vrijwillig geconfesseert ende beleden heeft, door vertaling in de
Mallabaarse taale hoe dat hij confessant heel kleen sijnde, door sijn ouders aan
seeker moor tot Panani, in name Moeniaan Koedij is verkogt geworden, bij wien
twee maanden verblijvende, desen Koedij hem wijders verkogt heeft aan den
moor Abassa, toen ter tijd meede op Pananij woonende, edog nu omtrend vier
jaaren geleden na de brand tot Pananij nae Porka vertrokken en aldaar gewoont
hebbende: van welken laatsten plaatse nu omtrend 6. dagen geleden, hij confessant
met voorm: sijn baas Awassa, alhier op Cochim aankomende twee dagen daarnae
door denselven verder is verkogt aan de moor Cheko; die hem wederom 'sdaags
daaraan aan een Boegineese vaandrig ten koop heeft aangepresenteerd.

Waarmeede den confessant sijn vrijwillige confessie ijndigende betuijgd
derselven inhoud de opregte en suivere waarheijt is behelsende.

Aldus gedaan, en vrijwillig geconfesseert binnen de stad Cochim, ter ordinaris
Raadcamer op den 14:e maart 1743: in presentie van de E: Warmold Stuermansz
en Stephanus van Zuijlen, beijde leeden uit den Raad voorm:, die de minute

deses nevens den confessant de taalmannen, en mij secretaris hebben
ondertekend.

'Twelk getuigd, [get.] Joan Klijn, secret:s.

Compareerde voor de naegen: gecommitt:de leeden uit den agtb: Raad van
Justitie deser steede, de gev: nu de voorenstaande confessie gem:, dewelke aan
hem nu wederom ter overstaan van den ondercoopman en fiscaal deses
commandements Nicolaas Bowijn, onder vertaling van den jongtolk, door mij
secret:s wel ende duidelijk voorgehouden sijnde, bleef bij dies inhoud ten vollen
persisteeren sonder eenige de minste veranderinge te begeeren.

Aldus gerecolleert en gepersisteert, binnen de stad Cochim ter ordinaris
Raadcamer op den 16: maart, anno 1743 : in presentie van de E: Warmold
Stuermansz en Stephanus van Zuijlen, beijde leeden uit den Raad voorm:.

Als gecommit:s, [get.] W: Stuermansz, S: v: Zuijlen.

Gesteld bij de slave jonge Apokre [get.].

Voor de vertaeling, [get.] S: Weijts, jo: tolk.

Mij present, [get.] Joan Klijn, secret:s.

Gerecoll: confessie van den gev: Awassa, N:o 21.

[in margine] Pro fisco.

Compareerde voor de naegen: gecommitt:de leeden uit den agtb: Raad van
Justitie deser steede den moor Awassa, voor desen gewoont hebbende op Panani,
maar nu omtrend 4. jaaren, nae de brand van Pananij, met de woon nae Porca
vertrocken sijnde, denwelken door vertaling in de Mallabaarse taal, vrijwillig
confesseerde ende beleed, dat nu omtrend agt jaaren geleden, van seeker moor
Coenij Moedij van Pananij, seekr slaven jongetje heeft verkogt in name Apokre,
voor 80. goude Calicoetse fanums, en dat wegens dese verkoop een ola heeft
ontvangen van Coenie Moedij, het welk in de voorm: brand sijnen twee huisen
op Pananij nevens alle de andere olas en meubilen verbrand is: dat hij confessant,
nu omtrend 6. a 7. dagen van Porca alhier aankomende, nae verloop van twee
dagen gem: slaven jonge weder verkogt heeft aan de moor Cheko, voor
vijfentwintig silvere Souratse ropias, en een koopola aan denselven heeft gegeven,
na welkers overgift van Cheko heeft ontvangen rop:s veerthien, onder belofte,
dat desen dagh de resteerende 11. d:os, meede aan den confessant soude voldaan
werden, dat om die reeden op heeden in de stad komende, en sijn geld
verwagtende, Cheko, bij den confessant aan een boetique sittende is komen
seggen, dat de jonge bij de hoofd tolk had gesegt geen slaaf te wesen, en dat
daarom gheen ola krijgen kost veelmin geld van den koper, waarop hij confessant

selfs nae de hoofdtolk gaande, wierd door denselven aan den confessant gevraagd, of de jonge niet gestolen was, en dat den confessant heeft g'antwoord: dat sulx onwaar, en hij de jonge niet gestolen maar op Pananij van de moor Coenij Moedij gekogt hat: verklarende den confessant verders, dat bij die occagie de slave jongen meede in presentie van de hoofd tolk, en Cheko bekend heeft; dat een waaragtige slaaf van den attestant is.

Waarmeede den confessant, sijn vrijwillige confessie ijndigende, betuijgd derselver inhoud de opregte en suivere waarheijt is behelsende.

Aldus gedaan en vrijwillig geconfesseert binnen de stad Cochim ter ordinaris Raad camer op den 14:e maart anno 1743 in presentie van de E: Warmold Stuermansz, en Stephanus van Zuilen beijde leeden uit den Raad voorm: die de minute deses nevens de confessant, en mij secretaris mitsgaders taalman hebben ondertekend.

't Welk getuigd, [get.] Joan Klijn, secret:s.

Compareerde voor de naegen: gecommitt:de leeden uit den agtb: Raad van Justitie deser steede, de gev:, in de voorenstaande confessie gem:, dewelke aan hem nu wederom ten overstaan van den ondercoopman ende fiscaal deses commandements Nicolaas Bowijn, door vertaling van den jo: tolk, wel ende duidelijk voorgehouden sijnde, bleef hij bij dies inhoud ten vollen persisteeren.

Aldus gerecolleert ende gepersisteert, binnen de stad Cochim ter ordinaris Raadcamer op den 16:' maart anno 1743.- presentie van de E: Warmold Stuermansz, en Stephanus van Zuilen, beijde leeden uit den Raad voorm:.

Als gecommitt:, [get.] W: Stuermansz, S: v: Zuijlen.

Gesteld bij de moor Awassa [get.].

Voor de vertaling, [get.] S:r Weijts.

Mij present, [get.] Joan Klijn, secret:s.

Gerecoll: confessie van Cheko Adjden, N:o 22.

[in margine] Pro fisco.

Compareerde voor de naegen: gecomitt:de leeden uit den agtb: Raad van Justitie deser steede den moor Cheko, inwoonder op Cochim de Sima; denwelken door vertaling in de Portugeese en Mallabaarse taal vrijwillig bekende ende beleed, hoe dat nu omtrend vier dagen geleden seeker slaven jonge in name Apokre, van de moor Awassa, op Porka woonagtig heeft gekogt voor de somma van 25. ropias silvere Souratse; dat gem: moor, hem confessant over dies coop een ola ingehandigt hebbende, hij daarentegen aan denselven heeft betaald 14. ropias, onder conditie om op heeden de resteerende 11:' ropias meede te voldoen: dat wijders met seeker Boegineese vaandrig g'accordeert hebbende, gem: jonge te verkopen, en op heeden met denselven bij de hoofd tolk gekomen sijnde, om een ola daarover te laten passeeren, gem: jonge in de beginne had gesegt, dat door een ander moor gestolen, en vervolgens aan Awassa op Pananij verkogt sij: dat den confessant sulx hoorende, nae de basaar is gegaan, Awassa roepende; die bij de hoofd tolk verschijnende, en aan de jonge vragende of hij sijn slaaf niet en was? heeft de jonge rondborstig bekend van ja. dat uit vreese had gesegd gestolen te sijn, dat den hooft tolk voorts sonder de saake nader te ondersoeken, nog ook na de koop ola die de confessant bij sig had te vragen, op staande voet aan sijn E: E: agtb: wegens dit geval heeft rapport gedaan.

Waarmeede de confessant sijn vrijwillige confessie ijndigende, betuigd derselver inhoud de suivere en opregte waarheijt is behelsende.

Aldus gedaan en geconfesseert binnen de stad Cochim ter ordinaris Raadcamer op den 14:e maart, anno 1743. in presentie van de E:s Warmold Stuermansz, en Stephanus van Zuijlen, beijde leeden uit den Raad voorm; die de minute deses nevens den confessant, taalman en mij secretaris hebben ondertekend.

't Welk getuigd, [get.] Joan Klijn, secret:s.

Compareerde voor de naegen: gecommitt:de: leeden uit den agtb: Raad van Justitie deser steede den gev: in de voorenstaande confessie gem: dewelke aan hem nu weederom, ten overstaan van den ondercoopman ende fiscaal deses commandements Nicolaas Bowijn, onder vertaling van den jongtolk, door mij secretaris wel ende duidelijk voorgelesen sijnde, bleef hij bij dies inhoud ten vollen persisteeren.

Aldus gerecollert, en gepersisteert binnen de staf Cochim, ter ordinaris Raadcamer op den 16:e maart, anno 1743, in presentie van de E:s Warmold Stuermansz, en Stephanus van Zuijlen beijde leeden uit den Raad voorm:d.

Als gecomitt:s, [get.] W: Stuermans, S: v: Zuijlen.

Voor de vertaeling, [get.] S:r Weijts, j: tolk.

Gesteld bij de moor Cheko [get.].

Mij present, [get.] Joan Klijn, secret:s.

Gerecoll: confessie van Coenje Pokre ut supra, N:o 23.

[in margine] Pro fisco.

Compareerde voor de naegem: gecommitt:de leeden uit den agtb: Raad van Justitie deser steede de moor Coenje Pokre, woonagtig op Cochim de Sima;

dewelke onder verthoning van den moor Awassa, die hij betuigd wel te kennen, door vertaling van den jo: tolk in de Mallabaarse taal vrijwillig bekende,: hoe dat van desen morgen, de voorm: moor Awassa hem confessant roepende, om met denselven in geselschap na de stad te gaan, den confessant dit versoek heeft ingewilligd, en voorts, niet en weet wat er tusschen Abassa en Cheko wegens 't verkopen van de slaaf is voorgevallen eenelijk heeft gehoort, Awassa 11:' ropias moest ontvangen van Cheko, en dat de voorm: mooren nevens de slave jonge, en confessant, tegelijk in arrest sijn gebragt, sonder dat den confessant iets misdaan heeft.

Waarmeede den confessant, sijn vrijwillige confessie ijndigende, betuijgd derselver inhoud te behelsen de opregte en suivere waarheijd.

Aldus gedaan en geconfesseerd binnen de stad Cochim ter ordinaris Raadcamer op den 14:e maart ao: 1743 in presentie van de E:s Warmold Stuermansz en Stephanus van Zuijlen, beijde leeden uit den Raad voorm:, die de minute deses, nevens den confessant jo: tolk, en mij secretaris hebben ondertekend.

't Welk getuigd, [get.] Joan Klijn, secret:.

Compareerde voor de naegen: gecomitt:de leeden uit den agtb: Raad van Justitie deser steede de gev: in de voorenstaande confessie gem:, dewelke aan hem nu wederom ten overstaan van den onderkoopman, en fiscaal deses commandements, Nicolaas Bowijn, onder vertaling in de Mallabaarse taal, door mij secretaris, wel ende duidelijk voorgehouden sijnde, bleef hij bij dies inhoud ten vollen persisteeren.

Aldus gerecolleert en gepersisteert, binnen de stad Cochim ter ordinaris Raadcamer op den 16:' maart anno 1743.- presentie van de E:s Warmold Stuermansz en Stephanus van Zuilen, beijde leeden uit den Raad voorm:.

Als gecommitt:s, [get.] W: Stuermans, S: v: Zuijlen.

Voor de vertaeling, [get.] S:r Weijts.

Gesteld bij de moor Coenje Pokre [get.].

Mij present, [get.] Joan Klijn, secret:.

Sommieren inhoud van een Mallabaars vereficatie of slaafbare ola, N:o 24.
In 't jaar coilan 918: de maand minam ofte 1743: in de maand maart is dese slaafbare ola gesz:; en Coijasen Awasen inwoonder van Porca heeft desselvs jongen gent: Aboker voor de prijs als 4: persoonen deselve waardig g'ordeelt hebben, verkogt aan Cheida Ilapa Checo inwoonder van Cochim, met magt des believende weder te konnen verkopen, en willende dooden, te konnen dooden. 't

oirconde is dese ola gepasseert in presentie van de getuigen Mamalij Coette Assen, en Cader Coetta Moessa, gesz: bij Coenje Cadia Coenje Marcaar: in't hoofd stond de handtekening van den verkoper.
Voor de translatie,
Cochim den 15: maart 1743:. [get.]
C: v: Meeckeren, j: transl:r.
[in margine] NB: de moor is van Pannanij, en hij laat zig beschrijven van Porca.

Extract crimineele rolle, N:o 25.
Extract crimineele rolle gehouden voor den agtb: Raad van Justitie op Dingsdag den 19:e maart anno 1743 's morgens ten 8. uuren.
Nicolaas Bowijn, ondercoopman, en fiscaal deses commandements req:t e: o:

contra

De mooren Awassa, Cheko, en Coenje Pokre, de 1:e tot Porca en de 2:e en 3:e op Cochim de Sima woonagtig, thans sheeren gev: en gereq:des.

Den req:t ex officio overlevert in Rade een schriftelijk dictum, en verdere g'annexeerde papieren, concludeerende tot largatie.

De gev: alle drie consenteeren in 't versoek van den req:t en bedanken haar agb:ts.

Den Raad het schriftelijk dictum van den req:t ex officio, en verdere papieren, mitsgaders het mondeling antwoord der gev:, in judicio uitgesproken, aangehoort, en verders op alles aandagtelijk gelet hebbende, waarop in desen teletten stond; na versameling der vota, tot het pronuncieeren van het diffinitief vonnis tredende, en regt doende uit name ende van wegen haar hoog mogende, de heeren Staaten Generaale, den Vrije Vereenigde Nederlanden etc etc.

Advoueert, des req:ts gedaan versoek en ontslaat oversulx de gev: drie mooren Awassa, Cheko, en Coenje Pokre, kost en schadeloos uit haar detentie, en overgeeft den slave jonge Apokre aan sijn wettigen lijfheer, sijnde de tweede gev: moor in name Cheko:.

Accordeert, [get.] Joan Klijn, secret:.

Proof of enslavement, CR-355-13 (translation)

Dictum, Number 19.

Honorouble lords,

It is not long ago, but on the 14th of this month, that the head interpreter Cornelis van Meeckeren reported to the high government of this coast that the prisoners named Awassa, Checko and Coenje Pokre, the first mentioned living on Porca, and the other two on Cochim de Sima, having stolen a certain *jongen* named Apocre, and put him up for sale here in the city, the *eijscher* was ordained to inquire to the true nature of the case, which he has done, having found that the head interpreter has been too hasty in his mentioned report, because the mentioned *jongen* has been interrogated by two delegates from this honourable committee and has confessed candidly, and avowed, that he is of the *Chego geslagt*, and named Chaka, born five miles into the land of Pannaij, was sold in his childhood by his parents to a Moor named Moenian Koedij in the mentioned Pananij, who sold him two months later to the first mentioned prisoner, Awassa, residing then also in Pananij, yet now four years ago he came to Porca after the fire, and having lived there and arriving here in Cochim from there twelve days ago with his master Awassa, two days later he was sold by him to the second prisoner Cheko, and this Cheko the day after again put him up for sale, to a *Boeginees vaandrig*; see the verified confession of the mentioned *jongen* quoted under number 20 in this *annex*; from which, and from the contents of a Malabarian verification or *slaafbare ola*, which the first mentioned prisoner Awassen passed to the second mentioned *dito* Cheko, the original and translation under number 24 here, it will be evident that the mentioned *jongen* Apocre was not stolen, nor was he free from slavery; concerning the further circumstances of the case, the *eijsser* will for the sake of brevity refer to the contents of the voluntary recollected confession of the mentioned three prisoners, cited under number 21, 22 and 23, and request you honourables with indebted deference, to acquit the imprisoned Moors who are mentioned at the beginning free from cost and return the *jongen* Apocre to his legal owner, who is the second prisoner Cheko, or to any other end *etcetera*.

Imploring on and in everything *etcetera*.

[in margin] Given in the Council of Justice in the city of Cochim on 19 March 1743.

Verified confession of the slave *jongen* Apocre, Number 20

Pro fisco.

Appeared before the undermentioned delegates of the honourable Council of Justice of this city, the slave *jongen* Apocre, previously having been of the *casta Chego*, with the name Chacko, born five miles into the land of Pannanij, who, after seeing the imprisoned Moor Bassa, Coenje Pokre and Cheko, whom he confessed to know, voluntarily confessed and admitted, by translation in the Malabarian language, how, when the confessant was very young, he was sold by his parents to a certain Moor in Panani, named Moeniaan Koedij, with whom he stayed for two months; this Koedij then sold him to the Moor Abassa, who at that time also lived in Pananij, yet now four years ago after the fire at Pananij he left for Porka and having lived there, from that place now six days ago the confessant arrived here in Cochim with his boss Awassa and two days later he was sold further by him to the Moor Cheko, who presented him for sale again the next day to a Buginese *vaandrig*.

With which the confessant ended his voluntary confession, declaring it to be the whole and honest truth.

Thus done, and voluntarily confessed in the city of Cochim, in the ordinary Chamber of Council, on 14 March 1743, in the presence of the honourable Warmold Stuermansz and Stephanus van Zuijlen, both members of the mentioned council, who have signed the original of this, besides the interpreters of the confessant and me the secretary.

Which declares, [signed] Joan Klijn, secretary.

Appeared before the undermentioned delegated members of the honorouble Council of Justice of this city, the prisoner mentioned in the above confession, which was read to him again in the presence of the second merchant and fiscal of this district, Nicolaas Bowijn, by translation of the junior interpreter, fully persisted with its content without desiring the least alteration.

Thus verified and persisted with, within the city of Cochim in the ordinary Chamber of Council on 6 March 1743, in the presence of the honourable Warmold Stuermansz and Stephanus van Zuijlen, both members from the mentioned council.

As delegates, [signed] W. Stuermansz, S. v. Zuijlen.

Set by the slave *jonge* Apokre [signed].

For the translation, [signed] sir Weijts, junior interpreter.

In my presence, [signed] Joan Klijn, secretary.

Verified confession of the imprisoned Awassa, Number 21.

[in margin] *Pro fisco.*

Appeared before the undermentioned delegated members of the honourable Council of Justice of this city, the Moor Awassa, having lived in Pananij before, but now, around four years ago, after the fire in Pananij, left for Porca with his household, who through the translation in the Malabarian language, voluntarily confessed and admitted that now around eight years ago, he bought a certain slave *jongetje* named Akopre from a certain Moor, Coenij Moedij of Pananij, for 80 golden Calicut *fanums*, and that he received an *ola* from Coenie Moedij for this sale, which was burned in the mentioned fire in his two houses in Pananij, as well as all other *olas* and furniture; that the confessant, now around six or seven days ago, coming here from Porca, after two days sold the mentioned slave *jonge* again to the Moor Cheko, for 25 silver Surat *ropias*, and gave him a *koopola*, and after which transaction he received 14 *ropias* from Cheko, under the promise that on this day the remaining 11 *ditos* would be given to the confessant; that for this reason he now came to the city, and expecting his money, Cheko, sitting with the confessant at a *boutique*, came to say that the *jongen* has told the head interpreter that he is no slave and that he therefore could not receive an *ola*, much less money, from the buyer, to which the confessant went to the head interpreter himself, where the confessant was asked by him whether the *jongen* was not stolen, and that the confessant answered that such is untrue and that he had not stolen the *jonge* but had bought him in Pananij from the Moor Coenij Moedij, the confessant further declaring that on that occasion the slave *jongen* has confessed in the presence of the head interpreter and Cheko that he is a true slave of the testifier.

With which the confessant ended his voluntary confession, declaring it to be the whole and honest truth.

Thus verified and persisted with, within the city of Cochim in the ordinary Chamber of Council on 14 March 1743, in the presence of the honourable Warmold Stuermansz and Stephanus van Zuijlen, both members from the aforementioned council, who signed the original of this, besides the confessant and me the secretary as well as *taalman*.
Which declares, [signed] Joan Klijn, secretary.

Appeared before the undermentioned delegated members of the honourable Council of Justice of this city, the prisoner, mentioned in the previous testimony, which was read to him now again in the presence of the second merchant and fiscal of this District, Nicolaas Bowijn, explained plainly by translation of the junior interpreter, fully persisted with its content.

Thus verified and persisted with, within the city of Cochim in the ordinary Chamber of Council on 16 March 1743, in the presence of the honourable

Warmold Stuermansz and Stephanus van Zuijlen, both members from the mentioned council.

As delegates, [signed] W. Stuermansz, S. v. Zuijlen.

Set by the Moor Awassa [signed].

For the translation, [signed] sir Weijts.

In my presence, [signed] Joan Klijn, secretary.

Verified confession of Cheko Adjden, Number 22.

[in margin] *Pro fisco*.

Appeared before the undermentioned delegated members of the honourable Council of Justice of this city the Moor Cheko, resident of Cochim de Sima, who by translation in the Portuguese and Malabarian language, voluntarily confessed how that now four days ago he had bought a certain slave *jonge* named Apokre of the Moor Awassa, living in Porka, for the price of 25 silver Surat *ropias*; that the mentioned Moor, having given him an *ola* for this sale, but has paid, however, 14 *ropias* to him on the condition that today he would pay the remaining 11 *ropias*; that furthermore, he agreed with a certain Buginese *vaandrig* to sell the *jongen* and that presently he came to the head interpreter with him, to pass an *ola*; the mentioned *jonge* had said at the start that he was stolen by another Moor, and was subsequently sold to Awassa in Pananij, that when the confessant had heard such, he went to the bazaar, calling for Awassa, who appeared before the chief interpreter, and asking the *jongen* if he was not his slave, the *jonge* frankly confessed yes, that he had said that he was stolen out of fear; the head interpreter, without investigating the matter any further, nor asking for the purchase *ola* which the confessant carried, immediately reported this incident to the honourable.

With which the confessant ended his voluntary confession, declaring it to be the whole and honest truth.

Thus verified and persisted with, within the city of Cochim in the ordinary Chamber of Council on 14 March 1743, in the presence of the honourable Warmold Stuermansz and Stephanus van Zuijlen, both members from the mentioned council, who signed the original of this, besides the confessant, interpreter and me the secretary.

Which declares, [signed] Joan Klijn, secretary.

Appeared before the undermentioned delegated members of the honourable Council of Justice of this city, the prisoner, mentioned in the previous testimony, which was now read to him again clearly in the presence of the second merchant and fiscal of this District, Nicolaas Bowijn, by translation of the junior interpreter, fully persisted with its content.

Thus verified and persisted with, within the city of Cochim in the ordinary Chamber of Council on 16 March 1743, in the presence of the honourable Warmold Stuermansz and Stephanus van Zuijlen, both members from the aforementioned council.

As delegates, [signed] W. Stuermans, S. v. Zuijlen.

For the translation, [signed] sir Weijts, junior interpreter.

Set by the Moor Cheko [signed].

In my presence, [signed] Joan Klijn, secretary.

Verified confession of Coenje Pokre *ut supra*, Number 23.

[in margin] *Pro fisco.*

Appeared before the undermentioned delegated members of the honourable Council of Justice of this city the Moor Coenie Pokre, living in Cochim de Sima; who, after being shown the Moor Awassa, confessed to know him, by translation of the junior interpreter in the Malabarian language, confessed voluntarily, how this morning the mentioned Moor Awassa called for the confessant in order to go with him to the city; the confessant agreed to this request, and, further, not knowing what happened between Abassa and Cheko during the sale of the slave, has heard that Awassa had to receive 11 *ropias* from Cheko and that the mentioned Moors, as well as the slave *jonge* and confessant, were arrested at the same time, without the confessant having done any wrong.

With which the confessant ended his voluntary confession, declaring it to be the whole and honest truth.

Thus done and confessed in the city of Cochim at the ordinary chamber of council on 14 March in the year 1743 in the presence of the honourable Warmold Stuermansz and Stephanus van Zuijlen, both members of the aforementioned Council, who signed the original of this, besides the confessant junior interpreter and me the secretary.

Which declares, [signed] Joan Klijn, secretary.

There appeared before the undermentioned delegated members of the honourable Council of Justice of this city the prisoner mentioned in the above confession, which was now again well and clearly put to him in the presence of the second merchant and fiscal of this district, Nicolaas Bowijn, under translation in the Malabarian language, by me the secretary, he fully persisted with its contents.

Thus verified and persisted with, within the city of Cochim at the ordinary chamber of council on 16 March in the year 1743 in the presence of the honourable Warmold Stuermansz and Stephanus van Zuijlen, both members of the mentioned council.

As delegates, [signed] W. Stuermans, S. v. Zuijlen.

For the translation, [signed] sir Weijts.

Set by the Moor Coenje Pokre [signed].

In my presence, [signed] Joan Klijn, secretary.

Summary of a Malabarian verification or *slaafbare ola*, Number 24.

In the year Coilan 918, the month Minam or 1743 in the month March, this *slaafbare ola* has been written; and Coijasen Awasen, inhabitant of Porca, has sold his *jongen* named Aboker, deemed worth the price of four persons, to Cheida Ilapa Checo, inhabitant of Cochim, with the right to resell as he pleases, and if he wants to kill him, kill him. The certificate is this *ola*, passed in the presence of the witnesses Malamij Coette Assen and Cader Coetta Moessa, written by Coenje Cadia Coenje Marcaar, in the heading stood the signature of the seller.

For the translation,

Cochim, 15 March 1743 [signed] C. v. Meeckeren, junior interpreter.

[in margin] NB: The Moor is of Pannanij, and he lets himself be described [as being] of Porca.

Extract criminal roll, Number 25.

Extract of the criminal roll, held before the Council of Justice on Tuesday, 19 March 1743, 8 o'clock in the morning.

Nicolaas Bowijn, second merchant and fiscal of this district, petitioner in his official capacity

Contra

The Moors Awassa, Cheko and Coenje Pokre, the first living in Porca, the second and third at Cochim de Sima, now the lords' prisoners and defendants.

The petitioner *ex officio* hands over a written *dictum*, and further annexed papers, concluding release.

The prisoners all three consent to the request of the petitioner and thank their honourables.

The Council has heard the written *dictum* of the petitioner *ex officio* and other papers, as well as the oral answer of the prisoners, given *in judicio*, and furthermore having paid careful attention to everything that required attention here, after collection of the votes, pronouncing the final verdict, and doing justice in the name of her high mighty, the lords States General, the Free United Netherlands *etcetera etcetera*.

Acknowledges the petitioner's done request and as such acquits the three imprisoned Moors Awassa, Cheko and Coenje Pokre, free from cost and compensation, and hands over the slave *jongen* Apokre to his lawful owner, being the second imprisoned Moor named Cheko.

Approves, [signed] Joan Klijn, secretary.

Calij's flight from bondage to conversion

CR-360-5 Raad van Justitie, Criminele procesdossiers, scan 163-191,
folio 261-304[1]

The case concerns the trial of the toepas *Company soldier Jan Dias, who is accused
by his commander, Jan Doorn, of having illegally transported the* meijd *Calij, a
Bettua caste subject of the landlord Paijencherij Naijro. Calij served in the house of
Jan Dias, but fled in fear of being sold. She was baptized and renamed Francisca.
The investigations lead to the release of Jan Dias and Calij (Francisca). The records
contain detailed testimonies by Calij and Jan, but also VOC correspondence with
the bishop Anthonij Pimentel.*

Dictum, No: 59.

E: Agtb: heeren,

Door den commandant van't fort Wilhelmus tot Chettua Jan Doorn bij een brief
van dato 17:' april jongst leeden, waarvan de copia desen annex; aan den E:E:
agtb: heer Reinicus Siersma commandeur en oppergebieder deser custen, ter
kennisse gebragt zijnde, dat den gev: indesen in name Joan Dias, zijnde een
inlands soldaat, die 70: fan:s, of 2 3/16 r:d:s 'smaends van d'E:comp: wind; volgens
seggen van Paijencherij Ittij Teijen Nairo een van zijn Bettuase meijden in name
Kalij, die bij hem gev: voor koelij loon gedient heeft, soude weggebragt, en
verkogt hebben en voorts-

dat hij gev:, om dat door hem Doorn daer over aangesprooken, en gedreijgt is
geworden met te zeggen: wel te sullen agter de waerh:t komen, soo hij
goedwilliglijk die meijd niet weder wilde beschicken, op den 16:' der gem: maand
met agterlating van zijn geweer sig van daer g'absenteert had:-

---

[1] Het register van de zaak verwijst ook naar de (ontbrekende) stukken 63 (Extract van de criminele
rolle, 2 juli 1743) en 67 (Berigt aan de hoge overigheijt deser custe).

heeft zijn EE: agtb: den gev: door eenige lascorijns hier om hen laten opsoeken, en zulx omdat bij voorsz: brieff gesegd werd, denselven herwaerts is gekomen, dog door deselve hem gev: in't uijt gaan van de poort ontmoet en op zijn versoek bij wel gem: zijn E:E: agtb: gebragt zijnde, wierd denselven vervolgens ter examinatie aan den eijss:r overgelevert.-

denwelken volgens zijn pligt enqueste van de saek doende, heeft bevonden, dat nog het voorgegevene van Ittij Teijen Naijro ten lasten van den gev:, nog het gesegde van den gev: op de 4: en 5de: vrage van de aan hem voorgehoudene articulen onder n:o 61: hier bezijden, dewaarheijd te zijn

alzoo gem: meijt Kalij, nu hernaemt Francisca, die des gev:s huijsvrouw op Cranganoor ter huijse van den soldaat Jan Laport gevonden hebbende, tot 't geven van getuigenisse der waerheijd herwaerts heeft gebragt, bij hare gerecoll: confessie is belijdende-

dat nu omtrent 8: maanden geleden van den lascorijn Xaviel verstaande, dat den landheer haar aan den commandant van Chettua Jan Doorn verkopen wilde.-

uijt des gev:s huijs, en dienst, sonder imands voorkennisse zig g'absenteert hebbende en 3: dagen bij haar moeder, in stilte verbleven zijnde, van daer over Paponettij na Poettencherra de vlugt genomen, en aldaar door den jesuitsen bisschop Anthonij Pimentel haar heeft laten dopen; omstandiger te zien bij voorsz: confessie onder no: 62: desen versellende en aangaande het verlaten van zijn bescheijden post, segt den gev: bij voorsz: articulen, dat zulx geschiet is, omdat den commandant voorsz: hem onder bedrijging van slagen, gesegt had, gem: meijt op te soeken hij gev: 2: dagen na de selve gesogt, en niet vindende uijt vrese voor de gedreijgde slagen, herwaerts is gekomen, om daer van bevrijt te raeken vide ant 16: 17: 18: 21: en 23:

en dewijl voorsz: commandant Jan Doorn bij zijn in den beginne deses gem: brief geq:' no: 60: ook is bekennende, hem gev: met eenige drang woorden te hebben gedreijgt, indien de bewuste meijt niet opbragte.

Soo oordeeld den eijsser, met onderwerping aan wijsen gevoelens, dat 't verlaten van zijn bescheijden post, en herwaerts komst van den gev: / 't gunt naar alle gedagten, en uijt des gevs: komst binnen deser steede, en't versoek aan de lascorijns gedaan om den E:E: agtb: heer commandeur temogen spreeken komt te blijken, geschiet te zijn, om zijn E:E: agtb: de saeke bekent te maeken, en maintenu te versoeken / hem niet te lasten kan gelegt werden, maar wel meergem: commandant want indien hij Doorn eenige vermoeden had gehad, gelijk hij schijnt te hebben gehad, dat den gev: meergem: meijd in der daad soude weggebragt, en verkogt hebben: zoo is immers zijn pligt geweest hem gev: in arrest te nemen, en naer de waerheijd van de saek ondersoek te doen, om naer bevinding van deselve hem gev: te largeeren, of naer herwaerts te senden, om door de hoge overigh:t deser custe aen zijn competenten regter ter examinatie overgegeven tewerden; in steede den gev: selvs te gelasten gem: meijt te gaan opsoeken, onder bedrijging van straffe, indien deselve niet opbragte:-

en had nu den gev: E: agtb: heeren aen het aan hem opgelegde feijt schuldig geweest, off uijt vreese zijn vrouw, en kinderen verlaten hebbende, zig fugatief gesteld, wie soude daer de oorsaek van zijn geweest?

den eijsser meent den commandant Jan Doorn, die hier omtrent sig misgrepen, en oorsaek aan den gev: gegeven heeft, zijn schuldige pligt te overtreeden.-

om alle welke reeden, en motieven soo ook om dat den gev: in den tijd van 24: jaren daer ter fortresse als soldaet is bescheijden geweest, zijn dienst wessens Europiaense militairen naer behoren heeft gepresenteert, en daer benevens hij maer een inlands krijger is, die onder geen verband staat, en niet meer van d' E:comps 'smaands is winnende als 2 3/16 r:d:s.

Soo oordeelt den eijsser dat den gev: de straffe die bij den art: brief van haer hoog mog: art: 21: over den gene, die sonder verlof van zijn capitain, uijt het quartier van zijn vaandel, of guarnisoen sal gaan, is gestatueert, niet onderworpen is; derhalven is denselven met verschuldige eerbied.

Versoekende den gev: hier in den beginne deses vermeld staende, uijt zijn detentie kost, ende schadeloos te ontslaan, en voorsz: meijd Kali, nu hernoemt Francisca aan haer wettigen lijffheer, zijnde den landheer van Chettua Paijencherij Nairo tedoen overgeven, vervolgens den commandant van het fort Wilhelmus tot Chettua Jan Doorn te condemneeren in de vergoeding van des gev:s maandgelden die hij gedurende zijn detentie, niet genoten heeft, zoo mede, in de costen, en misen in dese zaek gevallen; ofte ten alsulken anderen fine als [teken].

[in margine] G'exhibeert in Rade van Justitie ter stede Cochim op den 28e: junij ao 1743.

Imploreerende op, en in alles, [get.] N: Bowijn.

Copia brief, door den commandant van 't fort bovengemeld in name Jan Doorn aan den E:E: agtb: heer commandeur en oppergebiedcr deser custen Reinicus Siersma, N:o 60.
Cochim.

Aan den E:l agtbaren heer Reinicus Siersma commandeur en oppergebieder der custe Mallabaar, Cannara, en Wingurla, E:l agtbaare Erntfeste en welgebiedende heer,

Ittij Taijen Naijro op den 12 deser met klagten; alhier gekoomen, dat een slavin van hem, kaste Bittua eenigen tijt in E Comp liemiet bij een toepas soldaat met namen Jan Dias, had voor coelij loon gedient, dog tegenwoordig absent was geraakt en volgens aan hem berigt, was verkogt, dog sonder sijn weeten; met versoek daar naar te verneemen, maar ter seijden verstaan hebbende, dat boven genoemde Bittuas mijd vanden toepas naar een ander plaats soude gebragt sijn, waar op den selven heb laten roepen in present van den vaandrig Cornelis, en gevraagt waar hij voor genoemde slavin heen hadde gebragt waar op ten andwoort gegeven dat hij deselve niet hadde weg gebragt, en ook niet wuste woo sij haar ophoudende was, waar op met eenige draun woorden gesegt wel sullen agter de waarheit koomen soo hij met goede die mijd niet wilde weeder om beschikken, waar op den selve op gisteren sijn geweer verlaaten en sig van hier g'absenteert sonder eenige deminste reeden daar toe aen den selve hebben gegeven, en men alhier niet beeter weet of hij naar Cochim is gegaan en dewijl niet twijffel of hij wel bij U: E: E: agtbaare sal tevoorschijn komen soo hebben mijn neederige pligt g'agt U E:E: agtb: in alle onderdaanighijd van die saak glijk sij voor gevallen kennisse te geven,

Waarmeede [teken] /onderstond/ U:E:E: agtbaare erntfeste en welgebiedende heer:-
U:E:E: agtbaaren alderonder danigste en gans gehoorsaamste dienaar /was getekend/ J Doorn :/in margine/ Chettua den 17 april a:o: 1743.
Accordeert, [get.].

B'antwoorde, en gerecolleerde articulen door den gev:, N:o 61.
Compareerde voor de naegen: gecommitt:de leeden uit den agtb: Raad van Justitie deser steede de te interrogeerene, in de nevenstaande articulen gem:, dewelke aan hem ten overstaan van den officier, en vertaling door den jongtolk, van woorde te woorde voorgelesen sijnde, heeft hij daarop soodanig g'antwoord, als voor ieder vrage is terneder gesteld.

Articulen opgesteld, ende overgegeven aen twee gecommitte: leden uijt den agtb: Raad van Justitie deser steede, door ende van wegen Nicolaas Bowijn ondercoopman, en fiscaal alhier, omme daar op gevraagd, ende geexamineert tewerden den toepas Joan Dias jo: als sold:t ter fortresse Wilhelmus tot Chettua bescheijden geweest, thans 'sheeren gevangen, mitsgaders desselfs tegeven responsiven in margine deses voor ijder vrage ter neder testellen.

1

Eerstelijk te vragen of den gev: den gene niet is, die in 't hoofd deses staet vermeld, mitsgads: naer sijn geboorte plaats, en ouderdom?
Antw: Ja mijn name is Joan Dias, hebbende als soldaat dienste gedaan op Chettua, van Cochim, 53. jaaren oud.

2.

Hoelang, dan wel 't zedert wat jaar denselven aldaar ter fortresse is bescheijden geweest; en hoeveel 'smaands is winnende?
Antw: 24. jaar lang, gewinnende 70. fanums.

3

Of den gev: een slavin van Ittij Taijen Naijro, sijnde van Betuuas casta, in sijn dienst niet heeft gehad; en hoe zij genaamd is?
Ja, maar deselve is nu omtrend 3: maanden uit mijn dienst gelopen. genaamt Kalij casta Betua.

4.

Hoeveel hij 'smaands aen haar voor haar dienst plagte tegeven, en hoelang sij hem gedient heeft, dan wel tot wanneer?
Antw: vier cochimse fanums, sij is bij mijn omtrend 8. jaaren geweest, en nu omtrend 3. maanden, heb ik sij uit het huis gejaagd, om dat niet en deugde.

5.

Waar den gev: d:o meijd heeft gebragt, of waar deselvs thans tevinden is?
Antw: sij is van mijn gejaagd werdende 4. a 5. dage bij een tamboer Michiel gen:t verbleeven, na welken tijd deselve met twee toepasse soldaten, in name Paulo Mandeiro, en Pasquaal Tiseira, en nog een lascorijn mij bij name onbekend is weggelopen, nevens nog een Chegottij, en de dogder van den sergeant Overkerk.

6.

Soo hij mogt voorgeven nergens te hebben gebragt, maer dat sij selfs van hem is afgegaen, als dan te vragen, om wat reeden sij sulx heeft gedaan; en waar, of bij wien sij naer dato is gaan werken?
Antw: vervalt.

7.

Hoelang den gev: haar daar heeft gesien; en waar sij van daer is gegaen?

Antw: vervalt

8.

Of voorm: Ittij Taijen Naijro hem gev: naer gem: meijd niet gevraagt, en wat antwoord hij daer op gegeven heeft?

Antw: neen, Ittij Taijen Nairo heeft niet gevraagt, maar wel de commandant, en ik heb g'antwoord; dat niet met al daarvan wist.

9.

Of den commandant ter fortresse voorm:, hem daar nae ook niet heeft gevraagd?

Antw: ja.

10.

Wat antwoord denselven daar op heeft gegeven?

Antw: dat niet met al daarvan wist.

11.

Of den gev: siende dat hem over gem: meijd wierd aengesproken, aan den gene, bij wien zij van hem is gaan werken, niet heeft gevraagd, waar zij is belant?

Antw: neen.

12.

Soo ja, wat antwoord van deselve heeft bekomen?

Antw: vervalt.

13.

Of den commandant voorm: hem gev: op den 12:' der verleden maand april, bij sig geroepen hebbende, niet heeft gevraagd, waar hij gem: meijd had gebragt?

Antw: ja.

14.

Of den gev: daer op niet heeft g'antwoord, niet tehebben weggebragt, veel min teweeten waer sij haer was onthoudende?

Antw: ja.

15.

Of d:o commandant tot repliq niet heeft toegevoegd wel te sullen agter de waarheijt komen, soo hij goedwilliglijk die meijd niet wilde wederom beschicken?

Antw: ja.

16.

Wat, of hoedanigen moeijte den gev: heeft geadhibeert om te weeten waar gemelte meijt haar thans onthoud?

Antw: twee dagen heb ik nae de meijd gesogt, en daarnae ben ik Cochim waarts gegaan, om dat mij den commandant met slagen dreijgde bij aldien de meijd niet beschikte.

17.

Of den gev: niet moet bekennen, dat hij daer toe gantsch geen werk gemaekt, maar daer en tegen op den 16en: der voormelte maand april sijn geweer verlaeten hebbende sig van sijn beschijden post g'absenteert heeft?

Antw: ik heb van Chettua af tot Cochim na haar gesogt, en uit vreese voor slagen, ben ik op Cochim gebleeven.

18.

Met wat gedagten, of voorneemen sulcx is geschiet?

Antw: uit vreese voor slagen.

19

Of den gev: nog wel staende houd, van gem: meijt niet te hebben weggebragt; veel min teweeten waar zij haar thans is outhoudende?

Antw: ik heb de meijd niet weg gebragt, en opden 28: desen is een coelij genaamt Xaviel, Christ Pandij, komen waarschouwen, dat de meijd op Poedencherij sij.

20.

Of den gev: daer en tegen niet moet bekennen d:o meijt tehebben verkogt?

Antw: neen.

21.

Soo neen, wat reden dan denselven gehad heeft van sijn bescheijden post sig te absenteren?

Antw: ik heb de meijd moeten opsoeken, onder bedrijginge van slagen, en deselve niet vindende, ben ik op Cochim gebleeven.

22.

Of den gev: niet verpligt is meergem: meijt aan den eijgenaer van deselve weder te restitueeren, of aan te thonen waer zij haar thans is onthoudende?

Antw: ik heb de meijd niet weg gebragt ofte vervoert, en daarom kan ik deselve ook niet weder geven.

23.

Of hij daar benevens ook niet en weet, dat die gene, die sijn gewer verlaat, en van sijn bescheijden post sig absenteert, de daar toe staande straffe meriteert?

Antw: dat weet ik wel, maar ik ben maar na Cochim gekomen, omme vrij van straffe ofte slagen te wesen.

Aldus gevraagt ende beantwoord binnen de stad Cochim ter ordinaris raadcamer, op den 28:' maij anno 1743. in presentie van de Eds: den lieutenant Dl: Bos, en Stephanus van Zuilen beijde leeden uit den Raad voorm: als gecommitts:.

Cochim den 28:' meij 1743.

[get.] N: Bowijn, Dl: Bos, S: v: Zuijlen.

Voor de vertaling, [get.], Sr: Weijts.

Gesteld bij Joan Dias, [get.].

Mij present, [get.] Joan Klijn, secret.

Compareerde voor de naegen: gecommitt:de leeden uit den agtb: Raad van Justitie deser steede de gev: en g'interrogeerde in de voorenstaande articulen gem: dewelke aan hem nu wederom benevens de verleende responsiven ten overstaan van den ondercoopman, en fiscaal deses commandements, N. Bowijn, RO. door mij secretaris van woorde tewoorde articulatien, door vertaling van den jo: tolk voorgehouden sijnde, bleef hij bij derselven inhoud ten vollen persisteeren, sonder eenige veranderinge te begeeren.

Aldus gerecolleert, gepersisteert, binnen de stad Cochim ter ordinaris raadcamer op den 22ᵉ junij anno 1743 in presentie van de Eds: Dl: Bos, en Stephanus van Zuilen beijde leeden uit den raad voorm.

Als gecommitt:s, [get.] Dl: Bos, S: v: Zuijlen.

Voor de vertaling, [get.] H: v: Linde.

Gesteld bij Joan Dias [get.].

Mij present, [get.] Joan Klijn.

Extract crimineele rolle, N:o 62.

[in margine] Pro fisco.

Compareerde voor de naegen: gecommitteerde leeden uit den agtb: Raad van Justitie deser steede de lijfijgen meijd Cali, casta Bettua, nu hernaamt Francisca, oud 14. a 15. jaaren, onderdaan en toebehorende aan den landheer van Chettua Paijencherij Nairo, dewelke onder vertaling van den jo: tolk confesseerde ende vrijwillig verklaarde, dat sij confessant van jong op gedient heeft bij den toepas Joan Dias tot Chettua, en nu omtrend 8. maanden geleden verstaande, dat men haar wilde verkopen, uit voorm: huis en dienst sonder iemands voorkennisse sig heeft g'absenteert, en drie dagen bij haar moeder meede tot Chettua woonende in stilte is verbleeven; in welke tijd ontwaarende dat den commandant der gem: fortres, den lieutenant Jan Doorn, op haar had uitgesonden, om haar optevatten, en vervolgens van haar lijfheer den Paijencherij Nairo te kopen, sij genoodsaakt wierd de vlugt nae Pattencherij te nemen, gaande over Paponettij, om haar aldaar te laten dopen; gelijk den jesuitsen bisschop Anthonio Pimentel haar gedoopt heeft: dat sij confessante vervolgens nae Cranganoor gaande, dienst heeft genomen, bij den soldaat Jan La Port, bij wien sij tot op gisteren gecontinueert, en gisteren met de vrouw van Jan Dias, en een lascorijn, alhier binnen de stad is aangekomen, om kennisse der waarheijd hiervan te geven.

Eijndigende hiermeede de confessante haare confessie betuigd derselver inhoud de opregte en suivere waarheijt is behelsende.

Aldus gedaan en geconfesseert, binnen de stad Cochim, ter ordinaris raadcamer op den 22:' junij 1743. in presentie van de Es: Dl: Bos, en Stephs: van Zuilen beijde leeden uit den raad voorm:, die de minute deses nevens de confessante, jo:tolk, en mij secretaris hebben ondertekend.

't Welk getuigd, [get.] Joan Klijn, secret:.

Compareerde voor de naegen: gecommitt:de uit den agtb: Raad van Justitie deser steede, de confessante hiervoren in de confessie gem:, dewelke aan haar nu wederom ten overstaan van den ondercoopman, en fiscaal deses commandements, Nicolaas Bowijn, in presentie van den gev: toepas Jan Dias, door vertaling van den jo: tolk van woorde tewoorde voorgehouden sijnde bleef sij bij derselven inhoud ten vollen persisteeren.

Nog door voorm: officier aan de confessante voorgehouden werdende de naevolgende vragen, heeft sij daarop soodanig g'antwoord als voor ieder is ter neder gesteld.

1.

Of den gevr: door den toepas Jan Dias uit sijn huis en dienst niet is weggejaagt geworden, voor dat sij gehoord heeft dat men haer wilde vercopen;
Antw: ja, hij heeft gesegt, ik wil jou niet langer in huis houden ghij kond maar heenen gaan.

2

Of sij nae dato bij den tamboer Michiel eenige dagen niet is verbleeven;
Antw: neen.

3

Of zij uit gem tamboers huis sig niet heeft g'absenteerd,
Antw: neen uit mijn moeders huis.

4

Wie haar ter kennisse gebragt heeft dat men haar wilde vercopen, en wie haar vercopen, ofte copen wilde;
Antw: den lascorijn Xaviel heeft aan mij gesegd, dat de landheer mij aan den commandant van Chettua Jan Doorn vercopen wilde.

5

Of haar moeder op Chettua in iemands huijs is dienende.
Antw: neen, sij woont bij een Betuwa.

Eijsch en conclusie van den eijss:r, soomeede het mondeling antwoord door den gev: in judicio uitgesproken, heeft goed gevonden de stukken ter resumtie rondte senden.
Accordeert, [get.] Joan Klijn, secret:.

Extract crimineele rolle, N:o 64.
Extract crimineele rolle, gehouden voor den agtb: Raad van Justitie deser steede op Dingsdag den 16:en Julij anno 1743,
'smorgens ten 8. uuren.
Alle present.

Wijders in den Raade van Justitie op heeden over de proces stukken van den ondercoopman en fiscaal deses commandements Ns: Bowijn eijss:r ex officio contra den gev: toepassen soldaat Jan Dias, jo: ter fortresse Chettua bescheijden geweest sijnde/: in cas van het preesumtief verkopen en wegbrengen van een andermans slaven meijd, en het weggaan van voorm: fortresse, Cochimwaarts/, gebesoigneerd ende med' attentie gedelibereert wesende, wierde na 't versamelen der stemmen gevonnist als volgt.

Den raad met aandagt etc: doende regt uit name ende van wegen haar hoogmogende de heeren staaten Generale der vrije vereenigde Nederlanden onse wettige, en souveraine overigheijt advoueert des eijsss: eijsch en versoek tot largatie van den gev: toepasse soldaat Jan Dias gedaan, en ontslaat oversulx denselven kost en schadeloos uit sijn detentie; en condemneerd den luitenant commandant van het fort Wilhelmus van Chettua, Jan Doorn, in de vergoeding van des gev: Jan Dias, maand gelden die hij geduurende sijn detentie niet heeft genoten: soomeede in de costen ende misen van Justitie.

Maar aangaande de slaven meijd Kali, als een lijfjge van de landheer tot Chettua Paijencherij Nairo, en nu volgens haar voorgeven op Poettenchera gedoopt, en christen geworden sijnde; heeft den Raad voorts goedgevonden, des officiers denselven te gelasten, sig naauwkeurig te informeeren, of de gem: slave meijd Kali, waarlijk door de Jesuitse bisschop tot voorsz: Poettenchera Anthonij Pimentel haar heeft laten dopen, omme vervolgens nader over deselve gedisponeert te konnen werden.

Accordeert, [get.] Joan Klijn, secret:s.

Declaratie van den officier benevens g'annexeerde origineel en translaat brief van de aarts bisschop tot Poettenchera, aan den oppertolk van Meekeren gesonden, N:o 65.
Aan den E: Heer Corijn Stevens opperkoopman en secunde van Mallabaar, mitsgaders president nevens de leden van den agtb: Raad van Justitie deser steede.

E: Agtbare Heeren!
Hier nevens heeft den ondergetekende fiscaal Nicolaas Bowijn d'eer in dese agtb: vergaderinge te produceeren in voldoeninge van het decreet in voorm: Rade den 16: deser genomen en hem officier bij extracte daervan kennisse gegeven, sekere portugeese briev en dies translaat in het nederduijts geschreeven, waarbij U:E: agtb: zal komen teconsteren dat de slave meijt kali van den landheer van Chettua Paijencherij Nairo door den Jesuitsen bisschop Anthonij Pimentel op Poetenchera gedoopt is met de naam van Francisca, dus dat den ondergetekende onder hope van te hebben voldaen aan den Inhoude van voorsz: decreet hem de eer zal geven van te blijven.
Cochim den 23: julij 1743.

E: agtb: heeren,
UE: agtb: gehoorsamen dienaar, [get.] N:s Bowijn.

Heer van Meeckeren,
Ontvangen UE: brieff, opsigt van dewelke quam mij in memorie of geheugenisse
onse oude vriendschap, en schoon UE: deselve vergeten heeft, sal ik tot er dood
niet naar laten daar aan te gedenken
   de meijt daar uE: mentie van maekt in zijn brief, is deselve en alle tekens
accordeeren, want zij is van Chettua gekomen, alwaer zij een soldaat had gedient,
en is gedoopt hier in de kerk van Cheragattij, en in het doopen heeft men haar
de naam gegeven van Francisca, en van hier vertrok zij na Cranganoor, over zulx
kan uE: versekert wesen, dat zij gedoopt is, en als soodanig versoeke uE: haar te
favoriseeren, protegeeren en te patrocineeren, en hier iets van uE: behagen
zijnde, blijve ik geheel zeker. god bew: uE: lange Jaren etc:a Poettenchera den 18:'
Julij 1743: /onderstond/ van UE: getrouwen vrund /was get:/ A: bisschop van het
gebergte.
Voor de translatie Cochim den 19: Julij 1743, [get.] C: v: Meeckeren, g: translateur.

S: van Meckeren,
Recebo asua carta, avista da qual venovers asmemorias da nossa amizade antiga,
da qual ainda q: VM setem esqueçido, eu athé a morte naõ dexares de ser
lembrado.
Amosa, de qm: VM faz menção na sua carta ke a mesma, e concordao todos os
sinaas, porq ella veijo de Chetua, aonde servia a hum soldado, e foy baptizada
nessa Igreja de Chergate, eno baptijmo the puzeraõ onome de Francisca, e da qui
foy p:a Cranganor, eassim esteja VM certo q ella ke baptizada, e como atal lhe pelo
favoreça; proteja, e patrocine. E p:a oq fordo seu serviço, e agrado fico m. certo.
Deos G:de a VM por m. [sign] annos etc:a. Putencherra 18 de Julho de 1743.
[signed] D: VM, Leal amigo,
A. Arcebispo De Serra.

Extract crimineele Rolle gehouden voor den agtb: raad van Justitie deser
steede Cochim op Dingsdag den 16: julij anno 1743,
'smorgens ten agt uuren.
Alle present.

Maar aangaande de slavenmeijd Kali, als een lijfjige van den Landheer tot
Chettua Paijencherij Nairo, en nu volgens haar voorgeven op Poettenchera

gedoopt en christen geworden sijnde; heeft den raad voorts goedgevonden, des officiers versoek als nog te surcheeren, en aan denselven te gelasten, sig naauwkeurig te informeeren, of de gem: slave meijd, waarlijk door de jesuitse bisschop tot voors: Poettenchera Anthonij Pimentel, haar heeft laten dopen; omme vervolgens nader over deselve gedisponeert te komen werden.
Accordeert, [get.] Joan Klijn, secret:s.

Extract crimineele rolle, N:o 66.
Extract Justitieele Rolle gehouden voor den agtb: raad van justitie deser steede, op Dingsdag den 23 Julij Anno 1743,
smorgens ten 8 uuren.
Alle present.

Vervolgens door den officier Nicolaas Bowijn in opvolging van het justitieele Raadsbesluit, van 16en: deser, op heden in judicio overgelevert werdende, desselvs gedane Enqueste, wegens de slave meijd, Kali, onderdaan van den landheer tot Chettua Paijencherij Nairo, met g'annexeerde orgineele, en translaet brief, door den aartsbisschop van Poettenchera aan den hooft tolk Cornelis van Meeckeren in dato 18 deser gesz:, waer bij volkomen komt te blijken, dat de gew: meijt Kali in de catholijke kerke aldaar is gedoopt, en christ geworden, so heeft den raad na genomene lectura over dese saake met aandagt delibeereerende, en egter geen ordres in cas subject gemenuieert sijnde die van diergelijke gevlugde en gedoopte slaven spreeken, consonant goet gevonden sig door een Eerbiedig berigt te addresseeren, aande hoge overigheid deser custe, en derselver advijs in desesaek pligtschuldig te versoeken.
Accordeert, [get.] Joan Klijn, secret:s.

Extract resolutie genomen in Rade van Mallabaar, N:o 68.
Extract uijt de Notulen van het gebesoigneerde en geresolveerde in Rade van malabaar op Woensdag den 31: Julij 1743.

Bij een schriftelijk berigt door den Raad van Justitie deser steede overgelevert / waar van lectura genomen is/ gebleken zijnde haar agtb: versoek om ons advijs aangaande seker gedoopt slave meijd Kalij onderdaan van Paijencherij naijro, die den fiscaal Nicolaas Bowijn na gedaan ondersoek bevonden hebbende waarlijk gedoopt tezijn door den aarts bisschop van het gebergte in de kerk van Cheragattij tot Poettenchera, oordeelt aan haar wettigen lijfheer den Paijencherij Naijro temoeten overgeven, en dat voorm: raad met geene ordres gemunieerd is die van dergelijken casu eenigh gewag maken, als eenelijk seker extract in dato 21 augs: anno passo: hier ter steede g'Emaneert, waar bij schriftelijk aan de Catholijke geestelijken is verboden onderdanen ofte slaven van de Malabaarse Land vorsten en andere tedopen sonder Expres consent van dehoge overigheijt deser custe, so wierd in consideratie genomen dat niet alleen gen: slave meijd door den doop onder het Ressort van de Ecomp: vervallen is, maar ook thans overgegeven werdende aan voors: paijencherij, den selven somtijds uijt wraak en haat tegens 't Christendom haar op allerhande wijse sal soeken te mishandelen, waar over de malabaren of andere heijdenen niet of nooit eenig gezag of gebied hebben gevoerd, en volgens contracten met devorsten, en Landheeren hier tercuste gemaekt, ook geinterdiceert zij, derhalven is na Rijpe overweging goedgevonden en verstaan gen: slave meijd niet aan voorn: Paijencherij Nairo overtegeven, maar haar kost te laten soeken, En dewijl het doopen door voors: aartsbisschop door ons niet kan belet werden, gelijk aan de Roomse priesters die onder onse gehoorsaamheijd sorteeren, also denselven buijten Comps: magt zijnde zig weijnig aan haar Eds: verbod dienaangaande, kreunt, so is alverder verstaan haar Edelhedens de hoge Indiase Regering hetselve in Eerbied voortedragen, en derselver veel g'Eerde ordres versoeken hoedanig men omtrent gem: opperpriester, bij diergelijk ongeoorloofde dopen sullen dienen te handelen. Accordeert, [get.] D: Krouse, klerq.

Confirmatie sententie.
Reinicus Siersma commandeur en oppergebieder der custe Mallabaar Canara en Wingurla.

Aandagtelijk gelesen en geresumeert hebbende het schriftelijke Dictum door den onderkoopman en fiscaal deses commandements Nicolaas Bowijn Ex off: Eijsser op den 2 deser in Rade van Justitie deExhibeert, Contra den Toepasse soldaat Jan Dias jo: op Chettua dienst gedaan hebbende, thans 'sheeren gevangen over presumtief verkopen, en wegbrengen van een andermans slave meijd, en het verlaten van sijn post, waar over bij diffinitief vonnis door voorm: Raad op Gisteren gevelt, des Eijssers Eijsch, en versoek tot largatie vanden gev: kost en schadeloos uit sijn detentie, is geadvoueert, enden Lieutenant Commandant van voorm: fortresse Jan Doorn Gecondemneert in de vergoeding van des gevangens maand Gelden, die hij Geduurende Zijn detentie niet heeft genoten, mitsgaders de kosten en misen van Justitie; Maar daarentegen gesurcheert het versoek van den Eijsser aangaande deslave meid Cali als een Lijfeigen aanden landheer tot Chettua Paijencherij Nairo, en nu volgens haar voorgeven op Poettenchera gedoopt en christen geworden sijnde, met last aan voorm: officier sig naauwkeurig te Informeeren, of degem: slave meid Cali, waarlijk door de Jesuitse bisschop tot voorsch: Poettenchera Anthonij Pimentel, haar heeft laten dopen, omme vervolgens nader over deselve te disponeeren,

So is 't, dat wij na Rijpe deliberatie, en na overwogen tehebben, al't gene ter sake is dienende, ons met voorsch: sententie en gewijsde hebben geconfirmeert, gelijk wij deselve confirmeeren en approbeeren bij desen, met Last, en ordre aanvoorm: Raad van Justitie om voors: Largatie op heden tedoen Effect sorteeren. Actum In de stad Cochim den 17: Julij Ao: 1736:, [get.] R: Siersma.

Ter ordonnantie van den Ee:agtb: heer Commandeur in desengem:, [get.].

Calij's flight from bondage to conversion, CR-360-5 (translation)[2]

Dictum, Number 59.

Honourable lords,

By the commander of the fort Wilhelmus in Chettua, Jan Doorn, with a letter dated last 17 April, of which the copy [is in] this annex, was brought to the notice of the honourable Reinicus Siersma, chief commander of this coast, that the prisoner in this is named Joan Dias, being an indigenous soldier, who earns 70 *fanums*, or 2 $^{3}/_{16}$ rixdollars a month from the honourable Company; according to the *Paijencherij* Ittij Teijen Nairo would have brought away, and sold one of his *Bettuase meijden*, in name Kalij, who served with him the prisoner for *koelij* wages, and further

that the prisoner, because he was approached about that by Doorn, and was threatened by saying [he] will surely find out the truth, if he would not willingly return that *meijd*, on the 16th of the mentioned month [he] absconded from there while leaving his rifle:

For this reason, his honourable sent some lascorins to find him, and such because [it] was said in the aforementioned letter, [that] he had come hither, however on leaving the gate being encountered by him the prisoner and on his request having been brought to the mentioned honourable, was he thereafter handed over to the *eijsser* for examination.

---

[2] The register of the case also refers to the (missing) documents 63 (Extract of the criminal roll, 2 July 1743) and 67 (Message to the high government of this coast).

Who thereafter investigating the case according to his duty, found that neither the case presented by Ittij Teijen against the prisoner, nor the statement of the prisoner in the 4th and 5th question of the articles presented to him under number 61 here beside, to be the truth.

The thus mentioned *meijt* Kalij, now renamed Francisca, who was found at Cranganoor in the house of the soldier Jan Laport by the prisoner's housewife, brought hither to give testimony of the truth, in her verified confession is professing:

that now about eight months ago when she understood from the lascorin Xaviel that the landlord wanted to sell her to the commander of Chettua Jan Doorn –

she absconded from the prisoner's house and service without anyone's foreknowledge and staying with her mother for three days, in silence, took flight from there over Paponettij to Poettenchera, and let the Jesuit Bishop Anthonij Pimentel baptize her there – presented in more detail in the aforementioned confession under number 62 accompanying this – and concerning the leaving of his appointed post, the prisoner says in the aforementioned articles that such occurred, because the aforementioned commander told him, under the threat of blows, to search for the mentioned *meijt*; the prisoner searched for her for two days, and not finding [her], out of fear for the threatened blows, came hither to be freed from that; see answers 16, 17, 18, 21, and 23.

And because the aforementioned commander Jan Doorn at the beginning of this mentioned letter, quoted number 60, also confesses [to] have threatened the prisoner with some pressure if he did not bring the said *meijt*.

Thus the *eijsser* deems, subject to due consideration, that the abandonment of his assigned post and coming hither of the prisoner (which according to all thoughts, and from the prisoner's arrival in this city, and the request he made to the lascorins to be allowed to speak to the honourable commander, seems to indicate that he wanted to report the case to the honourable, and request *maintenu*) could not be charged to him, but to the mentioned commander, because if Doorn had had any suspicion, as he seemed to have had, that the prisoner would indeed have taken away the mentioned *meijd* and sold [her], thus it was his obligation after all to arrest the prisoner and investigate the truth of the case, to release the prisoner according to his findings or send [him] hither, to be handed over by the high government of this coast to a competent judge for examination, instead of ordering the prisoner to search for the mentioned *meijt*, under threat of punishment, in case [he] did not fetch her.

And had the prisoner been guilty of the charge levelled against him [by] the honourable lords, or fled leaving his wife and children out of fear, who would have been the cause of that?

The *eijsser* believes the commander Jan Doorn, who fell short in this matter and caused the prisoner to be derelict in carrying out his duty –

for all of these reasons and motives, as well as for the fact that the prisoner during the time of 24 years [that he] has been assigned there at the fort as a soldier properly carried out his service with European soldiers, and besides he is only an indigenous warrior who is under no contract and earns from the honourable Company no more than $2\,{}^3/_{16}$ *rix* monthly.

Thus the *eijsser* deems that the prisoner is not subject to the punishment that is statutorily established by the *artikelbrief* of their honourables [under] article 21 about those who would leave without permission of his captain, from the quarters of his banner, or garrison; therefore is the same deference due.

Requesting the prisoner mentioned here in the heading of this to be acquitted from his detention free from cost and compensation, and to have the mentioned *meijd* Kalij, now renamed Francisca, handed over to her lawful owner, being the landlord of Chettua *Paijencherij* Naijro, thereafter to condemn the commander of the fort Wilhelmus at Chettua, Jan Doorn, with the compensation of the prisoner's *maandgeld* which he did not receive during his detention, as well as the costs and expenditure incurred in this case; or for all such other ends as *etcetera*.

[in margin] Submitted in Council of Justice in the city of Cochim on 28 June in the year 1743.

Requesting in and all *etcetera*, [signed] N. Bowijn.

Copy of letter by the commander of the above-mentioned fort, named Jan Doorn, to the honourable lord chief commander of this coast, Reinicus Siersman, Number 60.
Cochim.

To the honourable lord Reinicus Siersma, chief commander of the coast of Malabar, Cannara and Wingurla, honourable noble and well ruling lord,
Ittij Laijen Naijro came here with complaints on the 12th of this month that a slave woman of his, caste *Bittua* [who], served for some time in the honourable Company's territory with a *Toepas* soldier named Jan Dias for *coelij* wages, however had recently been absent and as reported to him, was sold, however, without his knowledge; with the request to find out about this matter, but

having understood besides that the above-mentioned *Bittuas mijd* would have been brought from the *Toepas* to another place, upon which the same had the *vaandrig* Cornelis called in, and asked where he had taken the above-mentioned slave woman, upon which [he] answered that he had not taken her away and also did not know where she was, upon which was said with some harsh words to surely find out the truth if he did not want to return that *mijd* with good[will], upon which he abandoned his rifle and absconded from here yesterday without providing him [Jan Doorn] with the least reason for this action, and one does not know any better than that he went to Cochim and because [I] do not doubt that he will appear before your honourable thus regarded it my humble duty to inform your honourable in all subservience of that case.

Wherewith the [undersigned] your honourable noble and well-ruling lord – Your honourable's most subservient and obedient servant [was signed] J Doorn [in margin] Chettua, 17 April in the year 1743.
Approves, [signed].

Answered, and verified articles by the prisoner, Number 61.
There appeared before the undermentioned delegated members of the honourable Council of Justice of this city the [person] to be interrogated, mentioned in the adjacent articles, which were read to him word for word in the presence of the officer, and translation by the junior interpreter, he answered to this as is written down for every question.

Articles drawn up and handed over to two delegated members from the honourable Council of Justice of this city by and on account of Nicolaas Bowijn, second merchant and fiscal here, to be asked and examined therewith the *Toepas* Joan Dias, the assigned soldier at the fort Wilhelmus at Chettua, currently the lord's prisoner, with his responses written down in [the] margin of this.

1.
Firstly to ask whether the prisoner is not the one who is mentioned in the beginning of this, as well as his birthplace, and age?
Answer: Yes, my name is Joan Dias, having served as soldier at Chettua, from Cochim, 53 years old.

2.

How long, or since what year he was assigned there at the fort; and how much he earns a month?
Answer: For 24 years, earning 70 *fanums*.

3

Whether the prisoner had in his service a slave woman of Ittij Taijen Naijro, being from the *Betuwas* caste; and how she is named?
Answer: Yes, but she walked away from my service around three months ago. Named Kalij caste *Betua*.

4.

How much he used to give her for her service per month, and how long she served him, or until when?
Answer: Four Cochim *fanums*, she was with me for around eight years, and now for around three months, I drove her away from the house, because [she] was no good.

5.

Where the prisoner brought *dito meijd*, or where she can currently be found?
Answer: Being driven away from me she stayed with a *tamboer* named Michiel for four or five days, after which time she walked away with two *Toepasse* soldiers, named Paulo Mandeiro and Pasquaal Tiseira, and another lascorin unknown to me by name, besides another *Chegottij* and the daughter of the sergeant Overkerk.

6.

Should he claim not to have brought [her] anywhere, but that she left him herself, to ask then, for what reason she did such; and where, or for whom, she went to work afterwards?
Answer: Cancelled.

7.

How long the prisoner saw her there; and where she went from there?
Answer: Cancelled.

8.

Whether the aforementioned Ittij Taijen Naijro did not ask the prisoner for the mentioned *meijd*, and what answer he gave to that?

Answer: No, Ittij Taijen Nairo did not ask but the commander did, and I answered that I did not know about that matter at all.

9.
Whether the aforementioned commander of the fort did not ask him about it either?
Answer: Yes.

10.
What answer he gave to that?
Answer: That I did not know about that at all.

11.
Whether the prisoner seeing that he was approached about the mentioned *meijd* did not ask the person, for whom she went to work for after him and where she ended up ?
Answer: No.

12.
If yes, what answer he received?
Answer: Cancelled.

13.
Whether the aforementioned commander calling for the prisoner on the 12th of the previous month, April, did not ask where he had taken the mentioned *meijd*?
Answer: Yes.

14.
Whether the prisoner did not answer, not to have taken away, nor to know where she was staying?
Answer: Yes.

15.
Whether *dito* commander added in reply [that] he will surely find out about the truth, if he did not want to return that *meijd* with goodwill?
Answer: Yes.

16.

What, or what sort of effort the prisoner employed to know where the mentioned *meijt* is currently staying?

Answer: I searched for the *meijd* for two days, and afterwards I went to Cochim, because the commander threatened me with blows if I did not return the *meijd*.

17.

Whether the prisoner should not admit that he did not put any effort in this matter, but on the contrary absconded from his assigned post leaving his rifle on the 16th of the previous month, April?

Answer: I searched for her from Chettua until Cochim, and out of fear for blows, I stayed at Cochim.

18.

With what thought, or intention such happened?

Answer: Out of fear of receiving beatings.

19.

Whether the prisoner still maintains not to have taken away the mentioned *meijt*, nor to know where she can currently be found?

Answer: I did not bring away the *meijd*, and on the 28th of this month a *coelij* named Xaviel, Christian *pandij*, came to warn, that the *meijd* is on Poedencherij.

20.

Whether the prisoner should not admit on the other hand to have sold *dito meijt*?

Answer: No.

21.

If no, what reason he had then to abscond from his assigned post?

Answer: I had to search for the *meijd*, under the threat of blows, and not finding her, stayed at Cochim.

22.

Whether the prisoner is not obligated to return the mentioned *meijt* back to her owner again, or to demonstrate where she is currently to be found?

Answer: I did not take away or transport the *meijd*, and therefore I cannot give her back.

23.

Whether he also does not know besides that, that the one who abandons his rifle and absconds from his assigned post deserves the punishment put in place for that offence?

Answer: I know that, but I just came to Cochim to be safe from the punishment or blows.

Thus asked and answered in the city of Cochim at the ordinary chamber of council, on 28 May in the year 1743, in the presence of the honourables the lieutenant Dl. Bos and Stephanus van Zuilen, both members of the aforementioned Council as delegates.

Cochim 28 May 1743.

[signed] N. Bowijn, Dl. Bos, S. v. Zuijlen.

For the translation, [signed] sir Weijts.

Set by Joan Dias [signed].

In my presence, [signed] Joan Klijn, secretary.

There appeared before the undermentioned delegated members of the honourable Council of Justice of this city the prisoner and interrogated mentioned in the previous articles who was with the given answers now again presented to him word for word by me the secretary by translation of the junior interpreter in the presence of the second merchant and fiscal of this district, N. Bowijn, ordinary council, he persisted fully with its contents, without desiring any alteration.

Thus verified and persisted with in the city of Cochim at the ordinary chamber of council on 22 June in the year 1743 in the presence of the honourables Dl. Bos, and Stephanus van Zuijlen, both members of the aforementioned council.

As delegates, [signed] Dl. Bos, S. v. Zuijlen.

For the translation, [signed] H. v. Linde.

Set by Joan Dias [signed].

In my presence, [signed] Joan Klijn.

Extract criminal roll, Number 62.

[in margin] *Pro fisco.*

There appeared before the undermentioned delegated members of the honourable Council of Justice of this city the *lijfijgen meijd* Cali, caste *Bettua*, now renamed Francisca, aged 14 or 15 years, subject and belonging to the landlord of Chettua

Paijencherij Naijro, who under translation of the junior interpreter confessed and voluntarily stated that the confessant served the *Toepas* Joan Dias at Chettua since childhood, and now around eight months ago, understanding that they wanted to sell her, absconded from aforementioned house and service without anyone's foreknowledge and stayed quietly with her mother also living in Chettua for three days; during which time perceiving that the commander of the mentioned fort, the lieutenant Jan Doorn, had sent for her to apprehend her and then buy her from her *lijfheer* the *Paijencherij* Naijro, she was forced to take flight to Pattencherij, going over Paponettij, to let herself be baptized there; as the Jesuit Bishop Anthonio Pimentel baptized her; that the confessant, then going to Cranganoor, took service with the soldier Jan La Port, for whom she continued [to serve] until yesterday, and arrived here in the city yesterday with the wife of Jan Dias and a lascorin to inform about the truth of these matters.

The confessant ending herewith her confession, professing its content to be the whole and honest truth.

Thus done and sentenced, in the city of Cochim, at the ordinary chamber of council on 22 June 1743 in the presence of the honourables Dl. Bos and Stephanus van Zuilen, both members of the aforementioned council, who signed the original of this besides the confessant, junior interpreter and me the secretary.

Which declares, [signed] Joan Klijn, secretary.

There appeared before the undermentioned delegates of the honourable Council of Justice of this city the confessant mentioned in the confession above, which was now again put to her word for word by translation of the junior interpreter, in the presence of the imprisoned *Toepas* Jan Dias, she fully persisted with its contents.

Also put by the aforementioned officer to the confessant the undermentioned questions, she answered thereon as is written for each.

1.
Whether the asked was not expelled by the *Toepas* Jan Dias from his house and service before she heard that they wanted to sell her?
Answer: Yes, he said, I do not want to keep you in [my] house any longer you can go away.

2.

Whether she did not stay with the *Tamboer* Michiel for a few days after [that] date?

Answer: No.

3.

Whether she did not abscond from mentioned *Tamboer*'s house?

Answer: No, from my mother's house.

4.

Who informed her that they wanted to sell her, and who wanted to sell or buy her?

Answer: The lascorin Xaviel told me that the landlord wanted to sell me to the commander of Chettua Jan Doorn.

5.

Whether her mother is serving in someone's house on Chettua?

Answer: No, she lives with a *Betuwa*.

Eijsch en conclusie of the *eijsser*, as well as the oral answer pronounced by the prisoner *in judicio*, permitted to send around the documents for review.

Approves, [signed] Joan Klijn, secretary.

Extract criminal roll, Number 64.

Extract criminal roll, presented before the honourable Council of Justice of this city on

Tuesday, 16 July in the year 1743,

8 o'clock in the morning.

All present.

Further discussed and deliberated with attention today in the Council of Justice about the proceedings of the second merchant and fiscal of this district, Ns. Bowijn, *eijsser ex officio* contra the imprisoned *Toepas* soldier Jan Dias, last assigned at the fort Chettua (in the case of the presumed selling and taking away of someone else's slave *meijd*, and leaving the aforementioned fort for Cochim); after collecting the votes it was sentenced as follows.

The council with attention *etcetera* doing justice in the name and on behalf of the high and mighty Lords States General of the free United Netherlands, our lawful and sovereign government, acknowledges the *eijsser*'s *eijsch* and request for release of the imprisoned *toepas* soldier Jan Dias, and acquits him from his detention free from cost and compensation; and condemns the lieutenant commander of the fort Wilhelmus of Chettua, Jan Doorn, in the compensation of the prisoner Jan Dias' *maandgelden* that he did not enjoy during his detention; as well as for the costs and expenditure of justice.

But concerning the slave *meijd* Kali, a *lijfijge* of the landlord of Chettua *Paeijencherij* Nairo, and now according to her claim of having been baptized at Poettenchera and become a Christian, the Council permitted furthermore to ordain the officers themselves to accurately inquire whether the mentioned slave *meijd* Kali truly let her[self] be baptized by the Jesuit bishop of the aforementioned Poettenchera Anthonij Pimentel, to be able to take a decision about it thereafter.

Approves, [signed] Joan Klijn, secretary.

Declaration of the officer besides attached original and translated letter of the Archbishop of Poettenchera, sent to the chief interpreter, van Meekeren, Number 65.

To the honourable lord Corijn Stevens, chief merchant and *secunde* of Malabar and president besides the members of the honourable Council of Justice of this city.

Honourable lords!

Besides this, the undersigned fiscal Nicolaas Bowijn has the honour to produce for the satisfaction of the decree taken in the aforementioned Council on the 16th of this month and notified the officer with an extract of it, [a] certain Portuguese letter and its translation written in Dutch, through which your honourable will come to ascertain that the slave *meijt* Kali of the landlord of Chettua *Paijencherij* Nairo is baptized with the name Francisca by the Jesuit bishop Anthonij Pimentel in Poetenchera, so that the undersigned with hope to have met the content of the aforementioned decree will give him the honour to remain.

Cochim, 23 July 1743.

Honourable lords,

Your honourable's obedient servant, [signed] N.s Bowijn.

Lord van Meeckeren,

Received your honourable's letter, with respect to which came to me in memory or recollection of our old friendship, and if your honourable forgot [about] it, I will not forbear to make [you] remember it.

The *meijt* of which your honourable makes mention in his letter is [indeed] her and all signs accord, because she came from Chettua, where she had served a soldier, and is baptized here in the church of Cheragattij, and with the baptizing they have given her the name of Francisca, and from here she left for Cranganoor; about this your honourable could rest assured, that she is baptized and as such I request your honourable to favour, protect and safeguard her, and satisfying something of your honourable here, I rest entirely sure. [May the] Lord save your honourable for long years *etcetera* Poettenchera, 18 July 1743 [undersigned] from your honourable's loyal friend [was signed] archbishop of the mountains.

For the translation, Cochim, 19 July 1743, [signed] C. V. Meeckeren, sworn interpreter.

S. van Meckeren,

Recebo asua carta, avista da qual venovers asmemorias da nossa amizade antiga, da qual ainda q: VM setem esqueçido, eu athé a morte naõ dexares de ser lembrado.

Amosa, de qm: VM faz menção na sua carta ke a mesma, e concordao todos os sinaas, porq ella veijo de Chetua, aonde servia a hum soldado, e foy baptizada nessa Igreja de Chergate, eno baptijmo the puzeraõ onome de Francisca, e da qui foy p:a Cranganor, eassim esteja VM certo q ella ke baptizada, e como atal lhe pelo favoreça; proteja, e patrocine. E p:a oq fordo seu serviço, e agrado fico m. certo. Deos G:de a VM por m. [sign] annos etc:a. Putencherra 18 de Julho de 1743.

[signed] D. VM, Leal amigo,

A. Arcebispo De Serra.

Extract criminal roll presented before the honourable Council of Justice of this city of Cochim on Tuesday, 16 July in the year 1743,

8 o'clock in the morning.

All present.

But concerning the slave *meijd* Kali, a *lijfijge* of the landlord of Chettua *Paijencherij* Nairo, and now according to her own claim of having been baptized and become a Christian at Poettenchera; the Council permitted furthermore to suspend the officer's request and to ordain him, to accurately inquire whether the mentioned slave *meijd* truly let her[self] be baptized by the Jesuit bishop of the aforementioned Poettenchera Anthonij Pimentel; to be able to take a decision about it thereafter.

Approves, [signed] Joan Klijn, secretary.

Extract criminal roll, Number 66.

Extract judicial roll presented before the honourable Council of Justice of this city on Tuesday, 23 July in the year 1743, 8 o'clock in the morning.
All present.

Thereafter being handed over now by the officer Nicolaas Bowijn following the judicial decree, of 16th of this month, his examination, concerning the slave *meijd*, Kali, subject of the landlord of Chettua *Paijencherij* Nairo, with annexed original and translated letter, written by the Archbishop of Poettenchera to the chief interpreter, Cornelis van Meeckeren, dated 18th of this month, which fully reveals that the former *meijt* Kali is baptized in the Catholic church there, and become Christian, thus the Council after the conducted readings about this case deliberating with attention, and since no orders *in cas subject* being given speaking of such absconded and baptized slaves, unanimously permitted to address the high government of this coast with a respectful message and submissively request their advice in this case.

Approves, [signed] Joan Klijn, secretary.

Extract resolution taken in Council of Malabar, Number 68.

Extract from the original of the discussed and resolved in the Council of Malabar on Wednesday, 31 July 1743.

Delivered by a written message by the Council of Justice of this city (of which [a] reading was conducted) [from which] appeared their honourable request for our advice concerning a certain baptized slave *meijd* Kalij, subject of *Paijencherij* Naijro, whom the fiscal Nicolaas Bowijn found to have been truly baptized by the archbishop of the mountains in the church of Cheragattij in Poettenchera, ordains to have to hand [her] over to her lawful *lijfheer*, the *Paijencherij* Naijro, and that aforementioned Council is not given orders that make any mention of such a case, other than a certain extract dated 21 August in the previous year issued here in this city, whereby the Catholic clergy are forbidden of writing to baptize subjects or slaves of the Malabarian rulers without explicit consent of the high government of this coast, thus [it] was taken into account that the mentioned slave *meijd* by her baptism not only has come to fall under the dominion of the honourable Company, but now also being handed over to the aforementioned *Paijencherij*, who himself sometimes out of revenge and hate for Christianity shall try to torture her in all kinds of ways, over which the Malabarians or other heathens have not or never exercised any authority, and according to contracts made with the kings and landlords here on this coast, they are forbidden, thus after mature deliberation allowed and concluded to not hand over the mentioned *meijd* to the aforementioned *Paijencherij* Nairo, but to let her search for a livelihood, and while the baptism by the aforementioned archbishop cannot be prevented by us, as to the Roman priests who fall under our obedience, thus those outside of the Company's reign are little concerned about the honourable's prohibition, thus is further concluded to recite it with reverence to the honourables of the high Indian government and request their most honourable orders how they should deal with the mentioned *opperpriester* on such unauthorized baptisms.

Approves, [signed] D: Krouse, clerk.

Confirmation sentence.

Reinicus Siersma chief commander of the Malabar, Canara and Wingurla coast.

Having attentively read and reviewed the written *dictum* by the second merchant and fiscal of this district, Nicolaas Bowijn, *ex officio eijsser* exhibited on the 2nd of this month in the Council of Justice, contra the *Toepas* soldier Jan Dias, having served in Chettua, currently the lords' prisoner for [the] presumed selling and taking away of someone else's slave *meijd*, and leaving his post, about which was passed with certain judgement by the Council, approving the *eijsser's eijsch*, and request for the prisoner's release from his detention acquitted, indemnified and gratuitously, and the lieutenant commander of the aforementioned fort Jan Doorn condemned in the compensation of the prisoner's *maandgelden*, which he did not receive during his detention, as well as the costs and expenditure of justice; but on the other hand suspended the request of the *eijsser* regarding the slave *meid* Cali as a *lijfeigen* of the landlord of Chettua *Paijencherij* Nairo, and now according to her claim of having been baptized at Poettencher and become a Christian, with instruction to the aforementioned officer to accurately inquire whether the mentioned slave *meid* Cali truly let her[self] be baptized by the Jesuit bishop of the aforementioned Poettenchera, Anthonij Pimentel, to be able to take a decision about it thereafter.

Thus, after mature deliberation and after having considered all that concerns the case, we confirm [the] aforementioned sentence and verdict, [and] equally confirm and approve herewith, with instruction, and order the aforementioned Council of Justice to effectuate the aforementioned release immediately.

Done in the city of Cochim, 17 July in the year 1736, [signed] R. Siersma.

By order of the honourable lord commander mentioned in this, [signed].

8

Slave or free?

CR-360-8 Raad van Justitie, Criminele procesdossiers,
scan 329-346, folio 532-555

The case concerns an investigation of the local Chego Adij Canda, who is accused of illegal slave trading when Coenje Beme, the woman he tries to sell, argues that she is not a slave. The case provides details on the layers of control and administration in place with regard to the slave trade, and contains several letters by local regents.

Dictum tot largatie van den gev: Chego Adij Canda.

E: agtb: Heeren,

Het is geweest den 23:en jongst leeden maand maij dat den gev: in desen een meijd op S:a de Saude bij den Mocqua Cotjoe Pedro te koop gebragt heeft, wiens soon van gem: meijd horende dat sij geen slavin was, heeft denselven van sijn pligt g'agt gew: meijd steede waards te brengen, en hier van onderdaniglijk kennisse te geven aan den E: E: agtb: heer commandeur, en oppergebieder deser custen waar op den gev: ter g'eerde ordre van sijn E: E: agtb: afgehaald, en aan den eijsser overgegeven zijnde, heeft denselven bij examinatie bevonden dat den gev: is een Chego genaamd Adij Canda inwoonder op S:t Andries en onderdaan van den coning van Cochim en dat voors: meijt is een heijdens timmermans vrouw in name coenje Angelij geboortig op Coenattoe in Martancoer onderdaan van den koning van Trevancoor dewelke in voegen bij haar klagt depositie onder N:o 88 hier ter hande staat ten nede[r] gesteld op Cartigapallij bij den moor Alij Moedin die zij Mangij Mapule noemt geraakt zijnde door denselven in geselschap van eenen christen Cotchoe Anthonij meede op gem: Cartigapallij woonagtig op S:t Andries gebragt, en aan den gev: inpresentie van de Mocqua Pandialekel Bastiaan, en Parambil Pedro verkogt is geworden, gelijk sulx wijdlopiger, en ten genoegen kan gesien worden bij de translaat koop, en andere olas mitsgaders gerecolleerde confessie en klagt depositie, onder een appart register desen annex waar aan den eijss:r kortsheijdshalven sig is gedragende aangesien daar uit ten vollen komt te consteeren dat den eijss:r geen reden heeft eenige actie op den gev: te formeeren, soo is denselven met verschuldigd eerbied U: E: agtb:.

Versoekende den gev: in desen vermelt uit sijn detentie kost, en schadeloos te ontslaan, en voorts aan sijn wettigen heer den coning van Cochim, mitsgaders voorsz: meijt Coenje Angelij aan den regent van Cartigapallij toe te senden ofte ten alsulke andere sine als etc:a.

Impl: op en in alles etc:a, [get.] N:s Bowijn.

[in margine] Overgegeven in Rade van Justitie ter steede Cochim den 12:en julij a:o 1743.

Translaat ola, N:o 82.

Translaat ola door den regent van Cartigapallij aan Van Meeckeren gesch: ontf: den 5:' junij 1743.

U: E: ola hebben wij gelesen, gesien, en den inhout verstaan, wij hebben Mangui Mapula voor ons doen komen, en hem ter examinatie gesteld, en hij heeft verklaart geen kennisse te hebben van den verkoop van het timmermans wijf, maar wel zijne dienaren, en die hebben wij laten halen, en in hegtenisse gesteld, om naar verdienste gestraft te worden, ondertussen hebben wij volk gesonden, om de vrienden van de timmermans vrouw te roepen, en so haast zij komen, sullen wij haar met een ola naar gunter schicken, onder verwagting U: E: dat vrouwe mensch voor kennisse van zijn E: E: agtb: ten eersten naer herwaarts sal senden. Met get: /onderstond/ voor de translatie Cochim dato ut supra /was getekend/ C:s v: Meeckeren g:transl:a.

Accordeert, [get.] J: D: Krouse, clerq.

Translaat ola, N:o 83.

Translaat ola door Padiawittil Panical van S:t Andries aan den hoofttolk Van Meeckeren gesch: ontv: den 14 junij 1743.

Aan een Chego in name Canda onderdaan van den paljetter hebben wij een thuijn gegeven, en daarin laten wonen; een moor van Cartigapallij heeft hier een meijd gebragt en aan hem verkogt Bella Poenattij Antij en Pandiakel Bastiaan sijn present geweest toen de koop ola gesch: is, die meijd in de stad gebragt sijnde, om verkogt te worden, heeft sulx geen effect gesorteert, omdat sij klaagde dat sij gestoolen was, ondertussen heeft men een Chego in de tronk gesloten, U: E: believ[e] den E: E: agtb: heer commandeur daar kennisse van tegeven, hem en de meid naar herwaarts te senden, get: bij Padiawittil Pannicaal /onderstond/ voor de translatie Cochim dato utsupra was get: C: v: Meeckeren g: transl:.

Accordeert, [get.] J: D: Krouse, clerq.

Translaat ola, N:o 84.

Translaat ola door den paljetter aan den hoofdtolk Cornelis van Meeckeren gesch: ontv: den 20 junij 1743.

Onse onderdaan den Chego Canden inwoonder op S:t Andries heeft met voorkennisse van de marambins een slave meid gekogt, hij de meijd na de stad brengende om weder te verkopen, is hij, ende meijd gearresteerd, niet wetende, wat daar de reden van sij, U: E: believe de meid bij sig t[e] houden, tot onse komste op Cochim, wanne[er] wij nader met malkander daarover sullen sp[re] ken, en ondertussen den Chego Canden met bre[...] deses herwaarts tesenden, heeft hij daarin qualijk gedaan sullen wij hem na examinatie van zaken straffen, U: E: believe van het voorsch: rapport aan sijn E: E: agtb: te geven, en den Chego herwaarts te senden getekend bij den paljetter onderstond voor de translatie Cochim dato als boven /was get:/ C:s v: Meeckeren g: transl:.

Accordeert, [get.] J: D: Krouse, cle[rq].

Translaat ola, N:o 85.

Extract uit een translaat ola door Pawotil Christna Menon, en Nagersa Malen aan den hooft tolk Van Meeckeren gesch: ontv: den 9:' julij 1743.

Een Chego onderdaan van den paljetter inwoonder op Coenje Taij gelegen op S:t Andries, en gen:t Canden, heeft een slave meijd naar de stad gevoert om te verkopen, en om datse toebehoort 'trijk De Martha, en van 't timmermans geslagt was, heeft men so de meid, als de verkoper in de stad aangehouden: enqueste van sake doende, so heeft men ons voor de waarheid onderrigt, dat Oettijmacherij Pandialakel Simon, en Welepenaddoe Antij die meid gestolen, en aan den Chego van den paljetter om te verkopen overgegeven hebben, dit sijn de getuigenisse van de vrienden van [...].

Sommieren inhout van een Mallabaers slaafbare ola, N:o 86.

In 't jaar Coilan 918: in de maand Eddawam M:S: ofte a:o 1743: in de maand meij is dese slaefbare ola gesz: en gepasseert, en den moor Alimoedin inwoonder van Cartigapallij heeft bij verkoop getransporteert, gecedeert, en in vollen eijgendom opgedragen, aan en ten behoeve van den Chego Adicanden inwoonder van Paritienpallij, desselfs leijffeijgen meijd genaamt Coenje Penoe, en zulx voorde prijs als 4: personen waerdig g'oordeelt tehebben; 'toorconde is dese ola gepasseert in presentie van de christenen Pandialakel Bastiaan, en Parambil Pedro, en gesz: bij Welapenaddoe Antij, in het hoofd stonden drie streepjes, willende betkenen de handtijkening van den verkoper.

Voor de translatie Cochim den 11:'julij 1743, [get.] C: v: Meeckeren, g: transl:r.

Gerecolleerde confessie van den gev: Chego, N:o 87.

[in margine] Pro fisco.

Compareerde voor de naegen: gecommitt:de leeden uit den agtb: Raad van Justitie deser steede den heijdens Chego Coetchoe Candoe onderdaan van den koning van Cochim, woonagtig op S:t Andries; dewelke door vertaling der tolken, vrijwillig geconfesseerd ende beleeden heeft; hoe dat nu omtrend 26:' dagen, de moor Miedij, en christen Cotchoe Anthonij, bijde op Cartigapallij woonagtig, aan hem confessant verkogt hebben, een slaven meijd gen:t Coenje Beme, voor 350. Cochimse fanums, sijnde bij het passeeren der slaven ola present geweest de christen Mocquaas Pandiel Alekel Bastiaan, en Parambil Pedro, meede op S:t Andries woonagtig; dat hij confessant de gem:, meiijd na verloop van 8. dagen, ofte nu omtrend 18. a 19. dagen geleden, nae S:t Louis brengende om te verkopen, d:o meijd had geseijd, geen slavin sij; om welke reeden den confessant deselve na S:a de Saudi aan het huis van Cotcho Pedro, brengende, desselfs soon hoorende, sij geen lijfijge, maa[r] vrije vrouw was, heeft gesegd; hiervan kennis in de stad moest geven: en den confessant sulx verstaande, meede na S:t Andries is vertrokken, om aan sijn landheer, ofte de marambin van Carraporam notitie hier van te doen, van waar 's anderen dags afgehaald, en alhier is aangebragt geworden.

Eijndigende hiermeede den confessant, sijn vrijwillige confessie, betuigd denselver inhoud is behelsende de opregte ende suivere waarheijt.

Aldus gedaan en geconfesseert binnen de stad, ter ordinaris Raadcamer op de 10:e julij anno 1743. in presentie van de E: Johannes van Dooreslaar, ende Jan Jansen Lemmet, beijde leeden uit den Raad voorm: die de minute deses nevens den confessant, tolquen, en mij secretaris hebben ondertekend.

'T welk getuigd, [get.] Joan Klijn, sekret:.

Compareerde voor de naegen: gecommitt:de leeden uit den agtb: Raad van Justitie deser steede de gev: in de voorenstaande confessie gem:, dewelke aan hem nu wederom ten overstaan van den ondercoopman en fiscaal deses commandements N:o Bowijn door vertaling van de tolken, van woorde tewoorde wel ende duidelijk voorgehouden sijnde, bleef hij bij derselver inhoud ten vollen persisteeren.

Wijders door den officier aan den gev: gevraagd werdende de navolgende vragen, heeft hij daarop soodanig g'antwoord, als voor ieder is ter nedergesteld.

1.

Of sijn regter naam niet is Adij Canda, en woonagtig op Paritienpallij tot S:t Andries.

Antw: Ja.

2.

Waar, of op wat plaatse, den gev:, de gem: meijd gekogt heeft?

Antw: Op S:t Andries.

3

En dewijl bij sijn coop ola gesegd werd, dat de moor Miedin, den verkoper is van voorsz: meijd, word gevraagd, waarom hij Cotjoe Anthonij, bij voorm: sijn confessie heeft genoemt?

Antw: Cotjoe Anthonij was in geselschap met de verkoper moor.

4

Wiens onderdaan hij eijgenlijk is van den paljetter, dan wel van den koning van Cochim?

Antw: Ik woon in een thuin van de paljetter, en ben een onderdaan van den koning van Cochim.

Aldus gerecolleert gepersisteert nader gevraegd ende b'antwoord, binnen de stad Cochim ter ordinaris Raadcamer op den 11:e julij anno 1743. in presentie van de E: Johannes van Dooreslaar, en Jan Jansen Lemmet, beijde leeden uit den Raad voorm:.

Als gecommitt:, [get.] Joh: van Dooreslaer, J: J: Lemmet.

Voor de vertaling uit Portugees, [get.] P: Weijts, J: Vaz.

Gesteld bij [get.] Cotchoe Candoe.

Mij present, [get.] Joan Klijn, sekret:.

Klagt depositie van den heijdens timmermans vrouw inname Coenje Angelij, N:o 88.

[in margine] Pro fisco.

Compareerde voor de naegen: gecommitt:de leeden uit den agtb: Raad van Justitie deser steede, de heijdens timmermans vrouw Coenje Angelij, geboortig op Coenattoe in Martancoer, dewelke onder verthoning van de heijdens Chego, Cotchoe Candoe, door vertaling van de Mallabaarse tolken klagender wijse tekennen gaf, hoe dat de deposante in de j:o verweeke maand februarij, uit haar moeders huis van Lenje, met haar soon Nilanda, oud ses jaaren, haar op reijs heeft begeven naar Porca, om haar jongste suster Cali genoemd, die sij in drie jaaren niet had gesien de visite te geven, en op Cartigapallij aankomende in het huis van een der vrunden van haar susters man is ingegaan; dat de heer van dat huis de kinderpokjes krijgende sij van daar is vertrokken na Porca, en onderwegs de moor Mangij Mapule ontmoetende, in desselfs thuin 2. maanden is verbleeven; dat na verloop van dien tijd door gem: moor Mangij, aan een heijdens Chego van Carraporam, sijnde de ijgenste die aan haar tans vertoont werd :/verkogt werdende, in een caldera bos, het koopola is gepasseert geworden, en men haar na haar name vragende; sij deposante heeft g'antwoorde, dat Coenje Beme hietede; dat vervolgens gem: Chego haar nae S:t Louis gebragt heeft om wijder te verkopen, ter welker plaatse de deposante tekennen gaf, dat geen slavin sij, en voorts door het hoofd der Mocquaas, dit heen is gesonden geworden.

Waarmeede de deposante haare verleende klagt depositie ijndigende, betuigd derselver inhoud de opregte en suivere waarheijd is behelsende.

Aldus gedaan en gedeposeert, binnen de stad Cochim, ter ordinaris Raadcamer op den 10:en Julij anno 1743. in presentie van de E:s Johannes van Dooreslaar, en Jan Jansen Lemmet, beijde leeden uit den Raad voorm:, die de minute deses, nevens de deposante, tolken, en mij secretaris hebben ondertekend. 'T welk getuigd, [get.] Joan Klijn, secret:.

Compareerde voor de naegen: gecommitt:d Leeden uit den agtb: Raad van Justitie deser steede, de deposante in de voorenstaande klagt depositie gem:, dewelke aan haar nu wederom ten overstaan van den ondercoopman en fiscaal deses commandements N:s Bowijn, door vertaling van de tolken, door mij secretaris, van woorde te woorde wel ende duidelijk voorgehouden sijnde in presentie van de gev: Cotchoe Candoe, bleef sij bij derselver inhoud ten vollen persisteeren.

Wijders aan de deposant gevraagd sijnde de navolgende vragen, heeft sij daarop g'antwoord als voor ieder vrage is ternedergesteld.

1.
Of des moors regte naam niet is Mielijn, dan wel of hij een broeder van die naam heeft?
Antw: Ik weet niet beter hij heet Mangij Mapule.

2.
Waar haar soon is gebleven?
Antw: In het huis van Mangij Mapule.

3
Wiens onderdaan zij is?
Antw: Van den koning van Trevancoor.

4

Waar of op wat plaatse sij is verkogt?

Antw: Op St: Andries.

Aldus gerecolleert gepersisteert, nader gevraagd ende b'antwoord, binnen de stad Cochim, ter ordinaris Raadcamer op den 14:en julij anno 1743. in presentie van de E:s Johannes van Dooreslaar en Jan Jansen Lemmet beijde Leeden uit den Raad voorm:.

Als gecommitt:s, [get.] Joh: van Dooreslaar, J: J: Lemmet.

Voor de vertaling uit Portugees, [get.] P: Weijts, J:k Vaz.

Gesteld bij [get.] Coenje Angelij.

Mij present, [get.] Joan Klijn, sekret:.

Extract crimineele rolle, N:o 89.

Extract crimineele rolle gehouden voor den agtb: Raad van Justitie deser steede op vrijdag den 12 julij 1743, 's morgens ten 8 uuren.

Alle present.

Den ondercoopman en fiscaal deses commandements Nicolaes Bowijn eijss:r ex: off:

contra:

Den heijdens Chego Adij Candij onderdaan van den coning van Cochim, en

Den timmermans vrije vrouw Coenje Angelij, onderdaen van den coning van Trevancoor

ged:

Den eersten over 't presumtief vercopen van de 2:de, schriftelijk dictum; ende 2:de eijsch en conclusie tot de largatie aantehoren.

Den eijss:r ex: off: overleverende sijn schriftelijk dictum, en [g]'annexeerde papieren ten [l]asten van den gev: ingewonnen, [c]oncludeert als infine,

[D]en eerste gev: voor mondeling antw: zegt; zig te gedragen aan [d]en uitspraak van den regter.

[D]en 2:de ged:s consenteerd in het [v]ersoek van den eijss:r,

Persistunt

Den Raad het in gediende dictum des eijss:r aangehoord; op den ged:s mondeling antwoord gelet, en alle wel overwogen hebbende, wat in deser ter materie was dienende, na collectie der stemmen regt doen uit name ende van wegen haar hoogmogende, de heeren Staten Generaal der Vrije Vereenigde Nederlanden etc:a advoueerend des eijss:r ex: off: eijsch en conclusie; ontslaat den gev: heijdens Chego Adij Canda cost en schadeloos uit sijn detentie, denselven voorts aan sijnen wettigen heer den coning van Cochim, mitsgaders voorsz: meijt en vrije vrouw Coenje Angelij, aan den regent van Cartigapallij met believen van sijn E: E: agtb: over gevende.

Accordeert, [get.] Joan Klijn, secret:.

Confirmatie sententie.

Reinicus Siersma commandeur en oppergebieder der custe Malabaar Canara en Wingurla.

Aandagtelijk gelesen en geresumeert hebbende het schriftelijk dictum door den onder koopman en fiscaal deses commandements Nicolaas Bowijn ex off: eijsser, op gisteren in Rade van Justitie g'exhibeert, contra den heijdense Chego Adij Canda onderdaan van den koning van Cochim, thans sheeren gevangen over het presumtief verkopen van den timmermans vrije vrouw Coenje Angelij onderdaan van den koning van Trevancoor, waar over bij diffinitief vonnis door voorm: Raad ten selve dags gevelt, des eijssers versoek geadvoueert is tot largatie van den gevangen Chego Adij Canda kost en schadeloos uijt zijn detentie, voorts om den selven aan sijnen wettigen heer den koning van Cochim en voorsz: vrouw Coenje Angelij aan den Regent Cartigapellij overgegeven te worden, met believen van de hoge overigheijd deser custe.

So is 't dat wij na rijpe deliberatie, en na overwogen te hebben al 't gene ter sake is dienende, ons met voorsz: sententie en gewijsde hebben geconformeert, gelijk wij deselve confirmeeren, en approberen bij desen, met last en ordre aan voorm: Raad van Justitie om voorsz: largatie op heden te doen effect sorteeren.

Actum in de stad Cochim den 13:e julij anno 1743, [get.] R: Siersma.

[in margine] Ter ordonnantie van den E: E: agtb: heer commandeur in desen gem:, [get.] S: S: Franchimnd, secr:.

Slave or free? CR-360-8 (translation)

Dictum for the release of the imprisoned Chego Adij Canda.

Honourable Lords,

It was [on] the 23rd of the previous month, May, that the prisoner mentioned here offered a *meijd* for sale to the *Mocqua* Cotjoe Pedro in Senhora de Saude, whose son, hearing from the mentioned *meijd* that she was no slave, had deemed it his duty to bring the mentioned *meijd* to the city and subserviently notify the Honourable lord chief commander of these coasts of this, to which the prisoner on the honourable order of his Honourable was brought in and having been surrendered to the *eijsscher*, it has found by examination that the prisoner is a *Chego* named Adij Canda, resident of Saint Andries and subject of the king of Cochim and that the aforementioned *meijd* is a heathen *timmermans* woman named Coenje Angelij born on Coenattoe in Martancoer, subject of the king of Trevancoor, who according to her added complaint deposition under number 88, presented here below, that she ended up in Cartigapallij with the Moor Alij Moedin, whom she calls Mangij Mapule, having been brought to Saint Andries by the same in the company of a Christian, Cotchoe Anthonij, also residing in the mentioned Cartigapallij, and had been sold to the prisoner in the presence of the *Mocqua* Pandialekel Bastiaan and Parambil Pedro, which can be extensively and satisfactorily seen in the translated purchase and other *olas* together with the verified confession and complaint deposition, under a separate register in this annex to which for brevity's sake the *eijsscher* refers since from this it can be fully inferred that the *eijsscher* has no reason to undertake any action against the prisoner, as such is the same with owed reverence to you Honourable.

Requesting the prisoner mentioned in this to be released from his detention, free from cost and compensation, and further to send him to his rightful lord the king of Cochim, as well as send the aforementioned *meijd* Coenje Angelij to the regent of Cartigapallij, if the such other *sine* as *etcetera*.

Imploring in and on all *etcetera*, [signed] N.s Bowijn.

[in margin] Handed over to the Council of Justice in the city of Cochim, 12 July 1743.

Translated *ola*, Number 82.

Translated *ola* by the regent of Cartigapallij to Van Meeckeren written, received the 5th June 1743.

We have read your Honourable's *ola*, seen and understood its content, [and] we have summoned Mangui Mapula before us and put him to examination, and he has declared to have no knowledge of the sale of the *timmermans* woman, but his servants did, and we have had them fetched and taken them into custody to be

punished accordingly; meanwhile we have sent people to call the friends of the *timmermans* woman, and as soon as they arrive, we shall send her thither with an *ola*, in the expectation that you Honourable will firstly send that woman in the knowledge of his Honourable here. Witnessed (below) for the translation, Cochim dated *ut supra* [was signed] C.s v. Meeckeren, sworn interpreter.
Approves, [signed] J. D. Krouse, clerk.

Translated *ola*, Number 83.
Translated *ola* by Padiawittil Panical of Saint Andries to the chief interpreter, Van Meeckeren, written, received 14 June 1743.

To a *Chego* named Canda, subject of the *paljetter*, we have given a garden and let him live therein; a Moor from Cartigapallij has brought a *meijd* here and sold [that person] to him; Bella Poenattij Antij and Pandiakel Bastiaan were present when the purchase *ola* was written, that *meijd* having been brought to the city to be sold; this resulted to nothing, because she complained that she had been stolen; in the meantime they have locked a *Chego* in the *tronk*, requesting your Honourable to please inform the Honourable lord commander of this, to send him and the *meijd* here, signed by Padiawittil Pannicaal [below] for the translation, Cochim, dated *ut supra*, was signed C. v. Meeckeren, sworn interpreter.
Approves, [signed] J. D. Krouse, clerk.

Translated *ola*, Number 84.
Translated *ola* by the *paljetter* to the head-interpreter, Cornelis van Meeckeren, written, received 20 June 1743.

Our subject the *Chego* Canden, resident of Saint Andries, has with foreknowledge of the *marambins* bought a slave *meijd*; when he was bringing the *meijd* to the city to resell her, he and the *meijd* were arrested, not knowing what the reason for this was, requesting your Honourable to please keep the *meijd* with you, until our arrival in Cochim, when we shall speak further about this with each other, and meanwhile to send the *Chego* Canden with [. . .] of this here; if he has acted wrongfully therein we shall punish him after examination of the case; requesting your Honourable to please give the aforementioned rapport to his Honourable and to send the *Chego* hither, signed by the *paljetter* below, for the translation, Cochim, dated as above [was signed] C.s v. Meeckeren, sworn interpreter.
Approves, [signed] J. D. Krouse], clerk.

Translated *ola*, Number 85.
Extract from a translated *ola* by Pawotil Christna Menon and Nagersa Malen to the chief interpreter, Van Meeckeren, written, received 9 July 1743.

A *Chego* subject of the *paljetter*, resident in Coenje Taij, located in Saint Andries and named Canden, has transported a slave *meijd* to the city to sell, and because she belongs to the Martha kingdom and was of the *timmermans geslagt*, they had arrested both the *meijd* as well as the seller in the city; [and] investigating the case, so have they taught us the truth, that Oettijmacherij Pandialakel Simon and Welepenaddoe Antij had stolen that *meijd* and had handed her over to the *Chego* of the *paljetter* to sell, these are testimonies of the friends of [. . .].

Summarized contents of a Malabarian *slaafbare ola*, Number 86.
In the year Coilan 918, in the month *Eddawam* M.S. or *anno* 1743 in the month May this slaveability *ola* is written and passed, and the Moor Alimoedin, resident of Cartigapallij, has by sale transported, ceded and transferred into full ownership, to and for the *Chego* Adicanden, resident of Paritienpallij, his *leijffeijgen meijd* named Coenje Penoe, and having judged such for the price of four persons in value, the certificate is this *ola* recorded in the presence of the Christians Pandialakel Bastiaan and Parambil Pedro, and written by Welapenaddoe Antij (in the heading were placed three lines, representing the signature of the seller). For the translation, Cochim, 11 July 1743, [signed] C. v. Meeckeren, sworn interpreter

Verified confession of the imprisoned Chego, Number 87.
[in margin] *Pro fisco.*
There appeared before the undermentioned delegates of the Council of Justice of this city the heathen *Chego* Coetchoe Candoe, subject of the king of Cochim, residing in Saint Andries, who, by translation of the interpreters, has voluntarily confessed and admitted how that now roughly 26 days ago, the Moor Miedij and Christian Cotchoe Anthoni, both residing in Cartigapallij, sold a slave *meijd* named Coenje Beme to him [the] confessant for 350 Cochim *fanums*, being present at the recording of the slave *ola* the Christian *Mocquaas* Pandiel Alekel Bastiaan and Parambil Pedro, also residing in Saint Andries; that when the confessant was bringing the mentioned *meijd* to Saint Louis to sell after the passing of eight days, or now roughly 18 to 19 days ago, *dito meijd* had said that she was not a slave, for which reason the confessant had brought her to Senhora de Saudi to the house of Cotcho Pedro, whose son, hearing that she was not a

slave but a free woman, had said: this must be announced in the city; and the confessant having understood such, also left for Saint Andries in order to notify his lord or the *marambin* of Carraporam of this matter, from where the next day he had been collected and brought here.

The confessant hereby ending his voluntary confession, attesting that the content contains the honest and pure truth.

Thus done and confessed within the city at the ordinary Chamber of Council on 10 July 1743 in the presence of the honourables Johannes van Dooreslaar and Jan Jansen Lemmet, both members of the aforementioned Council, who have signed the original of this together with the confessant, interpreters and me the secretary.

Which declares, [signed] Joan Klijn, secretary.

There appeared before the undermentioned delegates of the Council of Justice of this city the prisoner mentioned in the preceding confession, which was presented well and clearly word for word to him again in the presence of the second merchant and fiscal of this district, N.o Bowijn, by translation of the interpreters, he continued to fully persist with the same content.

Additionally by the officer having asked the prisoner the following questions, he has answered to this thusly, as written down for each below.

1.
Whether his true name is not Adij Canda, and he is residing in Paritienpallij near Saint Andries?
Answer: Yes.

2.
Where, or in what place, the prisoner has bought the mentioned *meijd*?
Answer: In Saint Andries.

3.
And while it was said in his purchase *ola* that the Moor Miedin was the seller of the aforementioned *meijd*, it is asked, why he has named Cotjoe Anthonij in his aforementioned confession?
Answer: Cotjoe Anthonij was in the company of the seller Moor.

4.
Whose subject he actually is: of the *paljetter* or of the king of Cochim?

Answer: I live in an estate of the *paljetter*, and I am a subject of the king of Cochim.

Thus verified, persisted with, questioned and answered, within the city of Cochim, at the ordinary Chamber on 11 July 1743 in the presence of the honourables Johannes van Dooreslaar and Jan Jansen Lemmet, both members of the aforementioned Council.

As delegates, [signed] Joh. van Dooreslaer, J. J. Lemmet.

For translation from Portuguese, [signed] P. Weijts, J. Vaz.

Set by [signed] Cotchoe Candoe.

In my presence, [signed] Joan Klijn, secretary.

Complaint deposition of the heathen *timmermans* wife named Coenje Angelij, Number 88.

[in margin] *Pro fisco.*

There appeared before the undermentioned delegates of the Council of Justice of this city the heathen *timmermans'* wife Coenje Angelij, born in Coenattoe in Martancoer, who at the presentation of the heathen *Chego*, Cotchoe Candoe, by translation of the Malabar interpreters, in a complaining manner informed how the deponent in the previous month of February, from her mother's house in Lenje, with her son Nilanda, aged six years, had started the journey to Porca to visit her youngest sister named Cali, who she had not seen for three years, and arriving in Cartigapallij went into the house of one of the friends of her sister's husband; that the man of that house contracting children's pox, she left from there towards Porca and along the way, meeting the Moor Mangij Mapule, had stayed in the same's garden for two months; that after the passing of this time she was sold in a caldera forest by the mentioned Moor Mangij to a heathen *Chego* of Carraporam (being the same who has been shown to her now); the purchase *ola* was recorded, and when they asked her for her name, the deponent had answered that she was called Coenje Beme; that the subsequently mentioned *Chego* had brought her to Saint Louis to sell her further, in which place the deponent informed that she was no slave, and then by the head of the *Mocquas* was sent here.

With which the deponent ended her given complaint deposition, attesting that the content contains the honest and pure truth.

Thus done and deposited within the city of Cochim at the ordinary Chamber on 10 July 1743 in the presence of the honourables Johannes van Dooreslaar and Jan Jansen Lemmet, both members of the aforementioned Council, who have signed the original of this together with the deponent, interpreters and me the secretary. Which declares, [signed] Joan Klijn, secretary.

There appeared before the undermentioned delegates of the Council of Justice of this city the deponent mentioned in the preceding complaint deposition, which was presented well and clearly word for word to her again in the presence of the second merchant and fiscal of this district, N.s Bowijn, by translation of the interpreters, by me the secretary, in the presence of the prisoner Cotchoe Candoe, she continued to fully persist with the same content.

Additionally having been asked the following questions, the deponent has answered them as written down for each below.

1.
Whether the Moor's true name is not Mielijn, or whether he has a brother by that name?
Answer: I know no better than that he is called Mangij Mapule.

2.
Where her son has been?
Answer: In the house of Mangij Mapule.

3.
Whose subject she is?
Answer: Of the king of Trevancoor.

4.
Where or in which place she was sold?
Answer: In Saint Andries.

Thus verified, persisted with, questioned and answered, within the city of Cochim, at the ordinary Chamber on 14 July 1743 in the presence of the honourables Johannes van Dooreslaer and Jan Jansen Lemmet, both members of the aforementioned Council.
As delegates, [signed] Joh. van Dooreslaar, J. J. Lemmet.
For the translation from Portuguese, [signed] P. Weijts, J. K. Vaz.
Set by [signed] Coenje Angelij.
In my presence, [signed] Joan Klijn, secretary.

Extract criminal roll, Number 89.
Extract criminal roll presented before the honourable Council of Justice of this city on Friday, 12 July 1743, 8 o'clock in the morning.
All present.

The second merchant and fiscal of this district, Nicolaes Bowijn, *eijsser ex officio*

contra

The heathen Chego Adij Candij, subject of the king of Cochim, and
The *timmermans* free wife Coenje Angelij, subject of the king of Trevancoor, defendants.
The first for the presumptive sale of the second, written *dictum*; and the second to hear the *eijsch en conclusie* for release.

The *eijsscher ex officio* rendering his written *dictum*, and annexed papers collected at the prisoners' expense, conludes as *in fine*,

The first prisoner by verbal response, says he will follow the verdict of the judge.
The second defendant consents with the request of the *eijsscher*.

Persisting

The Council having heared the submitted *dictum* of the *eijsscher*, noting the defendant's verbal response, and having considered everything in this matter well, after collecting the votes, executes justice in the name of and for her high and mighty, the lords *Staten Generaal der Vrije Vereenigde Nederlanden etcetera*, confirming the *eijsscher ex officio eijsch en conclusie*; releases the prisoner heathen *Chego* Adij Canda from his imprisonment free from cost or compensation, furthermore handing him over to his lawful lord the king of Cochim, and the aforementioned *meijd* and free woman Coenje Angelij to the regent of Cartigapallij, with consent of his Honourable.
Approves, [signed] Joan Klijn, secretary.

Confirmation sentence.
Reinicus Siersma chief commander of the coasts Malabar, Canara and Wingurla,

Having attentively read and summarized the written *dictum* by the second merchant and fiscal of this District, Nicolaas Bowijn, *ex officio eijsscher*, exhibited yesterday in the Council of Justice, contra the heathen *Chego* Adij Canda, subject of the king of Cochim, presently the lords' prisoner, over the presumptive sale of the *timmermans* free wife Coenje Angelij, subject of the king of Trevancoor, about which the aforementioned Council passed definitive judgement the same day, [that] the *eijsscher*'s request is confirmed to release the prisoner *Chego* Adij Canda from his imprisonment free from cost and compensation, furthermore to hand him over to his lawful lord the king of Cochim, and the aforementioned woman Coenje Angelij to the regent Cartigapellij, with consent of the high authority of this coast.

So is it that we, after ripe deliberation and after having considered all which serves the case, having agreed with the aforementioned sentence and verdict, as we confirm, and with this approve, to charge and order the aforementioned Council of Justice to bring the aforementioned release into effect today.

Done in the city of Cochim, 13 July 1743, [signed] R. Siersma.

[in margin] To the ordinance of the honourable lord commander herein mentioned, [signed] S. S. Franchimnd, secretary.

Retrieving abducted children

CR-495-1 Raad van Justitie, Criminele procesdossiers, scan 2-43

This case concerns the trial of the local lascorin soldier Jano, who is accused of trying to lure several children away from their games under a mango tree with the promise of fish, drink (surij) and money to subsequently sell them as slaves. One of these children, Chacken, was sent by Jano to his brother-in-law Aura at Cranganore (Kodungallur), who, via the converted Christian (Christen nairo) Ausepo, sells him in Chettua to a Company servant named Roelofsz. The case not only provides details on the abduction and selling of Chacken, but also on the local processes of social control and the interplay between different authorities.

Crim: eijsch en conclusie, L:a: A:.

Eijsch en conclusie gedaan maaken, en aan den E: manhaften heer Christiaan Baloewijn Fredrik van Wisberg majoor en hooft der militie, mitsgad:s voorsittend lid in den agtb: Raad van Justitie deser steede nevens d'E: leeden v[an] dien overgegeven door [...] van wegen den koopman en fiscaal deser commanderije Nicolaas Bowijn ex: off:o eijsser

contra

den christen lascorijn Jano van Mattancherij, oud 24: jaaren, jongst woonagtig geweest sijnde in 't land van den paljetter op Covertij, thans 'sheeren gevangen omme over 't wegvoeren, en verkoopen van een Poeliase jongen met naeme Chacken, toebehoorende den koning van Cochim eijsch ad mortem te aanhooren.

Agtbaare Heeren!
Het scheijnt, dat het quaedaardig naturel der mallabae[...] 't bewimpelen van d[...] ende [...]heid gesint is,

Dat schoon sij van hunne begaene crimen en valsche voorgevens ten eenemaal werden overtuijgt, egter nog niet sullen treeden tot een waaregtig verhaal van saeken, sonder daar iets af, of bij te doen.

Gelijk dat niet duijster blijken sal, bij 't geen den gevangen in den hoofd deses gemelt komt te berde te brengen, ten lasten van den christen Colatta Tarre Antij; niet tegens staande hij om sijnent wille desselvs woonplaats heeft moeten verlaeten, en veele schade lijden, want Z: E: agtb: sal bij 't naegaen van de hiernevens geproduceerde klagtdepositien, en relaas geq:t no: 1. 2. 3. en 't ten genoegen ontwaeren, dat den gev: nu omtrent 5. â 6. maanden geleeden bij en ten huijse van [gem: ...] Edda Mine Coedoe ter besoe[k bij he]m sijnde, aldaar 3. dagen geblev[en] is.

Intusschen gem: Antij naer gewoonde uit gegaan sijnde om te vissen, en sijne kinder in geselschap van eenige Poeliase jongens onder een mangus boom spelende, en d'mangus die van de boom afvielen eetende, den gev: bij haar gegaan is, vragende de eene voor, en den anderen nae, wie van hen genegen was, met hem meede te gaan, onder belofte van kost en kleeren te sullen geven, dog niemand van deselve daertoe willende treeden, heeft den gev: een Poeliase jongen in naeme Chacken, die alhier voor Z: E: agtb: staat, toebehoorende den coning van Cochim, gevraagt, of hij met hem gaan woude om surij te drinken, den welken neen g'antwoord hebbende, heeft den gev: daerop gesegt dat hij vis ook hadde, en als hij Chacken maer woude meede gaen, konde hij met hem eeten en drinken, op welke seggen den gem: Chacken eenige bozeroeken van den gev: versogt in twee keeren 8. d:os gekreegen [hebben]de, is hij met denselven meede gegaen tot op Cranganoor.

Alwaer den gev: hem Chacken ten huijse van sijn swager, die als lascorijn aldaar in den dienst van d'E: Comp: bescheiden was, en thans voorvlugtig is, twee dagen bewaart hebbende vervolgens in geselchap van den meede voorvlugtigen christen geworden Nairo Ausepo die gem: Aura hem had meede gegeven, gebragt tot Chettua bij den constabel Christiaan Roelofsz: aan wien voorm: Ausepo gem: jongen op aanraeding van den gev: te koop presenteerende, en hij genegen wesende deselve te koppen, vervoegte hij Roelofsz: sig, bij den commandant van't fort aldaar, versoekende consent om dien jongen te mogen kopen, waarop gem: commandant boven[ge]melte Ausepo en jongen bij hem hebbende laeten brengen, heeft den tolk Joan Pires, die daer present was, g'ordonneert, hem Ausepo en den jongen te examineeren, 't gunt door hem gedaan sijnde, seijde meergem: Ausepo, dat hij Panekel Ausepo hiet, en tot Cranganoor woonagtig was, en dat gem: slaef van sijn voorsaat was, en daerom daar geen koop ola van hadde, waarnevens gem: jongen bekennende dat desen

Ausepo sijn lijfheer was, heeft den commandant aan voorsz: constabel tot 't
kopen van dien jongen permissie verleent, waarop gem: constabel met Ausepo
over de prijs gesproken, en voor 370: fans: eens geworden sijnde, den tolk versogt
om een slaef ola te passeeren.

't Gunt door hem gedaan sijnde, heeft gem: Ausepo die ola als verkoper g[e]
tekent, en nevens gem: jongen Chacken aan meergem: constabel, naer den ontvang
van voorsz: fanums overgegevn, en is den eersten in geselchap van den gev: van
daar vertrokken, dog nae verloop van 4. dagen, dat den gev: meergem: jongen had
vervoert, eenige Poelias bij voorsz: christen Antij gekomen, en hem nae gem:
jongen Chacken vragende, gaf hij hen ten antwoord, dat hij het niet wist, op welk
gegeven antwoord, gem: Poeliassen zeggende, dat sij sijn hoogheijd den koning
van Cochim soude bekent maaken, dat meergem: jongen bij hem Antij vermist
was, en hij Antij tegelijk van sijne kinderen verstaan hebbende, dat den gev: aan
haer gevraegt heeft, wie van hen met hem woude meede gaan, en dat sij ook gesien
hebben, den gev: een parthij bosaroeken aan meergem: jongen Chaken gegeven
heeft, heeft hij Antij quaad vermoeden op den gev: krijgende op dien selvden
avond nae Cranganoor bij des gevs: swager, den voortvlugtigen lascorijn Aura
voorm: in huijs gegaan, en aan des gev:s suster gevraegt, waar den gev: was, en of
hij geen Poeliase jongen daar in huijs gebragt heeft, waarop sij ten antwoord
gevende, dat hij nae Chettua was vertrocken en gem: Poeliase jongen meede
genomen had, is hij Antij weder van daar vertrocken, en in sijn huijs komende
gesien, dat eenige Nairos van sijn hoogheid voorm: voor sijn huijs waeren, die
bereets alle sijne goederen /:bestaande in een vis net waerdig 700. fan:s, en 600
klappers gerekent op 120. d:os::/ g'arresteert, en meede genoomen he[bben]
dewelke hem Antij nevens sijn vrouw en dogter ook willende meede neem[en]
heeft hij met sijn huijs gesin, dien selvden nagt, uit vreese van in arrest te sullen
geraeken de vlugt naer Cranganoor bij den commandant aldaar genomen, en
hem 't voorenstaende bekent gemaekt en vervolgens verstaan hebbende, dat den
gev: van Chettua gekomen sijnde, sig op Paroe was onthoudende, is hij Antij naer
derwaerts gegaan, en den koning van dat land over 't vervoeren, en verkopen van
voorschreven jongen, door den gev: klagtig gevallen.

Waarop gewagt voorst, om den gev: te favoriseeren, die saak daer willende
afmaeken, ordonneerde hem Antij om 's daags daeraen, daar weder te komen, en
sijn geseijde met een eed te sterken. 't Gunt hij Antij niet geraeden vinden te
doen, gaf hij ten antwoord, dat hij de saek daet niet konte afmaeken, dewij[l] hij
een onderdaen van d'E: Comp: was.

Waar naer den gev: van daer nae verloop van omtrent 45. â 50. dagen in 't land
van den paljetter op Covertij komende, hebben de uitgesondene lascorijns door

den commandant van Cranganoor, hem in sijn eijgen huijs opgevat, en aan gem: commandant overgegeven.

Van waar den selven onder geleijde van de in copia hier beseijden leggende brief gem:t n:o 5. herwaarts gesonden, en vervolgens in hegtenis geraekt sijnde, ontkent hij gev: geensints gem: jongen van Eddawinecoetoe op Cranganoor bij sijn swager Aura gebragt, en van daer in geselschap van den christen geworden Nairo Ausepo vermeld, die gem: Aura hem had meede gegeven op Chettua gebragt, en aan d[en] constabel Christiaan Roelofsz: verkogt te hebben.

Maar voegt daerbij dat voorsz: christen hem deselve soude gegeven hebben om te verkopen, en naer aftrek van sijn geld, dat hem op een varken, 't welk hij aan Antij ter opqueking soude gegeven hebben toekomt, 225. fan:s aan hem Antij uit te keeren, niet tegenstaande gem: Antij op de aan hem voorgehoudene vraegen bij recollement van sijn klagt depositie betuijgt noit een varken van den gev: ter op queking te hebben genomen, en dat dien volgens al 't geen den gev: dien aangaande heeft te berde gebragt leugens zijn,

om Z: E: agtb: aan te thonen, dat dese beschuldiging van den gev: frivool, en in gefabriceerde leugen tael bestaat, sal den eijsser Z: E: agtb: sijn eijgen reden gaen voorleggen.

Want hij segt bij sijn confessie, die onder n:o 5. hier besijden is te vinden, dat hij een varken aan voorsz: Antij om groot te maeken gegeven, en nae verloop van 1½ jaaren daernae gevraegt en verstaan hebbende dat Antij tselve hadde verkogt, hij gev: de helfte vant geld gepretendeert heeft.

Voorts dat voorsch: Antij boven gem: jongen aan hem gegeven heeft om te verkoopen, en sijn geld van 't varken daervan aftehouden, en 225. fan:s uit te keeren.

en in dien nu gem: varken 100. fan:s waardig was geweest, gelijk den gev: op de 15:e vraege die hem bij 't recollement van sijn confessie is voorgehouden, voorgeeft, dan moest hij immers niet meer als 50. fan:s hebben!

Hoe kan dan dese Antij hem seggen fan:s daervan aftehouden.

Wijders seggt den gev: in fine van sijn confessie om aen sijn vuijlaerdige leugentael een scheijn van waarheid te geven, dat hij qualijk gedaen heeft, dat hij, toen voorm: Antij gem: Poeliase jongen hem over gaf, de slaafbaare ola van den selven niet gevraegt heeft.

En op de 8:e en 17:e vraege van dies recollement geeft hij voor, dat Antij gem: jongen hem met een ola gegeven heeft.

Hoe of nu dese beijde streijdende opgaven van den gev: over een moeten gebragt werden kan den eijsser niet begrijpen, maer dat alle beijde in klaere leugens bestaan is ligt te buijten.

Want in dien een van beide des gev:s voor geven in waarheid bestond wat reden souden hem gemoveert hebben gem: jongen op Chettua te brengen, en aan voorm: Ausepo over te geven om te verkopen gelijk geschied, en te sien is bij t hier voorwaerts gem: relaas gem:t n:o 2. en 3. voorts segt hij bij sijn confessie, dat eenige dagen nae sijn wederkomst van Chettua op Cranganoor, sijne vrunden, die op Paroe woonen, hem hebbende laeten roepen, hij naer derwaerts gegaan is; sonder iets te reppen ofte te seggen, dat hij eenige fanums aan sijn swager gegeven heeft.

En bij de 16:e vraege van dies recollement hem gevraegt sijnde, dat indien den christen Antij, voorsz: jongen hem hadde gegeven om te verkopen, en naer aftrek van de helfte van d'prijs van 't varken, 225. fan:s aan hem antij uit te keeren; waerom hij den in soo daenigen geval, gem: fan:s met sijn terugkomst van Chettua, aan gem: Antij niet heeft gegeven, of wanneer hij Antij [...] Paroe bij hem is gekomen? antwoorde hij in deser voegen, te weeten: Ik hebbe de 225.' fan:s aan mijn swager gegeven, en toen ben ik nae Paroe gegaan.

En in dien sulx de waarheid was agtb: heeren, en dat Antij sekerlijk gem: jongen aan hem had gegeven om op voorsz: conditie te verkopen, dan was 't immers sijn pligt geweest, toen Antij daer op Paroe over hem quam klagen gem: fan:s van sijn swager /:die volgens eijgen seggen van den gev: op de 12ᵉ vraege daar present was:/ te eijssen, en aan Antij te geven. Of anders op de gedaene beschuldigingen van desen Antij aan den koning aldaer, sig op Cranganoor dan wel hier ter steede te vervoegen, en hem te verdedigen, 't gunt niet gedaan, maar daer en tegen 't sed:t sijn terug komst van Chettua sig onder de bescherming van een vreemden heer begeven hebbende, sig hier en daer ter schuijl gehouden heeft, tot dat gevat is geworden, blijkt immers daeruijt niet duijster, dat den gev: den voorm: Antij valslijk is beschuldigende, om was 't mooglijk hem meede deelagtig te maeken aan de straffe, die hij gev: door 't weg voeren, en verkopen van meergem: jongen Chacken sig schuldig gemaekt.

't gunt aan Z: E: agtb: nog naeder en ten overvloete sal te vooren komen, wanneer eens gelieven nae te gaan, de verleende klagtdepositie van meergem: jongen Chacken, die onder n:o 2. hier beseijden is te vinden.

Want hem Chacken bij dies recollement wel expresselijk gevraagt sijnde, of 't vervoeren van hem door den christen Jano met bewilliging van den meede christen Antij geschied is?.

Heeft hij daerop rond uit g'antwoord van: Neen.

Dus dan het quaedaerdig naturel van den gev: genoegsaem ontleed sijnde, sal den eijsser hier ter neder stellen aan wat straffe hij sig heeft schuldig gemaekt, volgens den teneur van veele loffelijke wetten.

d'Ordonnantie van den oppersten wetgever over dese materie, vervat staande bij Exodus op 't 21. capittel, het 16:e vers. luijd aldus:

Soo wie eenen mensche steeld, 't sij dat hij dien verkogt heeft, ofte dat hij in sijne handen gevonden word, die sal seekerlijk gedood worden, waarmeede de politicque wetten, soo van oude, als dese onse tegenwoordige tijden ten vollen accordeeren, Diocletianus en Maximilianus, beijde roomse keijsers ordonneeren, en beveelen in L: 7. Codicis ad legem fabi de plagiarius aldus dat dewijl bevonden werd, dat'er slaven door plagiarios /:menschen dieven:/ uit de stad vervoert werden, soo beveelen wij, dat die misdaet met meerder rigour tegen gegaen sal werden.

En daerom soo imand over sulk een schelen stuk agterhaeld wierd, sal men geen swaerigheid maeken, om denselven aen den hals te straffen, op dat andere door die soort van straffe mogen afgeschrikt worden, ook is door de hooge regeeringe van Neederlands India tot Batavia bij placcaet van den 21:e 8:ber 1688. de seekere straffe des doods tegens alle soodaenige crimen niet alleen gestatueert, maar ook bij resolutie genomen bij welgem: haar hoog edelhedens den 21:e 8:ber 1710. werd dat niet alleen g'ordonneert, maar ook tot verligting van den agtb: Raad van Justitie daer bij gevoegt, dat de vervoerders van vrije, of lijfeijgenen nevens die daertoe voorbedagtelijk ma[ken] eenige de minste adjuele hadden bewese[n] met de dood sullen werden gestraft.

Gelijk dat omstandiger te sien is bij 't extract, dat hiernevens onder n:o 8. te vinden is, en dat domestique dieven, schoon vrijgeboren in Vrankrijk doorgaans met de dood werd gestraft is te sien bij pappus annot: op den art:l brief van Haar hoogmog: art:l 3. L:a f: blad 64.

Buijten alle 't welke is dese misdaet nog in 't bijsonder door den oud heer commandeur Isaac van Dielen in den jaare 1690. den 23:e aug:o op peene des doods speciaelijk verboden,

uit alle welke loffelijke wetten, en statuiten dan genoegsaem consteerende is aan wat straffe gev: sig heeft schuldig gemaekt.

Soos al den eijsser sijn actie tegen den voorvlugtigen christen lascorijn Aura, en den christen geworden Nair[o] Ausepo in reserve houden, en voor 't laetst hier nog noteeren, dat offschoon 't kopen van voorm: gem: jongen Chacken door den constabel Christiaan Rolofsz: op de gedaene examinatie, en met toestemming van den commendant, onder wien hij Roelofsz: is bescheiden, is geschiet, egter hij verpligt, en gehouden is denselven te abandoneeren, en sijn garant te gaan soeken bij den verkoper van denselven, aangesien hij op die conditie gekogt en aangevaart heeft, gelijk sulx gesien kan werden bij de koop ola van gem: jongen, die in origineel, en translaat onder n:o 7. desen is versellende.

Waarmeede den eijsser, naer Z: E: agtb: versogt te hebben, om 't manqueerende in desen ex off:o te willen suppleren, vermeent bevoegt te sijn, met goed regt te mogen

Concludeeren, dat den gev: in den hoofte desen gem: bij diffinitive vonnisse van Z: E: agtb: sal werden gecondemneert omme gebragt sijnde ter ordinaire geregts plaets, alwaer men hier gewoon is crimineele sententie te executeeren, aldaer aen den scherpregter overgelevert, door den selven met de coorde aan de galge gestraft te werden, dat'er de dood nae volgt, en desselvs doode lighaem nae het buijten geregt gebragt, en weder aan de aldaer staande galge ter proije van de lugt en vogelen des hemels opgehangen te werden, cum expensis, en voorsz: jongen met 't believen van d'hoge overigheid deser custe aan sijn wettigen heer, den coning van Cochim overgegeven, ofte ten alsulken anderen fine als [...].

Impl: op en in alles [...] /:was get::/ N: Bowijn, /:in margine:/ geproduceert in Raade voorm: ter steede Cochim op den 22:e sept: anno 1750.

Gerecolleerde klagt depositie van den christen lascorijn Colatta Tarre Anti, No 1.

Compareerde voor de naergenoemde gecommitteerde leeden uit den agtb: Raad van Justitie deser steede, den christen Collate Tarre Antij inwoonder tot Ettawinecoetoe, denwelken ten overstaan van den coopman en fiscaal deses commandements Nicolaas Bowijn onder verthoning van den gev: christen Jano die hij betuijgt wel te kennen en de eijgenste te wesen waerover hij sig is beswaerende, door vertaling van den jo: tolk Hendrik Meulman klagender wijse te kennen gaf als doet bij desen; dat nu omtrent drie maanden geleden op een seekeren dag den gev: bij den deposant in huijs gekomen, en twee dagen gebleven is, dat als wanneer den deposant uit het huijs gegaen is om te vissen, heeft den gev: nevens eenige kinderen daeronder twee Poelias, onder een mangus boom geseeten, en eeten de mangus die van de boom afgevallen waeren, dat den gev: aan gem: kinderen den eene voor en den anderen nae gevraegt heeft wie van haer genegen was om met hem meede te gaan, dat hij kost en kleederen soude geven dog niemand van deselve daertoe willende treeden, heeft den gev: een van de beide Poeliase jongitjes apart geroepen en voorsz: vraege voorgehouden, die daerop hem ten antwoord heeft gegeven, dat hij met den gev: wilde mede gaan, dat den deposant des anderen daegs weder uit vissen gegaan sijnde, heeft den gev: intusschen gem: Poeliase jongitje aan de seestrand gesonden om aldaer te blijven wagten, en den deposant weder 't huijs komende afscheid genomen, en heen gegaan, en gem: jongetje tot Cranganoor bij sijn gev:s swager in huijs twee dagen bewaart, van waer den selven vervolgens op den derden dag nae Chettua gebragt, en aldaar aan een corporaal verkogt heeft, dat nae verloop van vier dagen nae de absenteering van gem: jongetje eenige Poeliassen bij den deposant in huijs gekomen sijn, en nae gem: jongetje gevraegt gebben, waerop den deposant hen ten antwoord heeft gegeven, dat hij niet en wist waar 't jongetje beland was, gemelte Poeliassen daer op seggende, dat sij sijn hooght: den koning van Cochim soude bekent maeken, dat gem: jongetje bij den deposant vermist was, als toen hebben de kinderen verhaeld aan den deposant, dat den gev: aan haer gevraegt heeft, wie van haer met hem wilde mede gaan, en dat sij ook gesien hebben dat den gev: een parthij boeseroeken aan het Poeliase jongitje gegeven heeft, [uigekrast stuk], waerop den deposant op dien eijgenste avond nae Cranganoor bij des gevs: swager in huijs gegaan is, en aan des gevs: suster gevraegt, waar hij was, soo meede of hij geen Poeliasse jongitje daer in huijs gebragt heeft, waerop sij ten antwoord gaf van ja, en dat hij nae Chettua gegaan was, en gem: Poeliase jongitje meede genomen had, dat den deposant weder 't huijs komende gesien heeft, dat er een parthij Nairos van sijn hoogh:t voor sijn huijs waeren, die alle de goederen g'arresteerd en meede genomen hebben, en willende den deposant nevens sijn vrouw en dogter ook meede nemen, soo heeft den deposant met sijn huijs gesin dien selvde nagt uijt vreese van in arrest te sullen raeken, de vlugt nae Cranganoor en bij den commandant aldaer genomen, en 't vooren staende bekent gemaekt, waerop denselven twee lascorijns uijt gesonden heeft, om nae den gev: te soeken, dog denselven niet gevonden hebbende, sijn gem: lascorijns voor de tweede keer nevens den deposant in 't land van den paljetter gegaan, en hebben aldaer den gev: nevens sijn vrouw in een casie gevonden, opgevat, en nae Cranganoor gebragt en aan den commandant over gegeven,

waarmeede den deposant dese sijne verleende de klagt depositie eijndigde met betuijging deselve te behelsen de suijvere en opregte waarheid.

Aldus gedaan ende gedeposeert binnen de stad Cochim ter ord:s Raadcamer op saturdag den 13. junij 1750. in prasentie van d'E: Mattheus Hendrik Beijts en Jacob Harsing beide leeden uit den Raad voorm: die de minute deses nevens den deposant, jongtolk en mij sect:s hebben ondertekend /:onterstond:/ 't welk getuijgt /:was get::/ Jacob:s Meijn secret:s.

Compareerde andermaal voor de naergenoemte gecommitteerde leeden uit voorsch: agtb: Raad, den deposant in de voorenstaande klagt depositie gem:, dewelke aan hem nu wederom ten overstaan van den coopman en fiscaal deses commandements Nicolaas Bowijn in presentie van den gev: christen Jano door mij secretaris van woorde te woorde voorgelesen, en onder vertaling van den jo: tolk Hend:k Meulman duijdelijk te verstaan gegeven sijnde, bleef hij daar bij persisteren, sonder de minste verandering te begeeren.

Wijders door voorm: officier aan hem deposant de ondervolgende vraegen voorgelegt sijnde, heeft hij daerop soo daenig g'antwoord als in dies margine vermelt staat,

1.
Of den gev: getrouwt, en waer hij woonagtig is geweest?
Antw: Ja hij is getrouwt en, woonagtig tot Covertij.

2.
Of den gev: nu omtrent anderhalf jaar geleeden een varken aan den deposant ter opqueking niet gegeven heeft?
Antw: Nooijt niet.

3.
Of nu een maand of 2 a 3. geleden, den gev: bij hem in huijs gekomen sijnde en nae gem: varken vraegende, den deposant hem niet heeft gesegt, tselve te hebben verkogt?
Antw: Neen.

4.
Of den gev: derhalven de helfte vant geld pretendeerende, den deposant hem niet belooft heeft, nae verloop van eenige daegen te sullen geven?
Antw: Neen.

5.
Of den gev: hem daerop niet heeft gesegt, op den dag van't feest van Parnij sig tot Cranganoor te sullen laeten vinden, om die saek afte maken?
Antw: Neen.

6.
Of vermits den deposant op gem: dag sig derwaerts niet heeft vervoegt, de swaeger van den gev: in naeme Aura, den deposant over dat geld niet aangesproken heeft?
Antw: Neen.

7.

Of den deposant hem Aura daerop belovende, tselve ten eersten te sullen geven, denselven een ola aan den deposant niet heeft gesz:, versoekende daerbij, die saek volgens gedaene belofte spoedig afte maeken?

Antw: Neen, 't sijn leugens.

8.

Of gem: ola door den gev: besteld zijnde, den deposant naer genomen lectura een ola in antwoord niet heeft willen schrijven?

Antw: Neen.

9.

Of den gev: daarmeede niet te vreeden wesende niet heeft gesegt, dat het niet noodig was, en dat hij sijn geld wilde hebben?

Antw: Neen.

10.

Of den deposant hem daerop twee vaartuijgen niet heeft aangewesen om een daervan te nemen, en te verkoopen in afkorting van sijn schuld?

Antw: Neen.

11.

Of vermits den gev: daermeede niet te vreeden was, den deposant hem een Poeliasse jongen, waerover questij is niet heeft gegeven om te verkoopen, sijn geld daervan af te houden, en 225.' fan:s aan den deposant te geven?

Antw: Neen.

12.

Of den deposant niet heeft gehoort, wie des gevangen swager in geselschap van den gev: gesonden heeft, om voorsz: jongen nae Chettua te brengen, en te verkopen?

Antw: Met de gev: is een christen geworden Nairo meede gegaan, met naeme Ausop.

13.

Of den gev: eenige vrienden op Paroe heeft, en wie deselve sijn?

Antw: Neen, niemand.

14.

Of denselven van Chettua gekomen, en op 't versoek van gem: vrunden naer derwaerts gegaen sijnd, den deposant sig meede derwaerts vervoegt hebbende, over hem aan den koning van dat land niet geklaegt heeft?
Antw: Ja.

15.

Hoedaenige klagten denselven tegens den gev: gedaan heeft?
Antw: Ik heb aan den koning geklaegt, dat den gev: een Poeliase jongetje gestoolen hadde.

16.

Of sijn hoogh:t parthijen gehoord hebbende, den deposant niet g'ordonneert heeft, om een eed afte leggen?
Antw: Ja, maer ik wou de saek daar niet afmaeken, als ook geen eed doen, naedemaalen ik een onderdaan ben van d'E: Comp:.

17.

Of den deposant niet naelaetig is geweest, ter bestemder tijd daer weeder te verscheinen?
Antw: Ja, ik ben daer niet gegaen.

18.

Hoe lang den gev: der plaets daer den deposant en de lascorijns hem gevat hebben, heeft gewoond gehad, en waermeede hij sig geneert heeft?
Antw: 45.' Dagen heeft sig den gev: daerop gehouden, en heeft sig onderhouden van't geld dat hij van de slaaf gekreegen hadde.

19.

Waarin de goederen bestaan, die Nairos van den Cochimsen coning meedegenomen hebben, en hoe veel deselve waerdig soude wesen?
Antw: Een visnet van 700. fan:s, en al de klappers van de boomen, bedraegende 120. fan:s voor 600. klappers.

Aldus gerecolleert, gepersisteert, gevragt en b'antwoord binnen de stad Cochim ter ord:s Raadcamer op maandag den 27. junij 1750, in presentie van d'E: Daniel Bos en Abraham Gosenson beide leeden uit den Raad voorm:t, /:onderstond een cruijsje en daerom gesz::/ door den deposant selvs gesteld /:in margine:/ als

gecommitt:s /:get::/ D:l Bos en A:m Gosenson /:lager:/ voor de vertaling /:get::/
H:k Meulman /:onderstond:/ mij present /:was get::/ Jacob:s Meijn secret:s.

Gerecolleerde klagt van den Poeliasen slave jongen Chacken, No 2.

Compareerde voor de naargenoemde gecommitteerde leeden uit den agtb: Raad
van Justitie deser steede, den slaeven jongen int mallabaars genaemt Chacken
geboordig van Narika, nu hernaemt April, lijfeijgen van den tot Chettua
bescheiden sijnde constabel Christiaan Roelofsz:, casta poelia, oud omtrent 12
jaaren, denwelken ten overstaan van den koopman en fiscaal deses
commandements Nicolaas Bowijn en door vertaling van den jo: tolk Hend:k
Meulman, onder verthoning van den gev: christen Jano, die hij betuijgt wel te
kennen, en den eijgenste te wesen, daerover hij sig is beswaerende, klaegender
wijse te kennen gaf als doet bij desen; dat nu omtrent 5. maanden geleden, den
deposant met nog eenige andere Poeliase jongens voor 't huijs onder een boom
saeten om te speelen, is den gev: bij haer gekomen, en aan den deposant gevraegt,
of hij met den gev: gaan woude om surij te drinken, den deposant van neen
gerepliceert hebbende, heeft den gev: daer op gesegt, dat hij ook vis hadde, als hij
deposant maar meede woude gaen, konte hij met den gev: eeten en drinken,
waerop den deposant eenige boeseroeken van den gev: gevraegt, die hem
deposant in twee keeren agt boeseroeken gegeven, en hij deposant met hem
meede gegaen is, dat als toen den gev: hem deposant naer sijn huijs tot
Cranganoor gebragt heeft, en des anderen daegs savonds van daer naer Chettua
nevens nog een Mallabaar vertrocken sijn, alwaer hij gev: den deposant aan
voormelte constabel verkogt heeft.

Waarmeede den deposant dese sijne klagt depositie eijndigde, met betuijging
deselve te behelsen de suijvere en opregte waarheid.

Aldus gedaan en gedeposeert binnen de stad Cochim ter ord:s Raadcamer op
donderdag den 16. julij 1750, in presentie van d'E: Daniel Bos, en Abraham
Gosenson beide leeden uit den Raad voormelt, die de minute deses, nevens den
deposant, jo: tolk en mij secrets: hebben ondertekend, /:onderstond:/ 'twelk
getuijgt /:was get::/ Jacob:s Meijn sec:s.

Compareerde andermaal voor de naergenoemde gecommitteerde leeden uit
voorsz: agtb: Raad, den deposant in de voorenstaande klagtdepositie gem:
dewelke aan hem nu wederom ten overstaan van den koopman en fiscaal
deses commandements Nicolaas Bowijn in presentie van den gev: christen
lascorijn Jano door mij secretaris van woorde te woorde voorgelesen, en onder
vertaling van den jo: tolk Hend:k Meulman duijdelijk te verstaan gegeven sijnde,

bleef hij daerbij ten vollen persisteeren, sonder de minste verandering te begeeren.

Wijders door voorm: officier aan hem deposant gevraegt sijnde, oft vervoeren van hem door den christen Jano met bewilliging van den mede christen Antij is geschiet, soo heeft den deposant daerop g'antwoord van neen.

Aldus gerecolleert gepersisteert gevraegt en b'antwoord binnen de stad Cochim ter ord:s Raadcamer op woensdag den 5. aug:o 1750, in presentie van d'E: Jacob Harsing en Hendrik Notermans beide leeden uit den Raad voorm: /:onderstond een cruijsje en daaraan gesz::/ door den deposant selvs gesteld /:in margine:/ als gecommitt:s /:get::/ J:b Harsing en H:k Notermans /:lager:/ voor de vertaling /:get::/ H:k Meulman /:onderstond:/ mij present /:was get::/ Jacob:s Meijn sec:s.

Gerecolleerde relaas van den constabel tot Chettua Christiaan Roelofsz, No 3.

Compareerde voor de naargenoemde gecommitteerde leeden uit den agtb: Raad van Justitie deser steede Christiaan Roelofsz: van Hamburg constabel in dienst der E: Comp: bescheiden ter fortresse Wilhelmus tot Chettua, denwelken ter requisitie van den koopman en fiscaal deses commandements Nicolaas Bowijn onder vertoning van den gev: christen lascorijn Jano, en de Poeliase jongen in naeme Chacken nu hernaemt April, die hij betuijgt wel te kennen en de eijgensten te sijn, waervan hij thans is sprekende, tot voorstand der waarheid verleende het volgende relaas; dat op een seekere dag in de gepasseerde maand maart seeker mallabaar voorm: Poeliase jongen bij hem gebragt heeft, om te verkoopen, in geselschap hebbende den gev: in desen, waerop hij relatant bij den commandant van het fort gegaen, en consent gevraegt heeft om een slaeve jongen te mogen koopen, waertoe hem ook voorsz: commandant permissie verleent heeft, en den jongen met den verkoper in't fort heeft laeten roepen, vraegende eerstlijk aan den verkoper, of dit sijn slaav was, denwelken ten antwoord gaf van ja, vervolgens ook aan den jongen gevraegt hebbende, of hij desen /naementlijk des verkopers/ sijn slaef was, heeft desen meergem: jongen ook met ja b'antwoord, verders sijn sij den koop eens geworden en veraccoordeert voor 370. fan:s Cochimse, waerop den relatant den koopola eijschende, heeft den verkoper gesegt, dat desen slaef bij hem in huijs opgevoet was, en daer geen ola van hadde, maer hij soude door de tolk een ola laete schrijven, daer sij ten eersten sig bij vervoegt hebben, en heeft den tolk Jan Pieris een ola geschreven, in presentie van twee getuijgen, sijnde den eenen de gev: Jano, en den anderen een mocqua die bij den relatant in huijs diende, vervolgens heeft den verkoper /naer 't ontfangen van't geld/ de ola en de jongen aan den relatant behandigt, en is nevens den gev: ten eersten van daer vertrokken; wijders relateerde den relatant, dat op een seekeren dag in de maand julij jo: leeden den meerm: commandant den jongen van hem relatant afg'eijscht, en naer de stad gesonden heeft.

Waarmeede den relatant dit sijn verleende relaas eijndigde, met betuijging 't selve te behelsen de suijvere en opregte waarheid.

Aldus gedaan ende gerelateert binnen de stad Cochim ter ord:s Raadcamer op donderdag den 13 aug:o 1750. in presentie van d'E: Abraham Gosenson en Hendrik Notermans beide leeden uit des Raad voormelt, die de minute deses nevens den relatant, jo: tolk en mij secret:s hebben ondertekend /:onderstond:/ 'twelk getuijgt /:get::/ Jacob:s Meijn sec:s.

Compareerde andermaal voor de naergenoemde gecommitt:e leeden uit voors: agtb: Raad, den relatant in het hoofd van het voorenstaande relaas gem: t welk aan hem nu wederom ten overstaan van den koopman en fiscaal deser commanderije Nicolaas Bowijn in presentie van den gev: christen lascorijn Jano en de Poeliase jongen in naeme Chacken nu hernaemt April door mij secretaris van woorde te woorde voorgelesen en duijdelijk te verstaen gegeven sijnde, bleef hij daerbij ten vollen persisteeren, sonder de minste verandering te begeeren.

Voorts door voorm: officier aan hem relatant ondervolgende vraegen voorgelegt sijnde, heeft hij daerop soodaenig g'antwoord als in dies margine vermelt staat,

1.
Of den relatant den verkoper van de door hem gekogte jongen meermaals op Chettua gesien en gekent heeft?
Antw: Ja, ik heb meermaals op Chettua gesien, maer niet gekent.

2.
Of hij relatant wel weet waar hij woonagtig is?
Antw: Op Cranganoor.

3.
Wie hem verseekert heeft dat gem: jongen een opvoedeling van den verkoper was?
Antw: Dat heeft den verkoper mij selvs verseekert.

4.

Of den gev: Jano sulx niet heeft gedaen, en wie meer?

Antw: Neen, niemand anders als den verkoper.

5.

Of toen gem: verkoper dien jongen bij hem bragte, den gev: Jano in sijn geselschap is geweest?

Antw: Ja.

Aldus gerecolleert, gepersisteert, gevraegt en beantwoord binnen de stad Cochim op maandag d: 17:e aug:o 1750. in presentie van d' E:s Gijsbert Jan Feith en Mattheus Hendrik Beijts beide leeden uit den Raad voorm: /:was get::/ Christiaan Roelofs /:in margine:/ als gecommitt:s /:get::/ G: J: Feith en M: H: Beijts /:lager:/ voor de vertaling /:get::/ H: Meulman /:onder stond:/ mij present /:get::/ Jacob:s Meijn secret:s.

Relaas van den tolk tot Chettua Joan Pires, No 4.

Compareerde voor de naargenoemde gecommitteerde leeden uit den agtb: Raad van Justitie deser steede Joan Pieris, tolk in dienst der E: Comp: tot Chettua, denwelken ter requisitie van den koopman en fiscaal deser commanderije Nicolaas Bowijn onder verthoning van den gev: christen lascorijn Jano, en de Poeliase jongen in naeme Chacken nu hernaemt April, doe hij betuijgt wel te kennen en de eijgenste te sijn, daer hij in desen van is sprekende, tot voorstand der waarheid, en door vertaeling van de jongtolk Hendrik Meulman verleende het volgende relaas, dat in de maand maart passato op een seekeren dag den relatant bij den commendant sijnde, om rapport te doen den constabel Roelofsz: daer gekomen is, consent vraegende, of hij mogte een slaeven jongen kopen, daerop den voorm: commandant ordonneerde den verkoper met de slaef bij hem te brengen, t welk ook geschiet is, en heeft meerm: commandant aan den relatant geordonneert, desen verkoper met den slaef te examineeren, waerop hij relatant aan den verkoper gevraegt heeft, of dit sij slaeve jongen was dewelke ten antwoord diende van ja, wijders gevraegt hoe sijn naem en waer hij woonagtig, soo meede waer de koop ola was, antwoorde den verkoper, dat hij Panikel Auppo hiet, en tot Cranganoor woonagtig was, en dat dit een slaef [uitgekrast stuk] van sijn voorsaet was, en daer geen ola van hadde, dat hij relatant vervolgens aan den jongen gevraegt, of hij een slaef van dese man was, die hem verkopen woude, seijde denselven van ja, dat dese oude man Ausepo sijn sinjeur was, waernae den commandant consent verleende aan den constabel dese jonge te mogen kopen, dat dien selvden morgen omtrent 9. uuren den constabel bij den relatant aan huijs gekomen is, versoekende om de ola te schrijven, heeft daerop den relatant twee getuijgen van den constabel versogt, die denselven ook beschikt heeft, waarvan den eene den gev: Jano, en den anderen een mocqua die onder 't fort woonde waeren, soo heeft daerop den relatant de ola gesz:, getekend en aan de constabel behandigt;

Waarmeede den relatant dit sijn verleent relaas eijndigde, met betuijging de selve te behelsen de suijvere en opregte waarheid.

Aldus gedaan ende gerelateert binnen de stad Cochim ter ord:s Raadcamer op donderdag den 13. aug:o 1750, in presentie van d'E:s Abraham Gosenson en Hendrik Notermans beide leeden uit den Raad voormelt, die de minute deses nevens den relatant, jo: tolk en mij secret:s hebben ondertekend /:onderstond:/ 'twelk getuijgt /:get::/ Jacob:s Meijn sec:s.

Compareerde andermaal voor de naergen: gecomm: leeden uit voorschreven agtb: Raad den relatant in het voorenstaende relaas gem: 't welk aan hem nu wederom ten overstaan van den koopman en fiscaal deses commandements Nicolaas Bowijn in presentie van den gev: christen lascorijn Jano, en de Poeliase jongen Chacken nu hernaemt April, door mij secretaris van woorde te woorde voorgelesen, en onder vertaling van den jo: tolk Hend:k Meu[l]man duijdelijk te verstaan gegeven sijnde, bleef hij daar bij ten vollen persisteeren sonder de minste verandering te begeeren.

Voorts door voorm: officier aan hem relatant de ondervolgende vraegen voo[r] gehouden sijnde, heeft hij daer op soo daenig g'antwoord als in dies margine verm: staat

1.
Of den relatant den verkop[er] van den jongen in questij meermaals op Chettua gesien en gekent heeft?
Antw: Neen.

2.
Of denselven een S:t Thomees christen, dan wel een christen lascorijn is?
Antw: Ik heb hem aangesien voor een christen lascorijn, maer naederhand heb ik gehoord, dat hij een christen geworden Nairo is.

3.

Of den relatant wel weet dat hij op Cranganoor woo[n]agtig en wie sijn voorsaat geweest is?

Antw: Neen.

4.

Soo ja, te beduijden, waeromtrent hij woonagtig is, en waermeede sich geneert?

Antw: Dat weet ik niet.

5.

Of hij meer slaven heeft dan dese, die door hem is verkogt geworden?

Antw: Of hij meer heeft dat weet ik niet, hij heeft daer soo lang als ik tolk ben geweest geene slaeven gebragt, dan dese jongen Chacken.

6.

Of den relatant sig wel in staat bevind, aan te thonen, waergem: verkoper Ausepo thans te vinden is?

Antw: Neen, daer ben ik niet in staat toe.

7.

Of den relatant wel versekert is, dan wel wie hem versekert heeft dat meergem: jongen Chacken een slaev geweest is van gem: Ausepos voorsaet?

Antw: Ik heb anders geen versekering gehad, als volgens t'seggen van den verkoper.

8.

Hoe den relatant op het enkel seggen van gem: Ausepo, geloof heeft kunnen slaen, en versekert wesen, dat gem: jongen van sijn voorsaet was?

Antw: Terwijlen de meesten op soo daenige manier daer gebragt werden om te verkopen, en dat slaeven kinder sijn daer hebben sij geene olas van, soo heb ik op 't seggen van den jongen en Ausepo selvs de ola gepasseert.

9.

Of relatants pligt niet is geweest vermits hij verkooper van geen ola versien was ter teegen te onder soeken, waer gem: Ausepo woonagtig en of hij een man was, die soodaenige slaeven besat, schoon den jongen gesegt heeft, dat hij sijn sinjeur was?

Antw: Ik heb volgens mijn pligt gedaen, en volgens het seggen van den verkoper en den gev: Jano, als getuijgen sijnde, daermeede te werk gegaen, naedemaalen mij 't onmogelijk is, daernae naeder ondersoek te doen, door dien sij verkeerde plaetsen en naemens kunnen opgeven.

10.

Of den gev: Jano en den mocqua Cotta Changaren voorschreven Ausepo kenne en wel weeten, dat voorschreven slaeve jongen de sijne is?

Antw: den gev: Jano heeft getuijgt, dat dit een slaev van Ausepo was, den anderen is een inwoonder tot Chettua, en ik weet niet of hij hem kent of niet, maar hij heeft mij gesegt, dat hij gesien heeft, dat Ausepo in geselschap van den gev: Jano den jongen Chacken bij den constabel te koop gebragt heeft.

11.

Soo neen, hoe hij dan deselve als getuijgen heeft kunnen accepteeren, en gem: jongen voor een lijfeijgen van gem: Ausepo verklaeren?

Antw: Volgens 't getuijgenis van den gev: Jano, dat hij hem kende, en dat dit sijn slaaf was.

12.

Of bij 't transpoort ola van gem: jongen die den relatant heeft geschreven, niet staat ter nedergesteld, dat soo eenige verhinderingen omtrent dese slaef mogten wesen als dan gem: Ausepo als ve[r]kooper van deselve berijd blijft, die verhindering weg te nemen?

Antw: ja.

13.

En aangesien nu verhinderinge daer omtrent is, word den relatant gevraegt, of gem: Ausepo niet verpligt en gehouden is, die verhinderingen weg te neemen?

Antw: Ja.

14.

Soo ja, word den relatant gevraegt, waer denselven thans te vinden is, om sulx door hem te laeten doen?

Antw: Dat weet ik niet.

15.

Of den gev: niet moet bekennen dat voorsz: Ausepo een Nairo van geboorte geweest sijnde, en sijn casta verloren [heb]bende, sig tot christen heeft laten dopen?

Antw: Dat heb ik nae dato gehoort, maer ik heb daer niet van geweeten.

16.

Of sulke menschen van hun voorsaten iets kunnen erven?

Antw: Neen, maar dog staat het in de wille van de vriende sij hun iets willen geven.

17.

Soo neen, hoe den relatant dan op sijn seggen heeft kunnen wast gaen?

Antw: Ik moet volgens haer seggen te werk gaan.

18.

Eijndelijk word den relatant gevraegt of hij niet verpligt is, den verkooper aan te thonen, of anders den kooper van gem: jongen buijten schade te houden?

Antw: Als hij te krijgen is, ja, maer ik weet niet waer hij is, ik heb volgens mijn pligt gedaen, en soo 'er iets verder van komt, loopt sulx voor reekening van den koper.

Aldus gerecolleert, gepersisteert, gevraegt en b'antwoord binnen de stad Cochim ter ord:s Raadcamer op maandag den 17:e aug:o 1750, in presentie van d'E:s Gijsbert Jan Feith en Mattheus Hendrik Beijts beide leeden uit den Raad voorm: /:was get::/ J:n Pires /:in margine:/ als gecommitt:s /:get::/ G:t J:n Feith en M: H: Beijts /:laeger:/ voor de vertaling /:get::/ H:k Meulman /:onderstond:/ mij present /:get::/ Jacob:s Meijn sec:s.

Copia Cranganoorse brief, No 5.

[in margine] Cochim.

Aan den E: E: agtb: heer Corijn Stevens commandeur en oppergebieder der custe mallabaar Canara en Wingurla, nevens den E: politiquen Raad.

E: E: Agtbaare, manhafte, wijse, voorsienige en seer genereuse heer!

In alle eerbied maaken Z: E: E: agtb: bekent, dat den christen Colattoe Tarre Antij alhier bij mijn is komen klagen dat den christen Jano bij hem is gekomen, en drie

Testimonies of Enslavement

dagen bij hem geblev[en] dewelke met sijn terug komst weder naer derwaerts een Poelias slaef van sijn Cochimse hoogh:t heeft meede genomen en dat sijn voorm: hooght: sijn huijs en goederen allens heeft weg genomen, soo hebben voorm: Jano laeten arresteeren, en gevraegt, of hij die jongen had meede genomen, denwelke in presentie van den tolk en sergeant Dirk Mahuij heeft verklaert, dat hij die jongen aan den gegagieerden corporaal Jan van der Straaten verkogt heeft, en dat sijn swaeger gent: Aura die alhier ins Comp:s dienst als lascorijn was daar meede is bij geweest, dewelke sig heeft vlugtende gemaekt, en volgens seggen sig in't land van den koning van Paroe op houd, waer dat men al verscheide rijsen hebben op uit gesonden om te agter haelen, maer te vergeefs, soo hebbe ik voor mijn schuldige pligt geagt den arrestant nevens den klaeger in versekering aan Z: E: E: agtb: over te senden.

Waarmeede [get.] /:onderstond:/ E: E: agtb: manhafte, wijse, voorsienige en seer genereuse heer Z: E: E: agtb: onderdaenige en gehoorsaeme dienaer /:was get::/ J: J: lemmet /:in margine:/ Cranganoor den 10. junij 1750: /:onderstond:/ accordeert /:was get::/ Jacob:s Meijn Eqlerq.

Gerecolleerde confessie van den gevangen, No 6.
Compareerde voor de naargenoemde gecommitteerde leeden uit den agtb: Raad van Justitie deser steede den christen lascorijn Jano van Mattancherij, oud 24. jaaren, jo: tot gem: Mattancherij woonagtig geweest, thans sheeren gevangen; denwelken ter requisitie van den koopman en fiscaal deses commandements Nicolaas Bowijn door vertaeling van den jo: tolk Hend:k Meulman vrijwillig confesseerde en beleed als doet bij desen; dat nu omtrent een en een halv jaar geleeden den gev: aan den meede christen Callatoe Tarra Antij tot Etteancattoe een varken gegeven heeft om groot te maeken, en nu omtrent een maand geleeden den gev: bij hem Antij in huijs gegaen is, en nae gem: varken gevraegt heeft, die denselven ten antwoord gaf, dat hij het selve verkogt had, waeromme den gev: de helfte van't geld pretendeert, dog voorsz: Antij heeft den gev: versogt, om nae verloop van eenige dagen te komen, als dan de saek soude afmaeken, waerop den gev: tegens Antij gesegt heeft sig tot Cranganoor soude vinden laeten, om gem: saek afte maeken, gelijk den gev: op dien dag aldaer gegaen is, dog den christen Antij niet gevonden heeft, en is vervolgens nae het huijs van sijn gev:s swaeger den meede christen lascorijn Aura gegaen, dat kort daernae gem: sijn swaeger meede thuijs komende aan den gev: verhaeld heeft, dat hij gem: Antij omtrent en over het geld van dat varken gesproken en denselve belooft had het met den gev: ten eersten te sullen afmaeken, dat daerop gem: Aura een ola heeft gesz: en aan den gev: overgegeven om aan Antij te bestellen,

en dat hij de saek spoedig volgens sijne beloften soude afmaeken, gelijk den gev: de ola heeft genomen en aan gem: Antij in sijn huijs besteld, gem: Antij nae genomene lectura van gem: ola aan den gev: seggende, dat hij daerop een antwoord soude schrijven heeft den gev: daerop gesegt, dat het niet noodig was, en dat hij sijn geld wilde hebben, soo heeft Antij twee vaartuijgen aan den gev: aangeweesen, om een derselve te neemen en verkopen, in afkorting van sijn schuld, maar hij gev: daermeede niet te vreeden sijnde, heeft Antij hem een Poeliase jongen gegeven om te verkopen, en sijn geld daervan afte houden, en aan A[n]tij 225. fan:s uijt te keeren, waerop den gev: gem: jongen genomen en nae Crang[a]noor gebragt heeft, van waer den gev: nevens een ander Mallabaar /:die sijn gev:s swager heeft meedegegeven:/ nae Chettua gegaen is, en aldaer gem: jongen voor 325. fan:s aan den constabel vant fort verkogt heeft, en weder tot Cranganoor komende nae verloop van eenige dagen, hebben de vrienden van den gev: die int land van Paroe woonen den gev: laeten versoeken om bij haer te komen, gelijk den gev: ook gedaen heeft, waerop gem: Antij nae den koning van Paroe is gegaen, en over den gev: geklaegt heeft, sijn hoogheid parthijen gehoord hebbende, heeft Antij g'ordonneert om een eed afte leggen, gem: Antij niet weder verschenen sijne, is den gev: nae het land van den paljetter bij sijn vrienden gegaen, van waer hij door vier lascorijns van Cranganoor opgevat, bij den commendant gebragt, en vervolgens nae herwaerts gesonden en in hegtenis geraekt is. Confesseerende wijders dat den gev: quaelijk gedaen heeft, dat hij /:toen Antij gem: poeliase jongen hem overgaf:/ de slaafbaare ola van denselven niet gevraegt heeft.

Waarmeede den gev: dese sijne vrijwillige confessie eijndigde met betuijging deselve te behelsen de suijvere en opregte waarheid.

Aldus gedaen ende vrijwillig beleden binnen de stad Cochim ter ord:s Raadcamer op saturdag den 13. junij 1750, in presentie van d'E: Mattheus Hendrik Beijts en Jacob Harsing beide leeden uit den Raad voormelt die de minute deses nevens den gev:, tolk en mij secrets: hebben ondertekend /:onderstond:/ 'twelk getuijgt /:g[et::/] Jacob:s Meijn secret:s.

Compareerde andermaal voor de naergenoemde gecommitteerde leeden uit voors[z:] agtb: Raad den gevangen in de voorenstaende confessie gem:, dewelke aan hem nu wederom te overstaan van den koopman en fiscaal deses commandements Nicolaa[s] Bowijn door mij secretaris van woorde te woorde voorgelesen, en onder vertaling van den jo: tolk Hend:k Meulman duijdelijk te verstaan gegeven sijnde, bleef hij daerbij ten vollen persisteeren, sonder de minste verandering te begeeren.

Wijders door voorm: officier den gev: ondervolgende vraegen voorgelegt sijnde, heeft hij daerop soodaenig geantwoord als in dies margine verm: staet

1.

Eerstelijk of den gev: jongst voor sijn detensie op Covertij niet woonagtig is geweest?

Antw: Neen.

2.

Of den gev: van daer op een sekeren dag bij den christen Colatta Tarre Antij op Eddaw[i]necoetoe nae gewoonde gekomen sijnde, twee daegen daer in sijn huijs niet gebleven is?

Antw: Ik ben twee keeren in sijn huijs geweest, om over de saek van 't varken, te spreken.

3.

Of op den derden dag gem: Antij uit vissen gegaen sijnde, den gev: nevens eenige christen kinderen en Poeliase jongens onder een mangus boom niet is gaan sitten, eetende de mangus die van de boom vielen?

Antw: Neen, maar thoen Antij van't vissen quam, lag ik onder de mondoe te slaepen.

4.

Of den gev: aan gem: kinderen eene voor d'andere nae niet heeft gevraegt, wie van hen genegen was met hem mede te gaen, onder belofte van kost en kleeren te sullen geven?

Antw: Neen.

5.

Of vermits niemand van deselve daertoe wilde treeden, den gev: een van de Poeliase jongens, die hem thans verthoond werd, met naeme Chacken apart geroepen hebbende, voorsz: vraage niet voorgehouden heeft?

Antw: Neen.

6.

Of gem: Chacken daerop gewillig thonende, den gev: hem op sijn versoek eenige bosaroeken niet heeft gegeven om surij te drinken?

Antw: Neen.

7.

Of des anderen daegs voorm: Antij weder uit vissen geg[...] sijnde, den gev: gem: Poelias[e] jongen alweder eenige boseroeken gegeven hebbende om surij te drinken, vooruit nae de zeestrant niet gesonden heeft, om den gev: aldaer te blijven afwagten?

Antw: Neen.

8.

Of den gev: naer afscheid van voorm: Antij /:die in tuschen weder 't huijs was gekomen:/ genomen hebbende, vervolgens nevens boven gem: Poeliase jongen Chacken naer Cranganoor ten huijse van sijn swaeger in naeme Aura niet gegaen is?

Antw: Antij heeft mij selvs den jongen met een ola over gegeven.

9.

Of den gev: van daer gewagte jongen, in geselschap van seeker christen geworden Nairo Ausepo gent: die gem: sijn swaeger hem had mee gegeven naer Chettua nie[t] gebragt, en aen den constabel Christiaan Roelofsz: verkogt heeft?

Antw: Ja.

10.

Of den gev: niet moet bekennen, dat hij geene vrunden op Paroe heeft, veel min dat sij hem hebben laeten roepen om daer te komen.

Antw: Voor dat ik getrouwt ben heb ik daer op Paroe geen vrienden gehad, maer nu heb ik daer vrienden van de vrouwen kant, die mij hebben laeten roepen.

11.

Soo meede dat hij met sijn terug komst van Chettua op Cranganoor gehoord hebbende, dat nae hem gesogt wierd, uit vrees voor straf nae Paroe niet gevlugt is?

Antw: Neen.

12.

Of sijn swaeger voorms: die toen als lascorijn op Cranganoor is bescheiden geweest, hem gev: niet gevolgt heeft, en sig nog daer op Paroe ter schuijl is op houdende?

Antw: Dat weet ik niet, maar toen ik van Paroe ging was mijn swaeger daer.

13.

En aangesien den gev: een onderdaen van d'E: Comp: is, soo word hem gevraegt waerom hij dan op de gedaene beschuldiging van den christen Antij aen den coning van Paroe, op Cranganoor, danwel hier niet is gekomen, en hem selven verdedigt heeft?

Antw: Ik heb geen tijd gehad, en Antij heeft belooft 'sanderen daegs nae Paroe te komen, maer niet gekomen sijnde, ben ik van daer vertrocken.

14.

Of den gev: naer hij omtrent 50. dagen op Paroe te hebben schuijl gehouden op Covertij ten sijnen eijgenen huijse komende, door de lascorijns opgevat is geworden?

Antw: Ja.

15.

En indien de christen Antij voorsz: jongen hem hadde gegeven [om] te verkopen, en de he[lft] van de preijs van he[t] varken daervan af [te] houden, en 225. fan:s aan hem uit te keeren, hoe veel soude gem: varken waerdig sijn geweest?

Antw: Een hondert fanums.

16.

Ja waerom heeft hij in soodaenigen geval, gem: fan:s met sijn terug komst van Chettua aen gem: Antij niet gegeven, of wanneer hij Antij op Paroe bij hem is gekoomen?

Antw: Ik heb de 225. fan:s aan mijn swaeger gegeven, toen ben ik nae Paroe vertrocken.

17.

Of den gev: niet moet bekennen, dat hij gem: jongen op voorsz: wijse meede genomen en verkogt heeft?

Antw: Antij heeft mij de jongen gegeven met een ola, en soo heb ik hem op Chettua verkogt.

18.

En dat dierhalven volgens de wetten, aen de straffe des doods, sig schuldig gemaekt heeft?

[A]ntw: Ik stel 't in 't be[l]ieven der heeren.

Aldus gerecolleert, gepersisteert, gevraegt en b'antwoord binnen de stad Cochim ter ord:s Raadcamer op woensdag den 5. aug:o 1750, in presentie van d'E:s Jacob Harsing en Hendrik Notermans beide leeden uit den Raad voorm: /:onderstond een cruijsje en daerom gesz: door den gev: Jano selvs gesteld /:in margine:/ als gecommitt:s /:get::/ J:b Harsing en H:r Notermans /laeger/ voor de vertaling /:get::/ H:k Meulman /:mij present/: Jacob:s Meijn secret:s.

Translaat van een Mallabaars transport ola, No: 7.
Sommieren inhoud van een mallabaars transport ola.

In het jaar Coilan 925. m: s: ofte 1750. in de maand mina[...] ofte maert is dese slaefbaere o[la] gesz: gepasseert, en den christen woonagtig tot Cranganoor gen[aamt] Panaken Aledapoe heeft bij verko[o]p getransporteert gecedeert en in vollen eijgendom naer de daerop staende penningen te hebben ontvangen opgedraegen sekere comparants lijfeijgene slaeve jongen genaemt Chacken, casta Poelia aan Christiaan Roelof, en soo eenige verhinderingen omtrent dese slaef mogte wesen, blijve ik als verkoper bereijt die verhindering weg te nemen. In teeken der waarheid is dit in presentie van Coesisanawoem en Cotta Changaren door Joan Pieris tolk gesz: en int hoofd met Portugeese letters get: /:onderstond:/ voor de translatie Cochim den 14. aug:o a:o 17[...] /:was get::/ H:k: V: D: Linde; g: transl:.

Extract uijt de generaele resolutie des casteels Batavia, No: 8.
Extract uijt de generale resolutie des casteels Batavia, genomen in Raade van India op Dingsdag den 21:e 8:ber anno 1710.

Op het ingediende geschrift van den agtb: Raad van Justitie deses casteels en de daerbij verthonde consideratien over het begrip van 't laeste articul van ons placcaet van den 21:e 8:ber 1688. sprekende van het steelen van menschen, versoekende daer omtrent onse elucidatie, is verstaen tot haer agtb: verligtinge bij desen te verklaeren, dat niet alleen alle de geene, dewelke ter zee of te lande eenige menschen 't sij vrije of lijfeijgenen van hier vervoeren, of steelen, die straffe des doods van het gem: placcaet incurreeren, onaengesien zij lieden daerin gestuijt, verhindert of betrapt mogten sijn, maer dat ook alle de geene, welke moetwillens en wetens haere hulp daertoe g[e]contribueert, ofte meede gewer[kt] mogte hebben, 't sij door verleijdinge van soodaenige vervoerde menschen, item huijsvestinge, of verschuijling van de selve ten versoeke, dienste en adjude des steelders, ofte vervoerders, gevolgelijk ook die willens en weetens daertoe eenige vaertuijgen ofte andere hulp middelen gecontribueert hebben, soo meede die gene, welke tot 't steelen van menschen last, en ordre geven, ofte wel de vervoerders daertoe verlokt, g'induceert, ofte g'instigeert mogte hebben; soo ook die gene, welke soodaenige vervoerde menschen wetens gekogt, ofte voor reeq: den steelders verkogt mogten hebben, welke alle de straffe des [do]ods van gemelte placcaet incurreeren, onvermindert het officie, en prudentie van den regter, om nae de gelegentheijd van de omstandigheeden, personen als anders, ook wel een mindere straffe te mogen decerneeren, soo als denselven in conscientie sal bevinden te behoren.

Dog wat aan gaet het gene bij de statuiten van Batavia onder den titul van slaeven of lijfeijge[n]en art:l 12. gesegt werd wegens het deboucheeren, ophitsen, en aanhouden, ofte huijsvesten van eens anders slaeven, dat 't selve verstaen moet werden van vagebonden slaeven, of die om andere reden latiteeren, soo als dat ook bij de roomse regter, als iets anders begrepen is geweest, /:getekent:/ F: De Groot, sec:s, (lager) accordeert /:was get::/ J:s: Spits sec:s /:onderstond:/ accordeer[t] /:get::/ F:s Thievart E:te clerq /onderstond/ accordeert /:get::/ Aij V:n Vechten sec[:s].

Extract uit de crimineele rolle, No: 9.

Extract uijt de crimineele rolle gehouden voor den agtb: Raad van Justitie binnen de stad Cochim op

Dingsdag den 22:e 7:ber anno 1750,

'smorgens ten agt uuren.

Alle present dempto d'E: Harmanus van der Steeg door indispositie.

Den koopman en fiscaal deser commanderije Nicolaas Bowijn ex off:o eijsser

contra

den christen lascorijn Jano van Mattancherij, oud 24. jaaren, j:o woonagtig geweest sijnde in 't land van den [pa]lietter op Covertij, thans sheeren gevangen omme over 't wegvoeren en verkopen van een Poeliase jongen, toebehoorende den coning van Cochim eijsch ad mortem te aanhooren.

Den eijsser ex off:o levert over sijn schriftelijken crimineelen eijsch en conclusie met de documenten tot corroberatie van dien ingewonnen, en concludeert daerbij in fine pro ut in scriptis.

Den gev: segt: Ik heb de waarheid gesegt, nu laet ik het aan het believen der heeren.

Den eijsser persisteert bij sijnen gedaenen eijsch en ge[...] conclusie.

Den Raad alvoorens in desen te voteeren heeft goed gevonden en verstaan de stucken van ged:te proces aan de leeden ter lesing en examinatie rond te senden /:onderstond:/ accordeert /:was get::/ Jacob:s Meijn sec:s.

Extract uit de crimineele rolle, No: 10.

Extract uijt de criminee[le] rolle gehouden voor den agtb: Raad van Justitie binnen de stad Cochim op Dingsdag den 27:e 8:ber anno 1750, 'smorgens ten agt uuren.

Alle [...] pres[ent] [...] [ju]stitien [...] en ie[...] R[a]ad van J[ustitie] [...] [...] ten d'[e]xecutie van 't [v]oorsz: vonnis te surcheeren tot de naedere dispositie van haar hoog edelhedens de hoge Indiase regeering tot Batavia.

Actum binnen de stad Cochim den 21. december a:o 1750.' /:was get::/ A:m Corn:s d'Lahaije /: in margine stond 'scomps: segel in rood lak gedruckt en daer onder gesch::/ ter ordonnantie van den E: E: heer oppercoopman en pl: gesaghebber in desen gem: /:was get::/ Aij Van Vechten secret:s.

Accordeert, [get.] C:s Visser, gesw: clerq.

[...] en d[...]ooge[...] [...], cum expensis.

Soo is 't dat wij nae overweging ons met het gewijsde van den regten niet hebben konnen confirmeeren, om reeden den gev: niet op eijgene confessie maer eenelijk op inditien is gecondemneer[d] alsoo hij volkomen ontkent den slave jongen hijmelijk of invito domino vervoert en verkogt te hebben, daer 't nog thans al omme gebruijkelijk is, dat niemand met ter dood werd gestraeft als die sijn misdaed met sijn eijgen mond bekent heeft, ter saeke dan van welke tegens de manier en practijk van procedeeren strijdende condemnatie sonder van de klaarheid of swakheid der bewijsen of liever [...] [a]lle present dempto, d'E: H[armanus van] der Steeg door i[ndispositie] [...] de saek van den gev: christen lascorijn Jano van Mattancherij aan de lee[den]t[er] leesing en examinatie rond t[e] senden, is op heeden door opgemel[te] Raad nae het insaamelen der stemmen ten diffinitive gevonnist a[ls]volgt.

Den Raad met aendagt gelesen end[e] geresumeert hebbende den schriftelijken crimineelen eijsch door den koopman en fiscaal deses commandements Nicolaas Bowijn ex off: eijsser op ende jegens den gev: christen lascorijn Jano, over het wegvoeren en verkopen van een Poeliase jongen, in naeme Chacken, toebehoorende sijn hoogheis den coning van Cochim, g'exhibeert, benevens de stucken en bewijsen tot adstru[...] [...]ewonnen, mits gad[...] gelet op 't geene te [...] en in de [...] ende doende [...] ex off: ged[a]en[e]n eijsch, en verklaert oversulx den gev: te sijn een man des doods, hem ten dien eijnde condemneerend[e] om g[e]bragt sijnde ter ordinaire geregts plaetse, alwaer men hier gewoon is crimineel sentientien te executeeren, aldaer aen den scherpregter overgelevert, en door denselven met de koorte aan den galge gestraft te werden, dat'er de dood nae volgt, en desselvs doode lichaem nae het buijten geregt gebragt, en weder aan de aldaer staende galge tot proije van de lugt en de vogelen des hemels opgehangen, cum expensis; advoueert wijders des eijssers sijn gedaen versoek om met het believen van de overigheid deser custe [...].

Aldus [...] en [...] bin[nen] de stad Cochim ter ord:s Raadcamer van den agtb: Raad van Justitie den dage, maand en jaare voorsz: bij den eersten capi[t] ain militair Daniel Bos voorsittend lid, neven[s] de verdere leeden den meede capitain Jan Bulkens, de onderkoopliede[n] Gijsbert Jan Feith en Mattheus [...], den schipper en equipagiemeester Jacob Harsing, de boekhouders Abraham Gosenson en Hendrik Notermans /:onderstond:/ mij present /was get::/ Jacob:s Meijn secret:s /:onderstond/ accordeert /:get::/ als vooren.

Acte van surchance door den E: E: heer Abraham Cornelis de Lahaije, No: 11.
Abraham Cornelis de La Haije oppercoopman en pl: gesaghebber der custe Mallabaar, Canara en Wingurla aandagtelijk [...] [...]meerd [...] eijsh en con[clusie] [...] [koo]pman en fiscaal [...] [...]ents Nicolaas [B]owijn ex off:o eijsser, op den 22:e 7:ber in Raade van Justitie g'exhibeert tegens den gev: christen Jano, over het wegvoeren en verkopen van een Poeliase jongen in naeme Chacken, toebehorende zijn hoogh:t den koning van Cochim, waerover bij diffinitive vonnisse door voorsz: Raad op den 27 8:ber [...] voormelte gev: verklaert is te sijn een man des doods en gecondemneert om gebragt sijnde ter ord:s geregts plaetse, alwaer men hier gewoon is crimineele sentientien te executeeren, aldaer aen den scherpregter overgelevert, en door denselven met de coorde aen de galge gestraft te werden, dat er de dood nae volgt, en desselvs doode lighaem na't buijten geregt [...].

Retrieving abducted children, CR-495-1 (translation)

Criminal *eijsch en conclusie*, Letter A.
Eijsch en conclusie drawn up and delivered to the honourable *manhaften* Christiaan Baloewijn Fredrik van Wisberg, major and head of the militia and presiding member of the honourable Council of Justice of this city, and also

delivered to its honourable members, on behalf of the merchant and fiscal of this district, Nicolaas Bowijn, in his official capacity as *eijsser*,

contra

the Christian lascorin Jano from Mattancherij, 24 years old, last residing in the land of the *paljetter* at Covertij, currently their honours' prisoner, in order to hear the *eijsch ad mortem* for abducting and selling a *Poeliase jongen* named Chacken, belonging to the king of Cochim.

Honourable lords!
It appears, that the vile nature of the Malabar [...] is inclined to [...] the disguising of [...],[1]

that even when they were convinced completely of their committed crimes and false pretences, they would not come to a true account of affairs, without additions or omissions.

Just as this will appear clearly through what the above mentioned prisoner is conveying against the Christian Colatta Tarre Antij, not withstanding that for his sake he was forced to leave his residence and suffer great damage, because the honourable lords will satisfactorily discern through the verification of the accompanying depositions of complaint, and statement cited under number 1, 2 and 3, that about five to six months ago the prisoner was visiting at and in the house of the [...] Edda Mine Coedoe, and stayed there for three days.

In the meantime, the aforementioned Antij had gone out to fish as usual, and as his children were playing under a *mangus* tree in the company of some *Poeliase jongens*, eating the *mangus* that fell from the tree, the prisoner had gone to them, asking them, one after the other, who was interested in going with him with the promise of giving them food and clothing, but as none of them wanted to agree to that, the prisoner had asked a *Poeliase jongen*, standing here before your honourable lords, with the name of Chacken, belonging to the king of Cochim, if he wanted to come with him to drink *surij*, who answered him in the negative, to which the prisoner told him that he also had fish, and if Chacken would just come with him, he could eat and drink with him, upon which the

---

[1] The documents are damaged. This section seems to make the point that people from the Malabar coast would be inclined to disguise the truth, or *waerheijd*.

aforementioned Chacken asked some *bozeroeken* from the prisoner, [and after] he had received eight of those in two turns, he went with him to Cranganoor.

There the prisoner kept him, Chacken, for two days in the house of his brother-in-law, who as lascorin was stationed there in the service of the honourable Company and is currently a fugitive, before he brought him in the company of the now also fugitive converted Christian *Nairo* Ausepo, who was sent along with him by the aforementioned Aura to the *constabel* Christiaan Roelofsz. in Chettua, to whom the *jongen* was presented for sale by the aforementioned Ausepo on the recommendation of the prisoner, and being inclined to buy him, Roelofsz. went to the commander of the fort, requesting approval to buy that *jongen*, upon which the aforementioned commander ordered him to bring the aforementioned Ausepo and boy to him [the commander] and ordered the interpreter, Joan Pires, who was present there, to examine Ausepo and the *jongen*, which was being done by him when the aforementioned Ausepo said that he was named Panekel Ausepo, and that he was residing at Cranganoor, and that the aforementioned slave belonged to his *voorsaat*, and for that reason had no *koop ola*, after which the mentioned *jongen* admitted that this Ausepo was his owner, [thus] the commander has granted permission to the aforementioned *constabel* to buy this *jongen*, upon which the aforementioned *constabel* [has] spoken with Ausopa about the price and [they] agreed for 370 *fanums*, [and] requested the interpreter to produce a *slaef ola*.

After this had been done by him, the aforementioned Ausepo has signed that *ola* as seller and [has] given it together with the aforementioned *jongen* Chacken to the aforementioned *constabel* after receiving the aforesaid *fanums*, and the first mentioned has departed in the company of the prisoner, but four days after the prisoner had abducted the aforementioned *jongen*, some *Poelias* came to the aforementioned Christian Antij, and asking him about the aforementioned *jongen* Chacken, he answered them that he did not know, to which answer the aforementioned *Poeliassen* said that they would inform the king of Cochim that the aforementioned *jongen* had gone missing with him, Antij, and [when] he, Antij, also heard from his children that the prisoner had asked them who of them would come with him, and that they also had seen [that] the prisoner had given several *bosaroeken* to the aforementioned Chaken, he, Antij, conceiving a malicious suspicion regarding the prisoner, went that same night to Cranganoor into the house of the prisoner's brother-in-law, the fugitive lascorin Aura, and asked his prisoner's sister where the prisoner was and if he had not brought a *Poeliase jongen* into that house, upon which she gave as answer that he had left for Chettua and had taken the aforementioned *Poeliase jongen* with him. He,

Antij, then again departed from there, and arriving at his house he saw that some *Nairos* of His Highness were standing before his aforementioned house, who had already confiscated and taken all his goods (being a fishnet worth 700 *fanums*, and 600 *klappers* valued at 120 *fanums*), and as they intended to take him, Antij, and his wife and daughter too, he fled that same night out of fear of being arrested to the commander at Cranganoor, and confessed to him the aforesaid. When he then heard that the prisoner had left Chettua, and was now at Paroe, he, Anthij, went there and had complained to the King of his land about the transport and selling of the aforementioned *jongen* by the prisoner.

Upon which the mentioned king, who wanted the case finished there, in order to favour the prisoner, ordered Anthij to return the other day and to confirm his narrative with an oath. Which Anthij did not deem wise to do; he gave as answer that he could not finish the case there, since he was a subject of the honourable Company.

When the prisoner after about 45 or 50 days came into the land of the *paljetter* at Covertij, the lascorins, who were sent out by the commander of Cranganoor, arrested him in his own house and delivered him to the aforementioned commander.

From there he was sent here, accompanied by the letter hereby provided in copy marked number 5, and when he was subsequently imprisoned he did not deny in any way that he had brought the aforementioned *jongen* from Eddawinecoetoe to Cranganoor to his brother-in-law Aura, and from there to Chettua in the company of the aforementioned converted Christian *Nairo* Ausepo, whom the aforementioned Aura had sent with him, and sold him to the *constabel* Christiaan Roelofsz.

He added, however, that the aforementioned Christian had given him [the *jongen*] to sell him, and that he had given 225 *fanums* to Antij, after deduction of his money, to the amount of a pig, which he had apparently given to Antij to raise, notwithstanding that Antij declared in response to the questions put to him at the verification of his deposition of complaint that he had never taken a pig to raise from the prisoner, and that thus all that the prisoner had brought forward in this respect are lies.

In order to prove to your honourables that these accusations by the prisoner are unfounded, and fabricated lies, the *eijsser* will present his own arguments.

Because he says in his own confession, that can be found here under number 5, that he has given a pig to the aforementioned Antij in order to raise it, and that after one and a half years [when] he had asked about it and understood that Antij had sold it, the prisoner claimed half of the money.

Furthermore that the aforementioned Antij has given him the aforementioned *jongen* to sell him, and to deduct his money for the pig and to pay out the 225 *fanums*.

And if the mentioned pig was worth 100 *fanums*, as the prisoner claims to the fifteenth question that was asked him at the verification of his confession, then he should not have more than 50 *fanums*!

How then can this Antij have told him to take out [these] *fanums*?

Furthermore the prisoner says at the end of his confession in order to make his evil lies seem like truth, that he had done wrong when Antij gave the *Poeliase jongen* to him, that he did not ask him for the *slaafbaare ola*.

And to the 8th and 17th questions of his verification, he claims that Antij has given him the *jongen* with an *ola*.

The *eijser* cannot understand how these contradicting testimonies of the prisoner should be reconciled, but that both are clear lies is obvious.

Because if one of these claims were true, what reason would have motivated him to bring the *jongen* to Chettua, and to give him to the aforementioned Ausepo in order to sell him, as has been done, and as can be seen in the here mentioned account marked number 2 and 3; furthermore he says in his confession that several days after his return from Chettua to Cranganoor, when his friends, who live at Paroe, had called for him, he went there, without mentioning or saying anything about having given some *fanums* to his brother-in-law.

And to the 16th question of his verification – in which he was asked, that if the Christian Antij had given him the aforementioned *jongen* in order to sell him, and to give Antij 225 *fanums* after deduction of half of the price of the pig, why in that case he had not given the aforementioned Antij the mentioned *fanums* when he returned from Chettua or when Antij came to him [in] Paroe? – he answered in this way: I have given the 225 *fanums* to my brother-in-law, and then I went to Paroe.

And if this was the truth, honourable lords, and if Antij truly had given the aforementioned *jongen* to him to sell on the aforementioned conditions, then after all it was his duty, when Antij came to complain to him at Paroe, to demand the aforementioned *fanums* from his brother-in-law (who according to the answer of the prisoner to the 12th question was present there) and to give them to Antij. Or otherwise, in response to the accusations of this Antij to the King there, to go to Cranganoor or to here in the city, and to defend him[self], which he had not done, but instead since his return to Chettua he had placed himself under the protection of a foreign lord, had hidden himself here and there, until he was arrested; does that after all not make clear that the prisoner is falsely accusing the aforementioned Antij, possibly to make him part of the crime, that the imprisoned made him[self] guilty by the abduction and selling of the aforementioned *jongen* Chacken.

This shall become even more apparent to your honourables when we consider the deposition of complaint of the aforementioned *jongen* Chacken, which can be found here attached under number 2.

Because when it was asked of him, Chacken, explicitly at the verification whether the abduction of him by the Christian Jano was done with the consent of the fellow Christian Antij, he had answered clearly to that: No.

Having thus sufficiently dissected the evil nature of the prisoner, the *eijsser* shall now bring forward what crime he was guilty of according to the content of the many praiseworthy laws.

The ordinance of the highest legislator in these matters, as written in Exodus chapter 21, verse 16, reads thus:

The one who steals a person, whether he has sold that person, or that this person is found in his possession, will be brought to death, by which the political laws, both those of the ancient as well as those of our present times fully correspond; Diocletianus and Maximilianus, both Roman emperors, ordain and decree in L:7, *Codicis ad legem fabi de plagiarius*, thus that when it was found that slaves were taken away from the city by *plagiarios* (thieves of people) we order that this crime must be counteracted as strictly as possible.

And thus when someone is caught in such a villainous act, one must not hesitate to impose on them capital punishment, so that others will be deterred by this kind of punishment. Furthermore, the certain death penalty for all of these crimes is not only stipulated by the High Government of Dutch India in Batavia in the ordinance of 21 October 1688, but was also ordained by the resolution taken by aforementioned high honourables on 21 October 1710, and it was added for the clarification of the honourable Council of Justice that abducters of free people, or slaves, and also those of whom it had been proven with the least evidence that they were planning this, shall be punished with death.

Just as is shown with more detail in the extract, that can be found here under number 8, that in France domestic thieves, though freeborn, are usually punished with the death, as can be see in the *pappus annot:* in the Article Book of the high and mighty article 3 and letter page 64.

Regardless of all that, this crime is also particularly forbidden on pain of death in the year 1690, on 23 August, by the former commander Isaac van Dielen.

From all these praiseworthy laws and statues it is sufficiently proven what punishment this prisoner deserves.

Thus against the fugitive Christian lascorin Aura and the converted Christian *Nairo* Ausepo, the *eijsser* will keep his claims in reserve, and finally it is noted here that although the buying of the aforementioned *jongen* Chacken by the *constabel* Christiaan Rolofsz. has been done with an examination and with approval of the commander under whom he Roelofsz. was stationed, he is, however, obligated to renounce this, and to hold the seller liable, since he has sold and brought on this condition, as can be seen in the transaction *ola* of the aforementioned *jongen* that is attached in the original and translation under number 7.

And with this, the *eijsser*, after having requested your honourables to supplement that what is missing *ex officio*, considers himself authorized to rightfully

Conclude, that the prisoner mentioned in the heading of this, with certain judgement of your honourables, shall be condemned to be taken to the regular place of execution where criminal sentences are usually executed here, [and] there to be handed over to the executioner, to be punished with the rope on the gallows by him, until death follows, and his dead body to be brought to the outer place of execution, and there once again to be hung up on the there-standing gallows to be consumed by the air and birds of the sky, *cum expensis*, and with the approval of the High Government the aforementioned *jongen* shall be transferred to his lawful lord, the King of Cochim, or to another purpose as *etcetera*.

Requesting this in everything *etcetera* [signed] N. Bowijn [in margin] produced in the aforementioned Council in the city of Cochim on 22 September in the year 1750.

Verified deposition of complaint of the Christian lascorin Colatta Tarre Anti, Number 1.

There appeared before the undermentioned delegated members of the honourable Council of Justice of this city, the Christian Collate Tarre Antij, resident at Ettawinecoetoe, who in the presence of the merchant and fiscal of this district, Nicolaas Bowijn, under display of the imprisoned Christian Jano, declared that he knew him well and that he was the one whom he accused, complained through the translation of the junior interpreter Hendrik Meulman as follows; that on a certain day, now about three months ago, the prisoner had come to the house of the deponent and stayed for two days, that when the deponent had left the house to go fishing, the prisoner had sat down under a *mangus* tree with several children among which two *Poelias*, eating the *mangus* that had fallen from the tree, that the prisoner had asked the aforementioned children one after another who would be inclined to come with him, that he would give food and clothing, but as none of them were willing, the prisoner called one of the *Poeliase jongitjes* separately and asked him the aforementioned question, who to this answered him that he wanted to come with the prisoner; that as the deponent the other day again went out to fish, the prisoner had in the meantime sent the aforementioned *Poeliase jongitje* to the beach in order to wait there and when the deponent arrived back home he said farewell, and left, and kept the aforementioned *jongetje* for two days in Cranganoor in the house of this prisoner's brother-in-law, from where he brought him on the third day to Chettua, and there he has sold him to a corporal; that after four days after the disappearance of the aforementioned *jongetje*, several *Poeliassen* had come to the house of the deponent and asked about the aforementioned *jongetje*, upon which the aforementioned deponent answered him that he did not know where the *jongetje* had gone, upon which the aformentioned *Poeliassen* said that they would make known to his highness the king of Cochim that the aforementioned *jongetje* went missing under the deponent; then the children told the deponent that the prisoner had asked them who of them would like to come with him, and that they also had seen that the prisoner had given a batch of *boeseroeken* to the *Poeliase jongitje*, upon which the deponent had gone on that same evening to the house of the prisoner's brother-in-law and asked the prisoner's sister where he was [and] also if he had not brought a *Poeliase jongitje* into that house, to which she answered, yes, and that he had gone to Chettua and had taken the aforementioned *Poeliase jongitje*, that when the deponent came back home again he had seen that several *Nairos* of his highness were at his house, who had confiscated and taken away all [his] goods, and as they also wanted to take the deponent and his wife and daughter, the deponent therefore fled with his family that same night out of fear of being arrested, and arriving there with the commander and having made known the aforementioned, he thereupon sent out two lascorins to search for the prisoner, but since they did not find him, his aforementioned lascorins went for the second time into the land of the *paljetter* together with the deponent and there [they] found the prisoner together with his wife in a *casie*, arrested, and brought to Cranganoor and transferred to the commander,

With which the deponent ended his deposition of complaint with declaration that this contains the whole and honest truth.

Thus done and deposed in the city of Cochim in the ordinary Chamber of Council on Saturday, 13 June 1750 in the presence of the honourable Mattheus Hendrik Beijts and Jacob Harsing, both members of the aforementioned Council, who have signed the original of this together with the deponent, junior interpreter and me the secretary (standing below) which was declared (signed) Jacob.s Meijn, secretary.

There appeared again before the undermentioned delegated members of the aforementioned honourable Council, the deponent named in the aforementioned deposition of complaint, [and] when this was read out to him word for word by me the secretary in the presence of the merchant and fiscal of this district, Nicolaas Bowijn, and the imprisoned Christian Jano, and was made clear to him under translation of the junior interpreter Hend.k Meulman, he persisted with this, without desiring the least of alteration.

Furthermore, when the underfollowing questions were put to him by the aforementioned officer, he replied such as is mentioned in the margins,

1.
Whether the prisoner is married, and where he has resided?
Answer: Yes, he is married and, residing at Covertij.

2.
Whether the prisoner now about a year and half ago had not given to the deponent a pig to raise?
Answer: No, never.

3.
Whether now about two or three months ago, when the prisoner had come to his house and asked him about the aforementioned pig, the deponent had not said to him that he had sold it?
Answer: No.

4.
Whether when the prisoner thus claimed half of the money, the deponent did not promise to give him [this] after several days?
Answer: No.

5.

Whether the prisoner did not then say to him to come to Cranganoor on the day of the feast of Parnij to put an end these matters?

Answer: No.

6.

Whether since the deponent did not go there on the aforementioned day, the brother-in-law of the prisoner named Aura has not addressed him about that money?

Answer: No.

7.

Whether the deponent promising to give this first to Auro, he then did not swear on an *ola* for the deponent, requesting with that to complete the affair as soon as promised?

Answer: No, these are lies.

8.

Whether when the aforementioned *ola* was ordered by the prisoner, the deponent did not want to write an *ola* in response?

Answer: No.

9.

Whether the prisoner had not been dissatisfied with this, saying that this was not necessary, and that he wanted his money?

Answer: No.

10.

Whether the deponent then did not point out to him two vessels in order to take one of them, and to sell it to reduce his debt?

Answer: No.

11.

Whether since the prisoner was not satisfied with this, the deponent has not given him a *Poeliasse jongen* in question, in order to sell him, to take his money from this, and give 225 *fanums* to this deponent?

Answer: No.

12.
Whether the deponent did not hear who the prisoner's brother-in-law has sent in the company of the prisoner to bring the aforementioned *jongen* to Chettua and to sell him?
Answer: A *Nairo* who is converted to Christianity named Ausop went with the prisoner.

13.
Whether the prisoner has any friends at Paroe, and who these are?
Answer: No, no one.

14.
Whether, when he came from Chettua, and at the request of the aforementioned friends, the deponent had also gone there and had not complained about him to the king of that land?
Answer: Yes.

15.
What complaints he made about the prisoner?
Answer: I have complained to the king that the prisoner had stolen a *Poeliase jongetje*.

16.
Whether when his highness had heard [the] parties, he had not ordained the deponent to take an oath?
Answer: Yes, but I did not want to finish the case there, and also not to take an oath, because I am a subject of the honourable Company.

17.
Whether the deponent has not been negligent in returning there in the right time?
Answer: Yes, I did not go there.

18.
How long the prisoner has lived at that place where the deponent and lascorins have arrested him, and with what he has subsisted?
Answer: The prisoner has remained there 45 days, and has subsisted with the money that he had received for the slave.

19.

What were the goods that the *Nairos* of the king of Cochim have taken, and how much would these be worth?

Answer: A fishnet of 700 *fanums*, and all the *klappers* of the trees, amounting to 120 *fanums* for 600 *klappers*.

Thus verified, persisted with, questioned and answered in the city of Cochim in the ordinary Chamber of Council on Monday, 27 June 1750, in the presence of the honourable Daniel Bos and Abraham Gosenson, both members of the aforementioned Council [standing below a cross and thereby written] set down by the deponent himself [in margin] as delegates [signed] D.l Bos and A.m Gosenson [lower] for the translation [signed] H.k Meulman [standing below] in my presence [signed] Jacob.s Meijn, secretary.

Verified deposition of complaint of the *Poeliasen* slave *jongen* Chacken, Number 2.

There appeared before the undermentioned delegated members of the honourable Council of Justice of this city, the slave *jongen* named in malabarian Chacken, born in Narika, now renamed April, *lijfeijgen* of the *constabel* Christiaan Roelofsz., stationed at Chettua, *poelia* caste, about 12 years of age, who in the presence of the merchant and fiscal of this district, Nicolaas Bowijn, and through the translation of the junior interpreter, Hend.k Meulman, under display of the imprisoned Christian Jano, declared to know him well and that he was the one whom he accused, [and] complained that now about five months ago, [when] the deponent was playing under a tree before the house with several other *Poeliase jongen*, the prisoner came to them and asked the deponent whether he wanted to come with the prisoner to drink *surij*; when the deponent answered no, the prisoner had then replied that he also had fish, if only the deponent would come with him, he could eat and drink with the prisoner, upon which the deponent asked some *boeseroeken* from the prisoner, who gave the deponent two times eight *boeseroeken*, and the deponent went with him, that the prisoner had then brought the deponent to the house at Cranganoor, and the other day in the evening [they] had left for Chettua with another *Mallabaar*, where the prisoner sold the deponent to the aforementioned *constabel*.

With this the deponent ended his deposition of complaint, declaring this to be the whole and honest truth.

Thus done and deposed in the city of Cochim in the ordinary Chamber of Council on Thursday, 16 July 1750, in the presence of the honourable Daniel Bos and Abraham Gosenson, both members of the aforementioned Council, who have signed the orginal of this together with the deponent, junior interpreter and me the secretary, [standing below] which was declared [signed] Jacob.s Meijn, secretary.

There appeared again before the undermentioned delegated members of the aforementioned honourable Council, the deponent named in the aforementioned deposition of complaint which was now again read out word for word to him in the presence of the merchant and fiscal of this district, Nicolaas Bowijn, in the presence of the prisoner Christian lascorin Jano by me as secretary, and made clear to him under translation of the junior interpreter, Hend.k Meulman, persisted fully, without desiring the slightest alteration.

Furthermore the aforementioned officer asked him whether his abduction by the Christian Jano was done with the consent of the fellow Christian Antij, upon which the deponent answered no.

Thus verified and persisted with, asked and answered in the city of Cochim in the ordinary Chamber of Council on Wednesday, 5 August 1750, in the presence of the honourable Jacob Harsing and Hendrik Notermans, both members of the aforementioned Council [standing below a cross and thereby written] set down by the deponent himself [in margin] as delegates [signed] J.b Harsing and H.k Notermans [below] for the translation [signed] H.k Meulman [standing below] in my presence [signed] Jacob.s Meijn, secretary.

Verified statement of the *constabel* at Chettua Christiaan Roelofsz, Number 3.

There appeared before the undermentioned delegated members of the honourable Council of Justice of this city Christiaan Roelofsz. from Hamburg, *constabel* in the service of the honourable Company, stationed at the fort Wilhelmus at Chettua, who on requisition of the merchant and fiscal of this district, Nicolaas Bowijn, under display of the imprisoned Christian lascorin Jano and the *Poeliase jongen* named Chacken [and] now renamed April, whom he testified to know and to be the same as the person he was now talking about, declaring this to be the truth, the following statement; that on a certain day in the last month, March, some Malabarian has brought to him the aforementioned *Poeliase jongen* in order to sell him, while he was accompanied in this by the prisoner, upon which the testifier went to the commander of the fort and has asked permission to buy a slave *jongen*, for which the aforementioned commander has indeed granted him permission, and has called the *jongen* with the seller into the fort, asking first the seller, whether this was his slave, who answered yes, having then also asked the *jongen*, whether he was the slave of the seller, the aforementioned *jongen* also answered with yes, they then agreed to the sale and agreed this for 370 Cochim *fanums*, when upon that the testifier demanded the *koopola*, the seller said that this slave was raised with him in his house, and that he did not have an *ola*, but that he would make the interpreter write one, upon which they first went to him, and the interpreter Jan Pieris wrote an *ola* in the presence of two witnesses, the first being the prisoner Jano and the second a *mocqua* who served in house of the testifier; then the seller (after receiving the money) handed over the *ola* and the *jongen* to the testifier, and first departed from there together with the prisoner; furthermore, the testifier declared that on a certain day in the last month, July, the aforementioned commander demanded the *jongen* from him and sent him to the city.

With this the testifier ended his given statement, declaring this to be the whole and honest truth.

Thus done and testified in the city of Cochim in the ordinary Chamber of Council on Thursday, 13 August 1750 in the presence of the honourable Abraham Gosenson and Hendrik Notermans, both members of the aforementioned Council, who signed the original of this with the testifier, junior interpreter and me the secretary [standing below] as declared [signed] Jacob.s Meijn secretary.

There appeared again before the undermentioned delegated members of the aforementioned honourable Council, the testifier mentioned in the heading of the aforementioned statement, which was now read out to him word for word, clearly and plainly by me the secretary in the presence of the merchant and fiscal of this district, Nicolaas Bowijn, the imprisoned Christian lascorin Jano and the *Poeliase jongen* named Chacken now renamed April, he persisted fully with this, without desiring the least of alterations.

Furthermore when the following questions were put to him by the aforementioned officer, he replied such as is mentioned in the margins,

1.
Whether the testifier has known the seller of the *jongen* he bought and seen him more often in Chettua?
Answer: Yes, I have seen [him] more often in Chettua, but not known [him].

2.

Whether the testifier does know where he resides?

Answer: At Cranganoor.

3.

Who ensured him that the aforementioned *jongen* was raised by the seller?

Answer: The seller himself has ensured me of that.

4.

Whether the prisoner Jano has not done this, and who else?

Answer: No, no one else but the seller.

5.

Whether when the aforementioned seller brought the *jongen* to him, he was in the company of the prisoner Jano?

Answer: Yes.

Thus verified, persisted with, asked and answered in the city of Cochim on Monday, 17 August 1750 in the presence of the honourable Gijsbert Jan Feith and Mattheus Hendrik Beijts, both members of the aforementioned Council, [signed] Christiaan Roelofs [in margin] as delegates [signed] G. J. Feith and M. H. Beijts [lower] for translation [signed] H. Meulman [standing below] in my presence [signed] Jacob.s Meijn, secretary.

Statement of the interpreter at Chettua Joan Pires, Number 4.

There appeared before the undermentioned delegated members of the aforementioned Council of Justice of this city Joan Pieris, interpreter in the service of the honourable Company in Chettua, who on the requisition of the merchant and fiscal of this district, Nicolaas Bowijn, under display of the imprisoned Christian lascorin Jano and the *Poeliase jongen* named Chacken now renamed April, whom he declared to know and to be the same as whom he is speaking about here, to be held as the truth, and by translation of the junior interpreter, Hendrik Meulman, declared the following, that in the past month, March, when on a certain day the testifier was with the commander to report to him, the *constabel* Roelofsz. asked permission to buy a slave *jongen*, to which the aforementioned commander ordained the seller to be brought to him with the slave, which was done, and the aforementioned commander ordained the testifier to examine the seller with the slave, upon which the testifier asked the seller whether this was his slave *jongen*, who answered yes; he further asked his name and where he lived, also where the *koop ola* was; the seller answered that his name was Panikel Auppo and resided at Cranganoor, and that this was a slave of his *voorsaet*, and that he had no *ola* of this; that the testifier then asked the *jongen* whether he was a slave of this man, who wanted to sell him, this *jongen* said yes, that this old man Ausepo was his *sinjeur*, after which the commander granted permission to the *constabel* to buy this *jonge*, that the same morning around nine o'clock the *constabel* came to the house of the testifier, requesting to write the *ola*; the testifier then requested two witnesses from the *constabel*, whom he has also brought forward, of which one was the prisoner Jano and the other a *mocqua* who resides below the fort, upon which the testifier then has sworn the *ola*, signed it and handed it over to the *constabel*.

With which the testifier ended his given statement, declaring this to be the whole and honoust truth.

Thus done and testified in the city of Cochim in the ordinary Chamber of Council on Thursday, 13 August 1750, in the presence of the honourable Abraham Gosenson and Hendrik Notermans, both members of the aforementioned Council, who signed the original of this with the testifier, junior interpreter and me the secretary [standing below] which was declared [signed] Jacob.s Meijn, secretary.

There appeared again before the undermentioned delegated members of the aforementioned honourable Council, the testifier named in the aforementioned statement which was now read to him by me the secretary word for word before the merchant and fiscal of this district, Nicolaas Bowijn, and in the presence of the imprisoned Christian lascorin Jano and the *Poeliase jongen* Chacken now renamed April, and when this was made clear to him through the translation of the junior interpreter, Hend.k Meu[l]man, he persisted fully with this, without desiring the slightest change.

Furthermore when the following questions were put to the testifier by the aforementioned officer, he has answered to that as mentioned in the margins.

1.
Whether the testifier has seen the seller of the *jongen* in this case more often on Chettue and has known him?
Answer: No.

2.

Whether he is a Saint Thomas Christian, or a Christian lascorin?

Answer: I have held him for a Christian lascorin, but later I have heard that he was a converted Christian *Nairo*.

3.

Whether the testifier knows that he resides at Cranganoor and who his *voorsaat* was?

Answer: No.

4.

If yes, to state where he resides and with what he subsists?

Answer: I do not know that.

5.

Whether he has more slaves than this one, who have been sold by him?

Answer: I do not know whether he has more; he has not brought slaves there as long as I have been interpreter, other than this *jongen* Chacken.

6.

Whether the testifier is capable of showing where the aforementioned seller Ausepo currently can be found?

Answer: No, I am not capable to do so.

7.

Whether the testifier is sure that the aforementioned *jongen* Chacken has been a slave of the aforementioned Ausepo's *voorsaet*, or who has ensured him of this?

Answer: I am not sure, except for what the seller has said.

8.

How the testifier could give credence to the saying of the aforementioned Ausepo only, and be sure that the aforementioned *jongen* was of his *voorsaet*?

Answer: Because the most are brought there in such a way to be sold, and that these are slave children for whom they do not have *olas*, therefore I have passed the *ola* on the words of the *jongen* and Ausepo themselves.

9.

Whether it had not been the duty of the testifier, since the seller did not have an *ola*, to inspect thoroughly where the aforementioned Ausepo resided and if he was a man who possessed such slaves, even though the *jongen* had said that he was his *sinjeur*?

Answer: I have acted according to my duty, and following the statement of the seller and the prisoner Jano, being witnesses, I have worked on that basis, after which it was impossible for me to inspect this further, because they might provide the wrong places and names.

10.

Whether the prisoner Jano and the *mocqua* Cotta Changaren know the aforementioned Ausepo and that they are aware that aforementioned slave *jongen* is his?

Answer: The prisoner Jano has testified that this was a slave of Ausepo, the other is a resident of Chettua, and I do not know if he knows him or not, but I have been told that he has seen that Ausepo has brought the *jongen* for sale to the *constabel* in the company of the prisoner Jano.

11.

If no, how he has been able to accept them as witnesses and declare the aforementioned *jongen* to be a *lijfeijgen* of the aforementioned Ausepo?

Answer: According to the declaration of the prisoner Jano, that he knew him and that this was his slave.

12.

Whether in the *transport ola* of the aforementioned *jongen* written by the testifier, it is not written that if there would be any hindrances with regard to this slave the aforementioned Ausepo as seller of him remained willing to take those away?

Answer: Yes.

13.

And since there is now a hindrance, the testifier is asked whether the aforementioned Ausepo was not obligated and held to take away those hindrances?

Answer: Yes.

14.

If yes, the testifier is asked where he can be found now, in order let him do this?

Answer: I do not know that.

15.

Whether the prisoner should not confess that aforementioned Ausepo was a *Nairo* by birth, and when he lost his caste, he let himself be baptized into Christian[ity]?

Answer: That I have heard later, but I did not know this.

16.

Whether such people can inherit something from their ancestors?

Answer: No, but nevertheless it is up to the friends if they want to give them something.

17.

If no, how the testifier could rely on his words?

Answer: I have to work according to their words.

18.

Finally, the testifier is asked whether he is not obligated to prove to the seller, or otherwise to indemnify the buyer of the aforementioned *jongen*?

Answer: If he can be retrieved, yes, but I do not know where he is, I have acted according to my duty, and if anything follows further, this is at the buyer's risk.

Thus verified, persisted with, asked and answered in the city of Cochim in the ordinary Chamber of Council on Monday, 17 August 1750, in the presence of the honourable Gijsbert Jan Feith and Mattheus Hendrik Beijts, both members of the aforementioned Council, [was signed] J.n Pires [in margin] as delegates [signed] G.t J.n Feith and M. H. Beijts [standing below] for translation [signed] H.k Meulman [standing below] in my presence [signed] Jacob.s Meijn, secretary.

Copia *Craganoorse* letter, Number 5.

[in margin] Cochim. To the honourable lord Corijn Stevens, chief commander of the coasts of Malabar Canara and Wingurla, as well as the honourable Council of Police.

Honourable, *manhafte*, wise, knowing and very generous lord!

With all respect we make known to your honourable that the Christian Colattoe Tarre Antij has come to complain here to me that the Christian Jano came to him, and stayed three days, who when he returned to there has taken with him a *Poelias* slave of his highness of Cochim and that the aforementioned highness has confiscated his house and all his goods, has thus ordered the arrest of the aforementioned Jano and asked whether he had taken that *jongen*, who declared in the presence of the interpreter and sergeant Dirk Mahuij, that he has sold that *jongen* to the salaried corporal Jan van der Straaten, and that his brother-in-law named Auro who was in the service of the Company here as lascorin was present too, who has fled, and it is said that he hides in the land of the King of Paroe, where several expeditions had been sent to retrieve him, but in vain, thus I have deemed it my duty to send the prisoner with the complainant in custody over to your honourable.

With this [signed] [standing below] the servile and obedient servant of your honourable *manhafte*, wise, knowing and very generous lord [signed] J. J. lemmet [in margin] Cranganoor, 10 June 1750 [standing below] approved [signed] Jacob.s Meijn, honourable clerk.

Verified confession of the prisoner, Number 6.
There appeared before the undermentioned delegated members of the honourable Council of Justice of this city the Christian lascorin Jano from Mattancherij, 24 years of age, last residing at the mentioned Mattancherij, currently their honours' prisoner; who on the requisition of the merchant and fiscal of this district, Nicolaas Bowijn, through the translation of the junior interpreter, Hend.k Meulman, willingly confessed and admitted as done here; that now about one and a half years ago the prisoner gave a pig to raise to the fellow Christian Callatoe Tarra Antij at Etteancattoe, and now about a month ago the prisoner went to him in his house and asked about the aforementioned pig, who gave him as answer that he had sold it, in response to which the prisoner claimed half of the money, but the aforementioned Antij requested the prisoner to return after a few days, so they would finally settle the matter, upon which the prisoner said to Antij to meet at Cranganoor to settle the mentioned matter, so the prisoner went there on that day, but he did not find the Christian Antij, and subsequently he went to the house of the prisoner's brother-in-law, the fellow Christian lascorin Auro, that when shortly after his brother-in-law also came home he told to the prisoner that he has spoken to the aforementioned Antij about the money for the pig and he had promised to settle this with the prisoner directly, that then the aforementioned Auro has sworn an *ola* and given

it to the prisoner to send it to Antij, and that he would complete the matter soon according to his promise, and thus the prisoner has taken the *ola* and gave it to aforementioned Antij in his house, when the aforementioned said to the prisoner after having read the aforementioned *ola*, that he would write a reply to that, the prisoner has said to this, that it was not necessary, and that he wanted to have his money, upon which Antij has pointed out two vessels to the prisoner, to take one of them and sell it, in reduction of his debt, but since the prisoner was not satisfied with this, Antij has given him a *Poeliase jongen* to sell, and to take his money from that, and to pay out 225 *fanums* to Antij, upon which the prisoner took the aforementioned *jongen* and brought him to Cranganoor, from where the prisoner went to Chettua with another Malabarian who was sent by his prisoner's brother-in-law, and there he has sold aforementioned *jongen* for 325 *fanums* to the *constabel* of the fort, and when he returned to Cranganoor after several days, the friends of the prisoner who live in the land of Paroe asked him to come to them, which the prisoner also did, upon which the aforementioned Antij went to the king of Paroe and complained about the prisoner; when his highness had heard the parties, Antij was ordered to swear an oath; when the aforementioned Antij did not appear again, the prisoner went to his friends in the land of the *paljetter*, where he was arrested by four lascorins of Cranganoor, brought to the commander and then sent here and placed in custody. Confessing further that the prisoner has done wrong, that he (when Antij handed over the aforementioned *poeliase jongen* to him) did not ask him for the *slaafbare ola*.

With this the prisoner ended his voluntary confession, declaring this to be the whole and honest truth.

Thus done and voluntarily admitted in the city of Cochim in the ordinary Chamber of Council on Saturday, 13 June 1750, in the presence of the honourable Mattheus Hendrik Beijts and Jacob Harsing, both members of the Council aforementioned, who have signed the original of this with the prisoner, interpreter and me the secretary [standing below] which was declared [signed] Jacob.s Meijn, secretary.

There appeared again before the undermentioned delegated members of the aforementioned honourable Council the prisoner named in the above confession, which was now read word for word before the merchant and fiscal of this district, Nicolaas Bowijn, by me the secretary, and was made clear by translation of the junior interpreter, he fully persisted with this, without desiring the slightest alteration.

Furthermore when the underfollowing were put to the prisoner by the aforementioned officer, he has answered to that as mentioned in their margins.

1.

Firstly whether the prisoner was not residing at Coverty last before his detention?
Answer: No.

2.

Whether when the prisoner came from there to the Christian Colatta Tarre Antij at Eddawinecoetoe on a certain day, he has not stayed in his house for two days?
Answer: I have been in his house two times, to speak about the issue of the pig.

3.

Whether on the third day when the aforementioned Antij went out fishing, the prisoner did not sit down with several Christian children and *Poeliase jongens* under a *mangus* tree, eating the *mangus* that fell from the tree?
Answer: No, but when Antij returned from fishing, I was sleeping under the *mondoe*.

4.

Whether the prisoner did not ask the aforementioned children one after the other, who of them would be inclined to go with him, with the promise of food and clothing?
Answer: No.

5.

Whether since none of them wanted to do so, the prisoner, separately calling one of the *Poeliase jongens*, who is shown to him now, with the name Chacken, did not ask him the aforementioned question?
Answer: No.

6.

Whether when the aforementioned Chacken appeared willing, the prisoner did not give him upon his request some *bosaroeken* to drink *surij*?
Answer: No.

7.

Whether the other day when the aforementioned Antij went out to fish again, the prisoner giving the aforementioned *Poelias jongen* several *boseroeken* to

drink *surij* again, he has sent him forward to the *zeestrant*, to wait there for the prisoner?
Answer: No.

8.
Whether the prisoner after having said goodbye to the aforementioned Antij (who in the meantime had come home again) then did not go to Cranganoor to the house of his brother-in-law named Aura with the aforementioned *Poeliase jongen* Chacken?
Answer: Antij himself gave me the *jongen* with an *ola*.

9.
Whether the prisoner from there has not brought the mentioned *jongen* in the company of a certain converted Christian *Nairo* named Ausepo, whom his brother-in-law had sent along, and sold him to the *constabel* Christiaan Roelofsz.?
Answer: Yes.

10.
Whether the prisoner should not confess that he has no friends in Paroe, and even less so that they sent for him to come there?
Answer: Before I was married I had no friends in Paroe, but now I have friends there from my wife's side, who sent for me.

11.
Whether when he heard upon his return from Chettua to Cranganoor that he was wanted, he did not flee to Paroe out of fear of punishment?
Answer: No.

12.
Whether his aforementioned brother-in-law, who was then assigned at Cranganoor as lascorin did not follow him, and is still hiding there at Paroe?
Answer: I do not know, but when I left Paroe my brother-in-law was there.

13.
And since the prisoner is a subject of the honourable Company, therefore he is asked why, upon the accusations of the Christian Antij to the king of Paroe, he did not then come to Cranganoor, or here, and has defended himself?

Answer: I have had no time, and Antij has promised to come to Paroe the other day, but when he did not come, I left there.

14.
Whether the prisoner, when he arrived at his own house after having been hiding about 50 days at Covertij, was arrested by the lascorins?
Answer: Yes.

15.
And if the Christian Antij had given the aforementioned *jongen* to him to sell, and to deduct half of the price of the pig and give him 225 *fanums*, how much would the aforementioned pig be worth?
Answer: A hundred *fanums*.

16.
Yet, why he in that case had not given the aforementioned *fanums* to the aforementioned Antij upon his return from Chettua, or when Antij came to him at Paroe?
Answer: I gave the 225 *fanums* to my brother-in-law; then I left for Paroe.

17.
Whether the prisoner must not confess that he has taken and sold the aforementioned *jongen* in the aforesaid way?
Answer: Antij has give me the *jongen* with an *ola*, and so I have sold him on Chettua.

18.
And that thus according to the laws, he has made himself liable for the punishment of death?
Answer: I leave that to the judgement of the lords.

Thus verified, persisted with, asked and answered in the city of Cochim in the ordinary Chamber of Council on Wednesday, 5 August 1750, in the presence of the honourable Jacob Harsing and Hendrik Notermans, both members of the Council aforementioned, [standing below a cross and thus sworn] written by the prisoner Jano himself [in margin] as delegates [signed] J.b Harsing and H.r Notermans [lower] for the translation [signed] H.k Meulman [in my presence] Jacob.s Meijn, secretary.

Abbreviated content of the Malabar *transport ola*, Number 7.
In the year Coilan 925 m. s. or 1750 in the month mina[...] or March is this *slaefbaere ola* sworn and passed, and the Christian residing at Cranganoor named Panaken Aledapoe has with this sale transmitted, surrendered and after having received the there mentioned *penningen* given full ownership over certain deponents *lijfeijgene slaeve jongen* named Chacken, *casta Poelia*, to Christiaan Roelof, and if there might be any hindrance with regard to this slave, I remain as seller willing to take away such hindrance. In the spirit of the truth this is sworn in the presence of Coesisanawoem and Cotta Changaren by interpreter Joan Pieris and signed in the heading of this with Portuguese characters [standing below] for the translation, Cochim, 14 August in the year 17[...] [was signed] H.k. V. D. Linde, sworn interpreter.

Extract from the general resolution of the castle Batavia, Number 8.
Extract from the general resolution of the castle Batavia, taken by the Council of India on
Tuesday, 21 October in the year 1710.

On the submitted writing of the honourable Council of Justice of this castle and the thereby shown considerations on the interpretation of the last article of our placard of 21 October 1688 concerning the stealing of people, requesting our explanation of that, is agreed to declare hereby for their honourables' elucidation, that not only all those who at sea or at land abduct or steal any people from here, whether they are free or slaves, will receive the punishment of death from the aforementioned placard, irrespective of whether those persons where stopped, hindered or caught in that, but also that all those, who wilfully and knowingly provided their help to that, or may have collaborated, whether by seducting such abducted people, or by housing or hiding them on the request, in the service and *adjude* of the stealers, or transporters, consequently also those who wilfully and knowingly have provided any vessel or other instruments, and also those who have commanded and ordered the stealing of people, or have seduced, convinced or encouraged the abducters; also those who have knowingly bought such abducted people, or may have sold them on account of the stealers, all of those will receive the punishment of death from the mentioned placard, notwithstanding the office and prudence of the judge to be able to decide on a lesser punishment according to the circumstances, persons or otherwise, such as one according to conscience shall find fitting.

However, concerning that which is stated in the Statutes of Batavia in the section on slaves or *lijfeijgenen*, article 12, with regard to the seduction, incitement and keeping or housing of someone else's slaves, that this must be differentiated from vagabonding slaves, or those who are hiding for other reasons, just as this was understood as something different by the Roman judge, [signed] F. De Groot, secretary, [lower] approved [was signed] J.s: Spits, secretary [standing below] approved [signed] F.s Thievart, First clerk [standing below] approved [signed] Aij V.n Vechten, secretary.

Extract from the criminal roll, Number 9.
Extract from the criminal roll held before the honourable Council of Justice in the city of Cochim on Tuesday, 22 September in the year 1750.
In the morning at eight o'clock.
All present except the honourable Harmanus van der Steeg by indisposition.
The merchant and fiscal of this district, Nicolaas Bowijn, *ex officio eijsser*

contra

the Christian lascorin Jano from Mattancherij, 24 years of age, last residing in the land of the *paljetter* at Covertij, currently their honours' prisoner, to hear an *eijsch ad mortem* over the abduction and selling of a *Poeliase jongen*, belonging to the king of Cochim.

The *eijsser ex officio* provides his written criminal *eijsch en conclusie* with the documents collected for the validation of it, and concludes with that *in fine pro ut in scriptis*.

The prisoner says: I have told the truth, now I leave it to the judgement of the lords.

The *eijsser* persists with his submitted *eijsch en conclusie*.

The Council before voting in this matter has approved and decided to distribute the documents of this trial to the members to read and examine [standing below] approved [was signed] Jacob.s Meijn, secretary.

Extract from the criminal roll, Number 10.

Extract from the criminal roll held before the honourable Council of Justice in the city of Cochim on Tuesday, 27 October in the 1750.

In the morning at eight o'clock.

All present [members of the Council of Justice, decide] to suspend the execution of the aforesaid judgement until further decision by her high honourables the high Indian government in Batavia.

Actum in the city of Cochim, 21 December in the year 1750 [was signed] A.m Corn.s d'Lahaije [in margin is placed the company's seal pressed in red lacquer and written under that] on the ordinance of the honourable chief merchant and deputy commander mentioned in this [was signed] Aij Van Vechten, secretary. Approves, [signed] C.s Visser, sworn clerk.

[. . . and the High. . .], *cum expensis.*

Thus it is that we after consideration have not been able to lawfully confirm the judgement, for reason that the prisoner is convicted not on his own confession but only on indictments because he fully denies having abducted and sold the slave *jongen* secretely or *invito domino*, since it is however most usual that no one is punished by death except those who have in their own words confessed their crimes, thus in the case of the manner and practice of litigation conflicting judgement without the clarity or weakness of the evidence, or rather [. . .] all present except the Honourable Harmanus van der Steeg by indisposition, [. . .] to send the case of the imprisoned Christian lascorin Jano from Mattancherij around to the members to read and examine. Now, after collection of the votes, the definitive verdict of the Council is follows.

The Council has read closely and repeated aloud the written criminal *eijsch* of the merchant and fiscal of this district, Nicolaas Bowijn, *ex officio eijsser*, against the imprisoned Christian lascorin Jano on the abduction and selling of a *Poeliase jongen*, named Chacken, belonging to his highness the king of Cochim, submitted together with the documents and evidence collected for explanation, also paying attention to that [. . .] and in the [. . .] and so doing [. . .] *ex officio* submitted *eijsch*, and declares as such the prisoner to be a dead man, convicting him for that reason to be brought to the ordinary place of execution, where criminal sentences are usually executed, there to be handed over to the executioner and to be punished by him with the rope on the gallows, until death follows, and his dead body to be brought to the outer place of execution, and there again to be hung up on the there-standing gallow to be consumed by the air and birds of the sky, *cum expensis*; admits further the *eijsser's* made request in order to with the approval of the government of this coast [...].

Thus [...] and [...] in the city of Cochim in the ordinary Chamber of the Council of Justice on the aforementioned day, month and year with the first military captain Daniel Bos presiding member, with the further members the fellow captain Jan Bulkens, the second merchants Gijsbert Jan Feith and Mattheus [...], the *schipper* and equipage master Jacob Harsing, the bookkeepers Abraham Gosenson and Hendrik Notermans [standing below] in my presence [was signed] Jacob.s Meijn, secretary [standing below] approved [signed] as before.

Act of *surchance* by the Honourable Lord Abraham Cornelis de Lahaije, Number 11.

Abraham Cornelis de La Haije, chief merchant and deputy commander of the coast of Malabar, Canara and Wingurla, closely [...] *eijsh en conclusie* [...] merchant and fiscal of this district Nicolaas Bowijn, *ex officio eijsser*, on 22 September in the Council of Justice demonstrated against the imprisoned Christian Jano, about the abduction and selling of a *Poeliase jongen* named Chacken, belonging to his highness the king of Cochim, upon which with certain judgement by the aforesaid Council on 27 October [...] the aforementioned prisoner has been declared to be a dead man and condemned to be brought to the ordinary place of execution, where criminal sentences are usually executed, there to be handed over to the executioner and to be punished by him with the rope on the gallows, until death follows, and his dead body to be brought to the outer place of execution [...].

The value of 'freedom'

CR-603-5 Raad van Justitie, Criminele procesdossiers, scan 135-158[1]

This case concerns the trial of the local Christian Thome, who is accused of illegally transporting and selling the local Chego Ittamen to the VOC-sailor Lourens Seret from Leiden. Ittamen was lured to the city by the local Christian Thome on the promise of a parra of salt, but almost ends up being enslaved. The case contains an elaborate philosophical and moral treatise on the value of freedom by the Company fiscal dealing with this case.

Crimineelen eijsch en conclusie, L: A:.

Eijsch en conclusie gedaan maken en aan den E:E: heer Nicolaas Keijser oppercoopman hoofd administrateur en secunde van Mallabaar, mitsgaders president van den agtb: Raad van Justitie deser steede benevens D'E: leeden van dien, overgegeven door ende van wegen den koopman en fiscaal Mattheus Hendrik Beijts ex off: eijsscher

Contra

den christen Thome van S:ra Saude geboortig oud naar aansien 25: jaaren jongst op gem: S:ra Saude woonagtig geweest zijnde thans 's heeren gev:,

mitsgaders Lourens Seret van Leijden mattroos thans hier den dienst als vlaggeman waarnemende, gedaagde.

Den eerstgem: over het vervoeren en willen verkoopen van den heijdens Chego Ittamen, zijnde een onderdaan van de koninginne van Cochim en

---

[1] Het register van de zaak verwijst ook naar de (ontbrekende) stukken D (Gerecolleerde confessie van den gev:, 22 augustus 1757), F (Extract uijt de generaale resolutie des casteels Batavia, 21 oktober 1710), F (Extract uit de crimineele rolle, 11 september 1757), G (Extract uit de crimineele rolle, 2 december 1757) en H (Acte van approbatie door den E: E: agtb: heer commandeur Casparus de Jong, 24 december 1757).

woonagtig op Torro en den tweeden gedaagde over het onwettig aanhouden van
gem: Chego.
Om eisch te aanhooren.

Agtbaare Heeren.

Het schijnt dat de vrijheijd een geschenk der natuur is, waar meede zij allerhande
dieren begunstigt.

Het is om die reeden, dat men weijnig vind die deselve niet soo sorgvuldig
bewaaren als haar eijgen leven;

Ja veele stellen zig zelfs bloot aan de gevaaren des doods, om het besit van zulx
groot goed niet te verliesen.

Philostratus schrijft op dit fondament, dat Apollonius weijgerde met den
koning van Persien ter jagt tegaan om geen aanschouwer te zijn van de gevankenis
of slavernije der wilde beesten, die men jegens deselve exerceert contrarie het
regt der natuur.

En hij verseekert op een ander plaats dat alhoewel den oliphant het leersaamste
en het gehoorsaamste beest is, egter niet nalaat des nagts zijne slavernije te
beweenen.

Verscheijden philosophen, en voornamentlijk die van de secte van Pijthagoras
wilden, dat men deselve hunne vrijheijd soude verleenen.

Ja men vind onder de Chineesen nog heeden daags soodanige die ten
dien fine vogels en visschen opkoopen, om aan hun deselve goed daad te
beweijsen.

Men kan niet loochenen, dat men niet duijsent maal gesien heeft beesten uijt
verdriet en wanhoop sterven.

En zeeker het is geen wonder, dat se alle sulk een sterke drift hebben om
deselve te bewaaren.

Vermits selfs de hoofdstoffen of elementen waar uijt deselve zijn samen
gesteld, den dwang niet als seer kwalijk veelen konnen.

Tevergeefs tragt men somtijds zig hunne natuurlijke genegentheijd tegen te
zetten.

En gelijk men niet verhinderen kan, dat lugt en vuur altijd om hoog vliegt,
even soo helt de aarde geduurig na haaren middel punt.

Ja den loop der wateren wil soo vrij weesen, dat er geen hindernis of tegenstand
is, die deselve niet tebooven komen om dien vrijen loop te verkrijgen.

Waar uijt men sien kan hoe eijgen ons de vrijheijd is selfs in dat dierlijke
gedeelte. Considereert men het bovenste gedeelte, dat ons onderwijst, en waar

door wij ons vernuftig noemen, zal zig niet meer verwonderen of die algemeene afkeer die de menschen hebben tegen de slavernij.

Hebben de heijdenen die niet meer als het ligt der natuur tot een leijdsman hadden, de waardije van dit goddelijke geschenk, de vrijheijd in dier voegen gekent.

Hebbense die goed daad van gevangene vissen en vogels op tekoopen en hun vrijheijd te schenken aan dese redenloose beesten beweesen.

Is de vrijheijd dan sulk een dierbaar goed, hoe verfoeijelijk en straf waardig zijn dan niet de geene die zig schuldig maeken aan menschen dieverije;

Waar door soodanige verraders vrije menschen, daar deselve geen part of deel aan hebben, wegnemen, vervoeren, en in een eeuweige slavernije dompelen alleen om eenig vuijl gewin daar meede tedoen;

Hoe beklaagelijk zijn dan niet veele, die heeden beroofd, van de dierbaare vrijheijd door toedoen van dese booswigten, onder het swaare juk der slavernije moeten suchten.

Het is dan geensints te verwonderen dat den hoogsten wetgever op twee distincte plaatsen in de boeken van Moses Deut: 24: v: 7: Ex: 21: v: 16:, de doodstraffe tegen dit verfoeijelijk laster heeft gestatueert.

Want zoo staat Exodus 21: vers 16: wie eenen mensch steelt, 't zij dat hij dien verkogt heeft, ofte dat hij in zijne hand gevonden word, die zal zeekerlijk gedood werden.

Deut: 24: vers 7: vind men wanneer iemand gevonden zal worden, die een ziele steelt uijt zijne broederen uijt de kinderen Israels, ende drijft gewin met hem ende verkoopt hem: soo zal dese dief sterven ende gij zult het boose uijt midden van u weg doen.

Het is dan onnodig de attentie van ue: agtb: langer gaande te houden met de verfoeijlijkheijd van die misdaad, en hoe strafbaar deselve zij, te beschrijven.

De misdaad is hier gemeen, en het diefagtig naturel der trouwloosen Mallabaaren levert ontallijke exempelen van die natuur uijt.

't Geen tot leedweesen van den eijsscher vermeerdert werd, met den gev: in den hoofde deses gem: die omtrent 4: maanden geleeden van S:ra de Saude na Porca ter verrigting van eenige affaires is gegaan, en in het terug keeren op zeeker plaats om de zuijd geleegen en genaamt Torro is gekomen.

Alwaar hij gev: 8: á 10: dagen vertoevende, kennis heeft gemaakt met zeeker heijdens Chego gen:t Ittamen.

Aan wiens huijs hij gev: nu en dan komende, en thans de terug reijse aantreeden willende, aan gem: Chego vroeg, of hij denselven meede na de stad Cochim gaan wilde.

Dog tot antwoord kreeg van neen, en dat hij Ittamen in de stad niets te verrigten hadde.

Waar op hij gev: zijn oogmerk dus verijdelt ziende, wederom repliceerde, dat bij aldien hij Chego met hem na de stad gaan wilde, hij gev: denselven een parra sout beschikken zoude, waar meede hij eenige winst konde doen en beter bestaan.

Die den bedriegelijken aard der Mallabaren kent, zal hier aanstonds bemerken, dat er in dese schoon schijnende belofte een venijnige slang verborgen lag.

Want welk Mallabaar zal ooit iets aan een ander schenken of geven, sonder eenige bijsondere oogmerken daar meede gelijk den gev: voor te hebben.

Hadde dierhalven gewaagde Ittamen, indien hij met maar met het minste fonkje van mistrouwen of overleg had bezielt geweest, de bedriegelijke belofte van den gev: niet behooren te wantrouwen?

Maar neen! Hij Ittamen stelt vertrouwen in den gev:s soete woorden, verlaat vrouw en kinderen, en volgt hem gev: sonder agterdogt goedwillig na.

Men merke hier in 't voor bij gaan, de weergaloose onnoselheijd, ja men mag wel zeggen krasse domheijd van gem: Chego Ittamen aan de eene, en aan de andere zijde de schelmagtige doortraptheijd van den gev: in desen.

Den eenen laat zig door onnoselheijd om de wille van een parra sout in een valstrik, en onherstelbaar verlies van zijn vrijheijd verlokken.

En den andere om dewille van een geringe vuijle winst, bevordert wetens en willens zijnen ondergang.

Dus met malkander in destad komende, steld den gev: ten eersten zijn voorgenomen schelmstuk in 't werk, en brengt gem: Chego bij den vlaggeman Lourens Seret te koop.

Zeggende tot denselven, dat hij gev: een Chego gebragt had, dien hij gev: aan hem vlaggeman zoude verkoopen, soo dra hij een ola van de koning van Cochim had gekreegen, en dat hij gev: ten dien eijnde na zijn ho:t zoude gaan met versoek aan de vlaggeman om intusschen gem: Chego bij zig tehouden.

Soodanig luijden de eijgen woorden van den gev:s vrijwillige confessie gemerkt L:D:

Moeste gem: vlaggeman als toen geen mistrouwen op vatten,

moeste hij niet aanstonds bemerken, dat er bedrog stak in dit geval

en zulks soo veel temeer, vermits den gev: aanstonds 15: fan:s op de koop eijschte

wuste hij niet dat men geen slaven tekoop brengt, sonder het beweijs daar van meede te brengen.

Moeste hij den gev: en den Chego volgens de ordre van het placcaat niet aanstonds bij den tolk ter examinatie gebragt hebben, temeer gem: Ittamen aan desselfs huijs vrouw verklaart heeft, geen slaaf te zijn.

Maar neen! Hij vlaggeman houd gem: Chego aan, en laat den gev: vertrekken, die om gem: Ittamen nog al in die goede gedagten te houden, dien hij van des gev:s genereusheijd hadde opgevat, denselven wijsmaakte dat den Europees hem een parra zout soude geven, en dat hij gev: intusschen zoude heen gaan om wat rijst te halen,

dog dat zulks een puure leugen en voorbedagte schelmerije was, heeft de uijtkomst aanstonds geweesen;

want den gev: maar eerst op den derden dag wederom kwam, sonder een ola meede te brengen.

Voor gevende dat de ola van Pootje ragiadoor van Palloertij niet acceptabel was, had hij geen geld van den vlaggeman g'eijscht en was wederom weggegaan; gelijk

denselven op de 17: aan hem voorgehoudene vrage bij 't recollement in duijdelijke termen voorgeeft.

Maar wie ziet en bemerkt hier niet, dat dit voorgeven alsoo valsch en onwaar is, als dat hij zegt, dat gem: ragiadoor aan hem gev: 500: fan:s schuldig was, en dat toen hij om die fan:s vroeg, hij ragiadoor zoude gesegt hebben, dat hij hier of daar een slaaf zoude opsoeken, en dat hij daar van een slaafbare ola zoude verleenen, gelijk hij zulks bij zijn confessie desen annex onder L:a D: voorgeeft.

Willende dus dit zijn zeggen doen doorgaan, dat hij geregtigt was, om wie het zij, maar op te pakken, en te verkoopen.

Maar behalven dat dit gesegde, maar op zijn eijgen zeggen steunt, en men ligt beseffen kan, dat het maar een gefabriceerde leugen is.

Zoo zoude men al eens verondersteld zijnde, den ragiadoor zulks gesegt hadde, hij iets buijten zijn vermoogen soude hebben ondernomen, behalven dat hem sulks bij de koning van Cochim seer qualijk zoude zijn genomen geworden.

Daar en boven is den gev: soo wel als de geringste van zijn natie seer wel bekent dat de magt van een simpel ragiadoor soo ver niet strekt om iemand buijten schult tot slaaf temaeken.

En eijndelijk indien het voorgeven van den gev: waar was, soude hij immers met gem: Chego eerst na dien ragiadoor zijn gegaan en hebben zig daar van een ola versien.

Om ten minsten een uitterlijke scheijn van slaafbaarheijd te kunnen verthoonen dog zulks nu niet geschiet zijnde, moet men vast stellen, dat al zijn voorgeven in onwaarheijd bestaat, en hem dierhalven in 't minste tot verschooning in zijne begaane misdaad niet kan vertrekken.

Alsoo weijnig als dat hij gev: het geval met den Chego en zeekere Parrewa op Chanderoer tragt te doen deurgaan, als een verpligting die gem: Chego aan hem gev: soude hebben om dat hij hem quasi vero uijt dat eminent gevaar gered ende Parrewa heeft tevreeden gestelt,

om was het mogelijk den regter in het concept tebrengen als of hij eenig geld tot bevrediging hadde gespendeert, om dus bij gebrek van voldoening vat op den Chego zelfs te hebben.

Het is onnodig agtb: heeren om over dit geval breedvoeriger te spreeken, en de schelmerijen van den gev: verder aan den dag te leggen, vermits deselve aan alle kanten duijdelijk doorstralen.

En hij gev: op de 21: en 22: aan hem bij het recollement voorgehoudene vragen sulx selfs moet bekennen egter de schuld nog al op gem: ragiadoor tragt te schuijven,

maar indien voorheenen reeds aangethoont is, dat het voorgeven van den gev: in leugens bestaat, soo vervalt dese frivoole excuus ook van selve, soo dat hem geen de minste verschooning kan te staade komen; om hem van de gestatueerde straffen te bevrijden.

En daarom zal den eijsscher onder welduijden het vervolg daar van, om niet te lang te vallen, maar overslaan.

Want soo als hij gev: zag dat hij niet tegenstaande alle aangevende moeijte geen ola op den Chego verkrijgen konde, liet hij gem: Chego vaaren daar hij was, en wilde zig met hem niet verder bemoeijen.

Dog den eijsscher nog in tijds gewaarschouwt zijnde, heeft gem: Chego uijt het huijs van meergem: vlaggeman laten haalen en na gedane examinatie den gev: in hegtenis doen stellen.

Thans resteert er nog maar om iets te seggen nopens het gedrag van den vlaggeman Lourens Seret hier vooren gem: 'tgeen hij in dit geval gehouden heeft, mitsgaders aan wat straffe beijde zig hebben schuldig gemaakt, en voorts tot de conclusie treeden

den vlaggeman dan een getrouwt en hier geseeten man zijnde, en meermaals slaven gekogt hebbende, kan voor eerst niet onbekent zijn

dat altoos wanneer slaven hier in destad te koop werden gebragt, den verkooper gehouden is een ola meede tebrengen, waar bij de slaafbaarheijd van sulk een slaaf komt te blijken.

Waar uijt dan noodsakelijk volgen moet dat bij aldien sulke menschen met slaven sonder ola te koop gebragt werden, men aanstonds behoord een mistrouwen op tevatten tegen sulke verkoopers.

Een bekende zaak zijnde dat de conscientieloose Mallabaren weijnig swarigheijd maeken, den eenen of anderen vrijen mensch door haare loose streeken te verlokken en aan zulke rontzelaars als den vlaggeman bethoond te zijn, tragten te verkoopen.

Want in soodanigen geval weet ieder een, dat men zig bij den tolk moet addresseeren, als van de hooge overigheijd daar toe gesteld zijnde, om zulke slaven teexamineeren;

daar in bestaande dat hij tolk naauwkeurig ondersoeken moet of die slaaf wel een wettige slaaf is of niet.

Om daar door de koopers te doen ontwijken, de misdaad van onweetend vrije menschen tekoopen.

Notoir zijnde dat in zulk geval zoo wel den verkooper als kooper schuldig zijn aan de slaverneij van zulke een vrijgebooren mensch.

Want waren er geen sulke koopers, zoude er ook geen verkoopers weesen.

Wanneer men nu het gedrag van den gem: vlaggeman nagaat, zal men verscheijde poincten ten zijnen nadeel vinden.

Niet alleen, dat den Chego Ittamen, die siende voor den gev: bedroogen te zijn aan de hijsvrouw van gem: vlaggeman ten eersten heeft tekennen gegeven, dat hij geen slaaf maar een vrijgebooren mensch.

Maar selfs den derden dag na dato toen den gev: ten tweeden maal sonder ola wederom kwam en ook onverrigter zaake wederom heenging.

Was het toen zijn pligt niet om van dit geval aan den eijsscher dan wel aan den tolk kennis te geven, om het bedrog te ontdekken en buijten schade te blijven.

Des niet tegenstaande houd hij vlaggeman gew: Chego tegen alle regt en reeden aan tot aan den sevenden dag, en zoude denselven seekerlijk nog langer en moogelijk voor altoos als slaaf in zijn huijs gehouden hebben.

Indien den eijsscher gew: Chego niet uijt desselfs huijs had laten halen.

Het placcaat tegen de slaven dieverije de dato 19: maart 1670: dat van tijd tot tijd hier ter steede is gerenoveert en nu jongst den 15: october 1754: dicteert dat men tegen de sulke zal procedeeren als menschen dieven.

Door de hooge regeering van Nederlands India tot Batavia bij placcaat van den 21: 8:ber 1688: is de seekere straffe des doods tegens alle soodanige crimina niet alleen gestatueert, maar ook bij resolutie genomen bij wel gem: haar hoog edelheedens den 21: 8:ber 1688: is de seekere straffe des doods tegens alle soodanige crimina niet alleen gestatueert, maar ook bij resolutie genomen bij welgem: haar hoog edelheedens den 21: 8:ber 1710: werd dat niet alleen geordonneert maar ook tot verligting van den agtb: Raad van Justitie daar bij gevoegt.

Dat de vervoerders van vrije, of lijfeijgenen, nevens die daar toe voorbedagtelijk maar eenige de minste adjude hadden beweesen, met de dood zullen werden gestraft.

Gelijk dat omstandiger te zien is bij het extract, dat hier nevens onder L:a E: te vinden is.

Uijt alle welke loffelijke wetten en statuiten dan genoegsaam consteert aan wat straffe den gev: zig heeft schuldig gemaakt.

Dog vermits het schelmstuk van den gev: geen effect heeft gesorteert, mitsgaders de verkoop ola niet g'exteert is, soo vermeijnt den eijsscher, onder wijser gevoelens van ue: agtb: dat den gev: van de straffe des doods, wel mag verschoond maar niet ongestraft gelaten werden,

op dat eens wederom een voorbeeld anderen tot afschrik mag gestatueert werden, mitsgaders dat den vlaggeman Lourens Seret nu gecorrigeert werdende, hij een andere moogen leeren de wetten en ordonnantien onser heeren en meesters wat nauwkeuriger te observeeren en in agt tenemen.

Dierhalven vermeent den eijsscher, na ue: agtb: te hebben versogt het manqueerende in desen ex: off: te willen suppleeren, met goed regt te mogen

Concludeeren dat den gev: in den hoofde deses gem: bij diffinitive vonnisse van ue: agtb: zal werden gecondemneert omme gebragt zijnde ter ordinaire geregts plaats alwaar men gewoon is crimineele sententien te executeeren, aldaar aan den scherpregter overgelevert, door denselven aan een paal gebonden met roeden wel strengelijk gegeesselt, en met een gloeijende ijser gebrandmerkt, en vervolgens voor den tijd van vijftig agter een volgende jaren in de ketting geklonken te werden, en geduurende dien tijd aan 's Comp:s gemeene werken te arbeijden sonder loon cum expensis mitsgaders den vlaggeman Lourens Seret in een pecunieele amende 30: rd:s à 32: cochimse fan:s ieder de helfte ten behoeve van het leprosenhuijs te Paliaporto en de wederhelft pro fisco met speciaal verbot aan denselven van nooijt meer eenig slaaf of slavin, klein of groot te mogen kopen, ofte zoo als ue: agtb: etc:a.

Implooreerende op ende in alles etc:a.

[get.] M:s Beijts.

[in margine] Overlegt in Raade van Justitie ter steede Cochim op den 11: 9:ber 1757.

Gerecolleerde klagt depositie van den Chego Ittamen, L: B:.

[in margine] Pro fisco.

Compareerde voor de naargenoemde gecommitteerde leden uit den agtb: Raad van Justitie den Chego Ittamen zijnde een onderdaan van de koninginne van Cochim, woonagtig tot Torro, dewelke ter requisitie van den koopman en fiscaal deser commanderije Mattheus Hendrik Beijts en door vertaling van den ondercoopman en eerste gesw: translateur Simon van Tongeren, onder vertooning van den gev: Thome klaagende wijse te kennen gaf, gelijk denselven doed bij desen; dat nu omtrent een maand geleden den gev: op Torro is gekomen en aldaar eenige daagen tot verrichting van zijne affaires vertoeft heeft, en nu den den dan bij hem deposant kwam, na verloop van 8: á 10: daagen toen den gev: de reijs na herwaards meende te nemen, is hij bij hem deposant gekomen, vraagende of hij deposant mede na de stad wilde gaan, die daar op ten antwoord gaf, dat hij in de stad niets te verrigten had, waar op den gev: tegens hem deposant zeijde, dat bij aldien hij met hem kwam hij gev: hem deposant een parra zout zoude beschikken, waar van hij eenige winst zoude krijgen om te beeter te kunnen bestaan, 't geen hij deposant als een arm en zeer behoeftig man mitsgaders vertrouwen stellende in des gev:s goede meening g'accepteert en met den gev: na de stad gegaan, alwaar komende, heeft den gev: hem deposant bij een Europes aan huis gebracht, en tegen hem deposant gesegt dat gem: Europees hem een parra zout zoude geven; dat hij gev: in tusschen zoude heen gaan om wat rijst te haalen, dus is hij deposant een dag á 3: daar gebleeven, zonder dat den gev: wederom kwam, dog op den derden dag is den gev: met nog een hoofd der Chegos bij voorm: Europees gekomen en heeft denselven om geld versogt, die egter dat geld niet geven wilde, pretendeerende beweis van den eijgenaar te hebben wegens de slaafbaarheit van hem deposant, 'tgeen den gev: hoorende is wederom van daar vertrokken, dog op den 7:den dag is een lascorijn van de heer fiscaal ten huise van gem: Europes gekomen, die hem deposant bij zijn E: gebracht en ondervraagt heeft.

Waarmede den deposant dese sijne verleende klagt depositie eindigde met betuijging deselve te behelsen de suivere en opregt waarheit.

Aldus gedaan ende gedeposeert binnen de stad Cochim ter ordinaris Raad camer op maandag den 22: aug:o a:o 1757: in presentie van d:e:s Jacob Calkoen en Lourens Trogh beide leden uit den Raad voorm: die de minute deses nevens den deposant voorsz: tolk en mij gesw: clerq hebben onderteekent.

Twelk getuigt, [get.] F: R: Schutz, g: clerq.

Compareerde andermaal voor de naargenoemde gecommitteerde leden uit den agtb: Raad van Justitie voorsch: den deposant in de voorenstaande klagt depositie gem: dewelke aan hem nu wederom ten overstaan van den koopman en fiscaal deses commandements Mattheus Hendrik Beijts in presentie van den gev: christen Thome, door mij gesw: clerq van woorde te woorde voorgeleesen en onder vertaaling van den ondercoopman en eerst geswoore translateur Simon van Tongeren duijdelijk te verstaan gegeven zijnde, bleef hij daarbij ten vollen persisteeren, zonder de minste verandering te begeeren.

Wijders door voorm: officier aan hem deposant de onder volgende vraagen voorgehouden zijnde, heeft hij daarop soodanig g'antwoord als in dies margine vermelt staat.

1.
Werd hij deposant gevraagt of den gev: voor deesen wel meer op Torro is gekomen om het een of ander te verrigten.
Antw: Ja, hij is verscheijde maalen daar gekomen om zijne vrienden te besoeken, dog weet ik niet wat hij daar te verrigten heeft gehad.

2.
Zoo ja werd hij deposant verder gevraagt of hij met den gev: voor dat hij hem deposant heeft willen verkoopen, kennis heeft gehad, en met malkander in vriendschap geleeft hebben.
Antw: Ik heb den gev: wel gesien, maar egter bevoorens geen kennis met hem gehad.

3.
Vermits hij deposant komt voortegeven, dat den gev: 8: a 10: daagen op Torrio is gebleven, en dat denselven nu en dan bij hem deposant is gekomen, zoo werd hij deposant gevraagt, wat des gev:s verrigtingen bij hem deposant zijn geweest?
Antw: Den gev: is zomtijds bij mij aan huis gekomen egter zonder iets met mij te doen te hebben.

4.
Werd hij deposant gevraagt of hij getrouwt is en kinderen heeft.
Antw: Ja, ik heb 2. kinderen.

5.
In gevalle van Ja, werd hij deposant dan gevraagt, hoe hij zoo onnosel heeft kunnen zijn, vrouw en kinderen zoo gemakkelijk te verlaten, en

den gev: op zijn enkelde belofte en schoon schijnende woorden na de stad te volgen?

Antw: Om de wille van mijn armoede en in mijn onnoselheit.

6.

Werd hij deposant gevraagt of 't waar is dat hij met zeekere Parrewas op Chanderoer rusie heeft gehad.

Antw: Ja.

7.

En zoo ja, werd hij deposant gevraagt waarbij zulks te pass is gekomen?

Antw: Omdat ik aan de Parrewa na de weg vroeg, is deselve kwaad geworden.

8.

Werd hij deposant gevraagt op wat wijse of waarmeede den gev: gedagte Parrewa heeft te vreede gestelt.

Antw: Den gev: heeft mij geroepen, en wij zijn onses weegs gegaan, zonder handgemeen te zijn geworden.

9.

Werd hij deposant gevraagt of hij en den gev: in de stad komende niet eerst bij iemand anders aan huis zijn geweest, alvoorens na 't huis van den vlaggeman te gaan.

Antw: Neen; wij zijn niet in hun huis geweest, maar op de straat heeft den gev: met iemand gesprooken.

10.

Soo ja, werd hij deposant dan wijders gevraagt, of het de waarheit is, dat die persoon twee lascorijns heeft mede gegeven.

Antw: Ja.

11.

Of hij deposant niet gehoord heeft, dat den gev: hem deposant aan gem: vlaggeman te koop gepresenteert heeft?

Antw: Ja.

12.

Zoo ja, waarom hij deposant niet ten eersten gesegd heeft dat hij een vrijgebooren man en geen slaav is.

Antw: Ik heb zulks aan de vlaggeman gesegt door vertaaling van een vrouw.

13.

En zo neen of hij deposant dan niet bespeuren konde, dat den gev: hem bedriegen wilde, wanner denselven heenen ging onder voorgeven om wat rijst te koopen, en egter niet wederom kwam.

Antw: Ja: Ik heb het wel bemerkt.

14.

Werd hij deposant nog gevraagt, waarom hij zulks dan s'daags daaraan aan gem: vlaggeman dan wel desselfs huisvrouw niet heeft te kennen gegeven, en daar door het bedrogh aan den dag doen komen.

Antw: Ik zulks wel tegen de vrouw van de vlaggeman gesegt.

15.

Werd hij deposant verder gevraagt vermits het toen al drie daagen was geleeden eer den gev: met het hoofd der Chegos wederom kwam en om geld vroeg, dog 'tselve niet krijgende wederom vertrok zonder hem deposant mede tenemen, waarom hij deposant als toen het bedrogh nog niet ontdekt heeft.

Antw: Ik heb het bedrogh al lang van te vooren ontdekt.

16.

En eijndelijk indien hij deposant op dusdanige wijse in een eeuwige slavernij was vervallen, werd hij gevraagt of het dan niet zijn eijgen schuld zoude zijn geweest.

Antw: Ja, voor soo verre, dog ik heb mijn beswaarnis te kennen gegeven, maar geen gehoor gekregen.

Aldus gerecolleert, gepersisteert, gevraagt en b'antwoord binnen de stad Cochim ter ordinaris Raadcamer op dinsdag den 20:ten september a:o 1757: in presentie van d'e: Pieter Morijn en Lourens Trogh beijde leden uijt den Raad voorm:t.

Als gecommitteerdens, [get.] P:r Morijn, L:s Trogh.

Voor de vertaling, [get.] S: v: Tongeren.

Mij present, [get.] F: R: Schutz, g: clerq.

Gerecolleerd relaas van den mattroos Laurens Seret, L: C:.

[in margine] Pro fisco.

Compareerde voor de naargenoemde gecommitteerde leeden uijt den agtb: Raad van Justitie deser steede den mattroos Lourens Seret van Leijden, dewelke ter requisitie van den koopman en fiscaal deser Commanderije Mattheus Hendrik Beijts, en door vertooning van de gev: christen Thome en den heijdense Chego Ittamen die hij betuijgt wel te kennen ende eigenste te zijn, waar van hij thans is sprekende, tot voorstand der waarheijd, verleende het volgende relaas; dat nu omtrent 25: dagen geleeden, den gev: in den hoofde deses gem: nevens twee Lascorijns van den arrax pagter alhier en den heijden Chego Ittamen voorm:, wien den gev: bij hem relatant tekoop presenteerde, gekomen zijn, waar op hij relatant na deslaven ola van gew: Ittamen vragende heeft hij gev: ten antwoord gegeven, dat hij relatant den jongen in bewaring zoude nemen, dat hij gev: 's morgens daar aan wederom zoude komen en de ola meede brengen, met eenen aan hem relatant om vijfthien fan:s versoekende, 't geen hij relatant egter niet heeft willen doen, drie dagen na dato is de secretaris van den koning van Cochim bij hem relatant gekomen, willende gew: Chego Ittamen tot slaaf maeken, dan wel meede nemen, voorgevende dat hij zijn casta verlooren hadde om reede hij Chego in des relatants huijs gegeten hadde, dog den Chego heeft met gem: secretaris niet willen meede gaan, zeggende dat den geene die hem meede gebragt heeft, wederom zoude meede nemen, op den 7:den dag na dato is gem: Chego Ittamen door de lascorijns van de heer fiscaal van het huijs van hem relatant afgehaalt geworden.

Waarmeede den relatant dit zijn verleende relaas eijndigde met betuijging deselve tebehelsen de zuijvere en opregte waarheijd.

Aldus gedaan en gerelateert binnen destad Cochim ter ordinaris Raad camer op vrijdag den 2:en september anno 1757: in presentie van d'e Louis Quintin Martinsart en Laurens Trogh beijde leeden uijt den Raad voorm: die de minute deses nevens den relatant en mij gesw: clerq hebben onderteekent.

't Welck getuijgt, [get.] F:R: Schutz, g: clerq.

Compareerde andermaal voor de naargenoemde gecommitteerde leden uijt den agtb: Raad van Justitie voorsz: den relatant in het vooren staande relaas gem: dewelke aan hem nu wederom ten overstaan van den koopman en fiscaal deses commandements Mattheus Hendrik Beijts in presentie van den gev: christen Thome en den Chego Ittamen, door mij gesw: clerq van woorde te woorde voorgeleesen en onder vertaaling van den tolk Hendrik Alewijn aan voorsch: gev: Thome en den Chego gelden bleef hij daar bij ten vollen persisteeren, zonder de minste verandering te begeeren, zonder de minste verandering te begeeren.

Wijders door voorm: officier aan hem relatant de onder volgende vraagen voorgehouden zijnde, heeft hij daar op soodanig g'antwoord als in dies margine vermelt staat.

1:
Werd hij relatant gevraagt of hij de nodige permissie van den E:E: agtb: heer commandeur en oppergebieder deser custe tot het koopen van slaven heeft versogt en ook verkreegen.
Antw: Ja.

2:
Soo ja werd hij relatant wijders gevraagt of hij voor dato nooit slaven gekogt heeft als de geene daar den gev: thans over te regt gestelt werd.
Antw: Ja ik heb er meer gekogt.

3:
Indien ja werd hij relatant gevraagt wanneer iemand een slaav te koop brengt of den verkooper niet gehouden is een ola mede te brengen waar bij de slaafbaarheit van zulk een slaav komt te blijken.
Antw: Ja.

4:
Of hij relatant dien volgende dan ook volgends de orders bij 't placcaat op het stuk van 't koopen van slaven beraamt niet wel weet, dat niemand geen slaav of slavinne mag koopen voor en al eer deselve bij den hoofd tolk ter examinatie zijn gebragt.
Antw: Ja maar ik heb de slaav nog niet gekogt gehad.

5.
Werd hij relatant gevraagt dat toen den gev: den Chego Ittamen bij hem te koop heeft gebragt zonder een behoorlijke slave ola of hem relatant zulks niet ten eersten suspect is voorgekomen en zulks te meer om dat den gev: aanstonds geld op de koop vroeg.
Antw: Ik heb geen agterdogt ge[...] en mijn onnoselheit.

6.

Werd hij relatant wijders gevraagt of hem door desselfs huisvrouw of slave meijd den eersten dag al en naderhand nog verscheijde maalen niet is gesegd geworden dat den Chego geen slaav is.

Antw: Ja hij he[e]ft tegen mijn huisvrouw gesegt dat hij geen slaav was, waarop op doos des relatants vrouw is g'antwoord, dat hij zulks zeggen konde als hij [b] ij den tolk wierd gebragt.

7.

Vermits den gev: volgens desselfs belofte des morgens daar aan wederom is gekomen met de beloofde ola, zoo werd hij relatant verders gevraagt waarom hij als toen niet is heen gegaan en heeft van dat geval aan de fiscaal of hoofd tolk kennis gegeven.

Antw: Ja, het was mijn pligt om zulks t[e] doen dog uit mijn onnose[l]heit en onweetentheit is sulks niet geschied.

8:

Indien nu den Chego Ittamen die een vrij gebooren persoon is, op dusdanige wijse zijn vrijdom had verlooren en in een eeuwige slavernij was komen te vervallen, werd hij relatant gevraagt of hij mede niet zoude schuldig zijn aan mans ongeluk, dat so veel te grooter zoude zijn geweest vermits denselven vrouw en kinderen heeft.

Antw: Ik heb daar niet van geweeten.

9.

Of hij relatant nu niet moet bekennen dat hij door dit sijn schandelijk versuijm heeft schuldig gemaakt aan de poenaliteijten bij de pla[cc]aten tegen zulke ronzel[aa]rs gestatueert.

Antw: Ik weet niet dat ik daar schuld in heb, ik kan niet schrijven of leesen en zoo ik schuld hebbe, versoeke ik de heer fiscaal en de verdere heeren om mij zulks te vergeven.

Aldus gerecolleert gepersisteert gevraagt en b'antwoord binnende stad Cochim ter ordinaris Raad camer op vrijdag den 23:ten september A:o 1757: in presentie van d:e:s Pieter Morijn en Louis Quentin Martinsart beijde leden uijt den Raad voorm:t.

Als gecommitteerdens, [get.] P:r Morijn, L:s Q:n Martinsart.

Voor de vertaling, [get.] H:k Alewijn.

Door den [get.] relatant selvs gestelt.
Mij present, [get.] F: R: Schutz, g: clerq.

The value of 'freedom', CR-603-5 (translation)[2]

Criminal *eijsch en conclusie*, Letter A.
Eijsch en conclusie drawn up and delivered to the honourable lord Nicolaas
Keijser, *oppercoopman*, chief administrator and *secunde* of Malabar, as president
of the honourable Council of Justice of this city, together with its honourable
members, by and on behalf of the merchant and fiscal Mattheus Hendrik Beijts,
ex officio eijsscher

Contra

the Christian Thome, born in Senhora de Saude, probably 25 years old, last
residing at mentioned Senhora de Saude, currently the lords' prisoner,
as well as Lourens Seret from Leijden [a] sailor currently fulfilling the service of
vlaggeman here, defendant.
The first mentioned for transporting and meaning to sell the heathen *Chego*
Ittamen, being a subject of the queen of Cochim and residing at Torro,
and the second defendant for unlawfully keeping mentioned *Chego*.
To hear the *eisch*.

Honourable lords.
It seems that freedom is a gift of nature, with which she favours all kinds of
animals.
It is for that reason, that one finds few who do not protect it as carefully as
their own lives;
Yes, many even expose themselves to the dangers of death, to not lose
possession over such a precious asset.
Philostratus writes that [it was] on this ground that Apollonius refused to go
hunting with the king of Persia so as not to be a spectator to the imprisonment

---

[2] The register of the case also refers to the (missing) documents D (Verified confession of the prisoner, 22 August 1757), F (Extract from the general resolutions of the castle of Batavia, 21 October 1710), F (Extract from the criminal roll, 11 September 1757), G (Extract from the criminal roll, 2 December 1757) and H (Act of approbation by the Honourable Lord Commander Casparus de Jong, 24 December 1757).

or slavery of the wild animals, that one exerts against them contrary to the law of nature.

And he ensures in another instance that although the elephant is the most instructable and obedient animal, [he] does not fail to mourn his slavery at night.

Various philosophers, and mainly those of the sect of Pijthagoras, wanted people to grant them their freedom.

Yes still to this day one finds among the Chinese those who buy birds and fish to that end, to prove their benevolence to them.

One cannot deny that one has seen animals die from sadness and despair a thousand times.

And surely it is no wonder that they all have such a strong drift to preserve it.

Since even the essential components or elements which constitute them can only deem this coercion as very resentful.

One sometimes tries to oppose their natural inclination to no avail,

And just like one cannot prevent that air and fire always fly upwards, just as the earth always slants continuously to its middle point.

Yes, the stream of the waters wants to be so free that there is no hindrance or resistance that it does not overcome to obtain that free course.

From which one can see how innate freedom is even in that bestial part.

[If] one considers the above section, which educates us, and whereby we call ourselves ingenious, one will no longer wonder about the general disdain that people have for slavery.

Have the heathens, who had nothing other than the light of nature as a leader, known the worth of this godly gift, freedom, in that way?

Have they proven their benevolence to these irrational animals by buying caught fish and birds to grant them their freedom?

[If], then, freedom is such a precious good, how detestable and worthy of punishment are those who are guilty of human theft.

Whereby such traitors take away free people, who have no part in it, transport [them] and plunge them into eternal slavery only to gain some foul profit therewith.

How lamentable are then many, who today, robbed of precious freedom at the hands of these villains, have to suffer under the heavy yoke of slavery.

It is then no wonder at all that the highest legislator has stipulated the death penalty for this detestable denigration on two distinct instances in the books of Moses, Deuteronomy 24 verse 7 [and] Exodus 21 verse 16.

Because so [it is] written [in] Exodus 21 verse 16, one who steals a person, whether he has sold him or he is found in his hands, will surely be killed.

[In] Deuteronomy 24 verse 7, one finds [that] when one is found to be stealing a soul from his brothers of the children of Israel, and makes profit by selling him, so this thief will die and you shall remove evil from your midst.

It is, then, unnecessary to keep your honourables' attention on describing the detestable character of that crime, and how it is punishable.

The crime is common here, and the thievish nature of the unfaithful Malabarians produces uncountable examples of this nature.

Which, to the sorrow of the *eijsscher*, are increased with the prisoner mentioned in the heading of this matter, who went from Senhora de Sauda to Porca to carry out some of his affairs around four months ago, and upon returning arrived at a certain place located to the south, called Torro.

Where the prisoner stayed for eight or ten days [and] met a certain heathen *Chego* named Ittamen.

Whose house the prisoner visited now and then, and when wanting to commence [his] return, asked the mentioned *Chego* whether he wanted to go to the city of Cochim too.

But got no for answer, and that Ittamen had nothing to do in the city.

Upon which the prisoner, thus seeing his intention [being] thwarted, replied again, that if the *Chego* wanted to go to the city with him, the prisoner would give him a *parra* salt, with which he could make some profit and a better living.

Those who know the deceptive nature of the Malabarians will immediately notice that in this misleading promise lay hidden a venomous snake.

Because which Malabarian will ever gift or give something to another without having any special purpose in mind like the prisoner?

Should the bold Ittamen, therefore, not doubt the deceptive promise of the prisoner, if he had been inspired with even the smallest spark of suspicion or reason?

But no! Ittamen puts trust in the prisoner's sweet words, leaves his wife and children and voluntarily follows the prisoner without suspicion.

One should notice here in passing the unmatched silliness – yes, one may say grave stupidity – of the mentioned *Chego* Ittamen on the one side, and the roguish cunningness of the prisoner in this case on the other.

One lets himself, out of silliness, be lured into a trap and the irreversible loss of his freedom for a *parra* of salt.

And the other knowingly and willingly furthers his demise for a scant foul profit.

Thus arriving in the city together, the prisoner first of all puts his intended roguish trick to work and offers the mentioned *Chego* for sale to the *vlaggeman* Lourens Seret.

Saying to him, that the prisoner brought a *Chego*, whom the prisoner would sell to the *vlaggeman* as soon as he obtained an *ola* from the king of Cochim, and that the prisoner would go to his highness for that purpose with a request to the *vlaggeman* to keep the mentioned *Chego* with him in the meantime.

Such are the own words of the prisoner's voluntary confession, marked letter D.

Should the mentioned *vlaggeman* not have been suspicious?

Should he not immediately notice that there was deceit in this case?

And such all the more, since the prisoner immediately demanded 15 *fanums* for the sale, did he not know that one does not put slaves up for sale without providing the proof?

Should he not have immediately brought the prisoner and the *Chego* to the interpreter, according to the order of the placard, for examination, all the more [because] the mentioned Ittamen declared to his housewife that he was not a slave?

But no! The *vlaggeman* holds on to the mentioned *Chego* and lets the prisoner leave, who fools the mentioned Ittamen into believing that the European would give him a *parra* of salt, and that the prisoner would go to get some rice in the meantime to keep him in that good spirits, which he [Ittamen] took for the prisoner's generosity.

However, that such was a pure lie and premeditated roguery, was shown immediately by the outcome.

Because the prisoner only returned on the third day, without bringing with him an *ola*.

Purporting that the *ola* of Pootje *ragiadoor* of Palloertij was not acceptable, he did not demand money from the *vlaggeman* and left again; like he purports in clear terms to questions asked to him in the verification on the 17th.

But who does not see and notice here that this pretence is also false and untrue, if he says, that the mentioned *ragiadoor* owed the prisoner 500 *fanums*, and that when he asked for those *fanums*, the *ragiadoor* would have said that he would look for a slave here and there, and that he would grant an *ola* for it, as he purports in his confession annexed under letter D.

Thus wanting to further his claim, that he was entitled to pick up and sell whoever.

But aside from the fact that this claim, rests only on his own words, and one can easily understand, that it is only a fabricated lie.

Even if one would presume [that] the *ragiadoor* had said such, he would have undertaken something beyond his power, other than [the fact] that the king of Cochim would have admonished him for such.

Besides, the prisoner as even the least of his nation is very well familiar with the fact that the power of a simple *ragiadoor* does not reach so far as to enslave someone without debt.

And finally, if the pretence of the prisoner was true, he would have gone to that *ragiadoor* with the mentioned *Chego* first and have obtained an *ola* there.

To be able to demonstrate at least the appearance of slaveability.

However, such not having occurred, one has to conclude that all his pretence consists of untruth and [one] cannot grant him the least absolution for his committed crime.

As little as that the prisoner tries to persist in the case with the *Chego* and a certain *parrewa* on Chandoer, as a commitment that mentioned *Chego* would have to him the prisoner, because he saved him *quasi vero* from that imminent danger and soothed the *parrewa*, possibly to suggest to the judge that he the prisoner had spent some money for [that] settlement, and with lack of satisfaction had a grip on the *Chego* himself.

It is unnecessary, honourable lords, to speak of this case more elaborately and to display the rogueries of the prisoner any further, as these are all very evident.

And the prisoner has to acknowledge such in the questions asked of him during the verification on the 21st and 22nd; however, [he] still tries to blame the mentioned *ragiadoor*, but as it already been demonstrated that the pretence of the prisoner consists of lies, thus this frivolous excuse naturally expires, so that not the least exculpation can come to his help to free him from the statuated punishments.

And therefore the *eijsscher* will, with permission, just skip the continuance [of events] to keep it short.

Because as he prisoner saw that he could not obtain an *ola* for the *Chego* in spite of all of his revealed efforts, he left the mentioned *Chego* where he was and did not want to associate himself with him anymore.

But the *eijsscher*, having been warned in time, let the mentioned *Chego* be picked up from the oft mentioned *vlaggeman* and, after an examination, put the prisoner in custody.

Now there only remains something to be said about the behaviour of the *vlaggeman* Lourens Seret, mentioned before [and] exhibited in this case, as well as which offence they were both guilty of, and further to conclude

[that] the *vlaggeman*, being a loyal resident here, and having bought slaves several times, [he] cannot be unfamiliar with

the fact that when slaves are put for sale here in the city, the seller is required to bear an *ola*, which proves the slaveability of such a slave.

From which necessarily follows, then, that when such people put up slaves for sale without an *ola*, one should immediately be suspicious of such sellers.

It being a known fact that the unscrupulous Malabarians have little objection to luring a free person with their foul trickery and trying to sell them to such recruiters as the *vlaggeman* appears to be.

Because in such a case, everyone knows that one should address the interpreter, who was appointed by the high government, to examine such slaves;

the interpreter's task consisting of carefully examining whether that slave is indeed a lawful slave or not.

To make sure that buyers avoid the crime of unknowingly buying free people.

It being generally known that in such a case the seller as well as buyer are guilty of enslaving a freeborn person.

Because if there were no such buyers, there would also be no sellers.

If one now considers the behaviour of the mentioned *vlaggeman*, one will find several points to his disadvantage.

Not only that the *Chego* Ittamen, seeing that he was betrayed by the prisoner, informed the housewife of the mentioned *vlaggeman* that he was not a slave but a freeborn person.

But even when, three days later, the prisoner returned without an *ola* for the second time and left with unfinished business.

Was it then not his duty to inform the *eijsscher* or the interpreter of this case, to uncover the deceit and stay free from harm.

Nevertheless the *vlaggeman* keeps the mentioned *Chego* contrary to all the laws and reason until the seventh day, and would certainly have kept him for longer and possibly forever as a slave in his house.

If the *eijsscher* had not sent for the mentioned *Chego* to his house.

The placard against slave theft dated 19 March 1670 that has been updated here in the city from time to time and now since 15 October 1754 stipulates that one shall sue suchlike human theft.

The high government of the Netherlands Indies at Batavia did not only stipulate the death penalty for all such crimes in the placard of 21 August 1688, but it was also confirmed by the resolution taken by the mentioned honourables on 21 August 1710 and to the relief of the honourable Council of Justice [it] was added.

That the transporters of free [people], or *lijfeijgenen*, as well as those who have demonstrated even the least premeditated intention to that end, will be punished by death.

As can be seen in more detail in the extract that can be found herewith under letter E.

Based on all these praiseworthy laws and statutes, one can sufficiently establish to what crime the prisoner made himself guilty.

Though since the roguery of the prisoner did not have effect, and the *koop ola* was not valid, so the *eijsscher* deems, under your honourables' wiser feelings, that the prisoner may be excused of the death penalty, but not left unpunished,

so that an example can once again be set as a deterrent to others, and so that the *vlaggeman* Lourens Seret, now being corrected, may learn to observe and regard the laws and ordinance of our lords and masters more carefully.

For that reason the *eijsscher* deems to be able to conclude rightfully, after having requested of your honourables to supplement the lacking [points] in this case,

that the prisoner mentioned in the heading of this matter shall be condemned with certain judgement of your honourables to be brought to the ordinary place where criminal sentences are usually executed, handed over there to the executioner, tied by him to a stake [and] severely scourged with rods and branded with a scorching blade, and thereafter to be put into chains for a period of fifty consecutive years, and to labour on the Company's public works during that time without pay *cum expensis*, and the *vlaggeman* Lourens Seret with a monetary fine of 30 rixdollars at 32 Cochim *fanums*, one half for the benefit of the leper house at Paliaporto and the other half *pro fisco* with particular prohibition to him from ever buying any slave [man] or slave woman, young or old, again, or as your honourables *etcetera*.

Requesting on and in everything *etcetera*.

[in margin] Presented in [the] Council of Justice in the city of Cochim on 11 November 1757.

Verified deposition of complaint of the *Chego* Ittamen, Letter B.

[in magin] *Pro fisco*.

There appeared before the undermentioned delegated members of the honourable Council of Justice the *Chego* Ittamen, subject of the queen of Cochim, residing at Torro, who on requisition of the merchant and fiscal of this district, Mattheus Hendrik Beijts, and by translation of the second merchant and first sworn interpreter, Simon van Tongeren, on display of the prisoner Thome informed complaining, as he does here, that now about one month ago the prisoner arrived at Torro and stayed there a few days to carry out his affairs, and came to the deponent now and then, after eight or ten days, when the prisoner was bound to start his journey hither, he came to the deponent, asking whether the deponent wanted to go to the city with him, who answered that he had nothing to do in the city, upon which the prisoner said to the deponent that if he came with him, the prisoner would give him deponent a *parra* of salt, from which he could gain some profit for a better living, which the deponent accepted as a poor and very miserable man, and trusting the prisoner's good intention, and went to the city with the prisoner; arriving there, the prisoner brought the deponent to the house of a European, and told the deponent that the mentioned European would give him a *parra* of salt; that the prisoner would go to get some rice in the meantime, thus the deponent stayed there for a day or three, without the prisoner returning; however, on the third day the prisoner arrived with another head of the *Chegos* at the [house of the] mentioned European and asked him for money, who did not want to give that money however, demanding proof of the owner for the slaveability of the deponent; the prisoner left again after hearing this, however on the seventh day a lascorin of the lord fiscal came to the house of the mentioned European, who brought the deponent to the honourable [fiscal] and examined him;

With which the deponent ended his given complaint deposition, declaring it contains the whole and honest truth.

Thus done and deposed in the city of Cochim at the ordinary chamber of Council on Monday, 22 August in the year 1757 in the presence of the honourables Jacob Calkoen and Lourens Trogh, both members of the aforementioned Council, who signed the original of this besides the deponent, aforementioned interpreter and me the sworn clerk.

Which declares, [signed] F. R. Schutz, sworn clerk.

Appeared again before the undermentioned delegated members of the honourable Council of Justice the aforementioned deponent mentioned in the previous complaint, which was now again put to him word for word by me the sworn clerk, in the presence of the prisoner Thome, and well and clearly explained [to him] by translation of the second merchant and first sworn clerk, Simon van Tongeren, he fully persisted with it, without desiring the slightest alteration.

Thereafter the following questions being asked of the deponent by the aforementioned officer, he answered to those as is stated in the margins.

1.

The deponent was asked whether the prisoner had before this come to Torro more often to carry out affairs?

Answer: Yes, he has come there several times before to visit his friends, but I do not know what he had to do there.

2.

If so, the deponent was asked further whether before he wanted to sell the deponent, he was familiar with the prisoner, and lived in friendship with each other?

Answer: I have seen the prisoner, but was not familiar with him before.

3.

Since he deponent purports that the prisoner stayed at Torro for eight or ten days, and that he came to the deponent now and then, so the deponent was asked, what affairs the prisoner had with him?

Answer: The prisoner came to my house sometimes, however without having any business with me.

4.

The deponent was asked whether he is married and has children?

Answer: Yes, I have two children.

5.

In case of a 'yes', the deponent was then asked, how he could have been so stupid as to leave [his] wife and children and follow the prisoner to the city based on only his promise and charming words?

Answer: Because of my poverty and stupidity.

6.

The deponent was asked whether it is true that he had a fight with certain *parrewas* on Chanderoer?

Answer: Yes.

7.

And if yes, the deponent was asked why such occurred?

Answer: Because I asked the *parrewa* for directions, [and] he got mad.

8.

The deponent was asked how or with what the prisoner soothed the mentioned *parrewa*?
Answer: The prisoner called me, and we went our way, without having a fistfight.

9.

The deponent was asked whether he and the prisoner first went to someone else's house after arriving in the city, before going to the house of the *vlaggeman*?
Answer: No; we have not been in their house, but the prisoner spoke with someone on the street.

10.

If yes, the deponent was further asked, whether it is true that that person gave [him] two lascorins?
Answer: Yes.

11.

Whether the deponent heard that the prisoner presented the deponent for sale to the mentioned *vlaggeman*?
Answer: Yes.

12.

If yes, why did the deponent not immediately say that he was a freeborn man and not a slave?
Answer: I did say that to the *vlaggeman* through the translation of a [certain] woman.

13.

And if no, whether the deponent could not, then, detect that the prisoner wanted to betray him, when he left under the pretence of buying some rice but did not return?
Answer: Yes: I did notice.

14.

The deponent was asked why he did not inform the mentioned *vlaggeman* or his housewife about this the next day, and thereby expose the deception?
Answer: I did say such to the wife of the *vlaggeman*.

15.

The deponent was asked further [that] since already three days had passed before the prisoner arrived again with the head of the *Chegos* and asked for money, however not getting it, left without taking the deponent with him, why the deponent did not detect the deception then?

Answer: I already detected the deception much earlier.

16.

And finally, he was asked whether it would not be his own fault if he fell into eternal slavery in this way?

Answer: Yes, to a certain extent, but I did express my objection, however was not heard.

Thus verified, persisted with, asked and answered in the city of Cochim at the ordinary chamber of Council on Tuesday, 20 September in the year 1757 in the presence of the honourable Pieter Morijn and Lourens Trogh, both member of the aforementioned Council.

As delegates, [signed] P.r Morijn, L.s Trogh.

For the translation, [signed] S. v. Tongeren.

In my presence, [signed] F. R. Schutz, sworn clerk.

Verified statement of the sailor Laurens Seret, Letter C.

[in margin] *Pro fisco*.

There appeared before the undermentioned delegated members of the honourable Council of Justice of this city the sailor Lourens Seret from Leijden, who, on requisition of the merchant and fiscal of this district, Mattheus Hendrik Beijts, and with display of the prisoner Christian Thome and the heathen *Chego* Ittamen, whom he declared to know and [confirmed to] be them, about whom he is currently speaking, in support of the truth, gave the following statement; that now about 25 days ago, the prisoner mentioned in the heading of this matter and two lascorins of the arrack farmer here and the aforementioned heathen *Chego* Ittamen, whom the prisoner presented for sale to the testifier, came [to him], upon which the testifier asking for the slave *ola* of Ittamen, the prisoner answered that the testifier should take the *jongen* into custody, that the prisoner would return and bring along the *ola*, immediately asking the testifier for 15 *fanums*, which the testifier did not want to give; however, three days later the secretary of the king of Cochim came to the testifier, wanting to enslave the *Chego* Ittamen, or take him with him, purporting that he had lost his *casta* because the *Chego* had eaten in the testifier's house, but the *Chego* did not want to go with mentioned secretary, saying that the one who brought him would bring him away again, [and] seven days later the mentioned *Chego* Itamen was picked up from the testifier's house by the lascorins of the lord fiscal.

By which the testifier ended his given statement, declaring it to contain the whole and honest truth.

Thus done and testified in the city of Cochim at the ordinary chamber of Council on Friday, 2 September in the year 1757 in the presence of the honourable Louis Quintin Martinsart and Lourens Trogh, both members of the aforementioned Council, who signed the original of this besides the testifier and me the sworn clerk. Which declares, [signed] F. R. Schutz, sworn clerk.

Appeared again before the undermentioned delegated members of the aforementioned honourable Council of Justice the testifier mentioned in the previous statement, which was now again put to him word for word by me the sworn clerk, in the presence of the merchant and fiscal of this district Mettheus Hendrik Beijts, and the prisoner Thome and the *Chego* Ittamen, and by translation of the interpreter Hendrik Alewijn, and brought up to aforementioned prisoner Thome and the *Chego*, he fully persisted with it, without desiring the slightest alteration.

Thereafter the following questions being asked to him testifier by aforementioned officer, he answered to those as is stated in the margins.

1.
The testifier was asked whether he had requested and received the required permission to buy slaves from the honourable lord chief commander of this coast?
Answer: Yes.

2.
If yes, the testifier was further asked whether he had bought any slaves like the one the prisoner is being tried for, before?
Answer: Yes I have bought more of them.

3.
If yes, the testifier was asked whether when someone puts a slave for sale, the seller is not required to bring an *ola* from which the slaveability of such a slave should be evident?
Answer: Yes.

4.
Whether the testifier, then, does not know that no one can buy a slave [man]
or slave woman before they have been brought to the head interpreter for
examination, according to the orders devised in the placard treating the buying
of slaves?
Answer: Yes, but I had not yet bought the slave.

5.
The testifier was asked whether when the prisoner put the *Chego* Ittamen for sale
to him without a proper slave *ola,* this did not appear suspicious to him testifier
and especially because the prisoner immediately asked for money for the sale?
Answer: I was not suspicious, [which] is [due to my] my stupidity.

6.
The testifier was asked further whether he was not told by his housewife several
times already on that first day, that the *Chego* is not a slave?
Answer: Yes, he told my housewife that he was not a slave, whereupon the
testifier's wife answered, that he could say this when he was brought to the
interpreter.

7.
Since the prisoner returned with the promised *ola* the following morning
according to his own promise, thus the testifier was asked further why he did not
go, then, to inform the fiscal or head interpreter of the case?
Answer: Yes, it was my duty to do such, however such did not happen due to my
silliness and ignorance.

8.
If now the *Chego* Ittamen, who is a freeborn person, would lose his freedom in
such a way and fell into eternal slavery, the testifier was asked whether he would
not be complicit in a man's misfortune, which would be even greater since he has
a wife and children?
Answer: I did not know that.

9.
Whether the testifier should not acknowledge now that he made himself guilty
of the crimes statuated in the placards against such recruiters through his
shameful neglect?

Answer: I do not know whether I am guilty of that, I cannot write, nor read, and if I am guilty, I ask the lord fiscal and the other lords to forgive me.

Thus verified, persisted with, asked and answered in the city of Cochim at the ordinary chamber of Council on Friday, 23September in the year 1757 in the presence of the honourables Pieter Morijn and Louis Quentin Martinsart, both members of the aforementioned Council.

As delegates, [signed] P.r Morijn, L.s G.n Martinsart.

For the translation, [signed] H.k Alewijn.

Set by [signed] the testifier himself.

In my presence, [signed] F. R. Schutz, sworn clerk.

Glossary

actum Latin, literally 'concluded'

adjude Latin, literally 'before the law'

Bettua; Bittu a local group or caste associated with the making of salt pans; considered low status

boesoeroeken; bozeroeken tin, copper or led coin named *buseruku* (old Dutch spelling) or *bazarucco* (Portuguese), used on the Malabar coast, worth 1/24th of a Dutch *stuiver*; *VOC Glossarium*, 24.

Canaka; Canacasa local group or caste associated with slave labour

Caniaen refers to *Knanaya*, the local (Southern) community of Saint Thomas

casie a simple house or shed-like structure.

Chego local group or caste associated with the tapping of Surij, a type of palm wine; although traditionally not seen as a slave caste, many enslaved Chegos appear within the VOC court records; considered low status

coelij; coelie coolie; refers mainly to casual wage worker in Dutch context

confessie et convicti corruption from Dutch and Latin, meaning confession and conviction

constabel a military position; the person responsible for the armoury

Council of India central governing council of the Dutch colonial possessions in Asia, seated in Batavia

Council of Justice legal court which decided civil and criminal cases in Cochin. The Council of Justice consisted of a president and six to eight members who could be drawn from the civil or military service of the VOC.

courant current

criminele rolle register of documents recorded of all criminal cases

cum expensis Latin, literally 'with expenses'

dempto, demptis Latin, literally 'except'

dictum Latin, literally 'speech' or 'utterance'; usually referring to the *eijsch*

Eijscher prosecutor; sometimes referred to as the fiscal

Eijsch Crimineel; eijsch en conclusie literally 'criminal claim' and 'claim and conclusion'; a plea by the prosecutor in which he gives an overview of the events in question, presents evidence, takes into account the conditions of the suspect and finally presents an advised punishment to the Council of Justice

ex officio Latin, literally 'from office'; refers to a person acting by virtue of an office or in his official capacity

fanum silver coin made and used in southern India

Fiscal prosecutor; sometimes referred to as *eijsser*

geslagt origin or *genus*; can refer to tribe, clan or caste, but also in a wider sense to the human race (*menschelijken geslagt*).

in fine pro ut inscriptis Latin, literally 'finally as is written'

jager dark sugar derived from the *jagerboom* – a type of palm tree

jongen; slavenjongen literally 'boy'; the term can be used to refer to a young man (a boy) and to a slave boy (a young enslaved male); in the VOC context the term was also used more widely to refer to young sailors

klapper (boom) coconut (tree)

koopman; kooplieden merchant(s); in this context often a high administrative rank in the service of the VOC; merchants were divided into chief (*opper*) and lower (*onder*) merchants.

kuif crest

lascorin local Christian soldier; in this context often in the service of the VOC

lijfeijgen enslaved person; bondsperson

lijfjongen enslaved male; bondsman

maintenu legal protection

Malabarian a native of the Malabar Coast

mangus (boom) mango (tree)

meester literally 'master'; also used as a title for someone with an academic degree in law, often the fiscal

meijd literally 'girl'; in this context often an enslaved female, but the term can also be used more widely to refer to female domestic servants or the like

Mixties *Mestizo*, a person of mixed European and Indian ancestry; the term has also been more broadly employed for persons of mixed European and other non-European descent

Mocqua local fisherman community or caste; refers to *Mukkuvans* or *Mukkavans*; many Mocquas converted to Christianity

mondoe; moendoe *mundu*, a garment worn around the waist; traditionally worn in southwest India; similar to *dhoti* and *lungi*

Moor used here mainly to refer to local Muslims, but in the context of the wider VOC empire the term 'moor' was also used to refer to people from South Asia in general

muijl presumably derived from 'moei' or 'moeye', meaning aunt; originally referring only to the sister of a mother, but later used more widely, referring to sisters of fathers, wives of uncles, or older ladies

Nairo local warrior caste; considered high status

negerij settlement or village, related to the Sanskrit *nagarī*

ola; koopola; slaafola; transport ola palm leaf manuscripts; a form of written proof: this could be a general written testimony, for example of a statement or a transaction (*ola*); *koopola* and *transport ola* refer to a transaction; *slaafola* refers to the proof of someone's slave status

onder; opper literally 'under' and 'upper'; refers to a lower or the highest rank respectively

oostersen kapitein military captain of (Southeast) Asian regiments of the VOC
Paijencherij Nairo a local (land)lord
Paljetter a local (land)lord, ruling over a region just opposite to Cochin
pandiaal *pandal*, a temporary or permanent structure; often built for religious events
parra measurement of weight, indicating around 40 Dutch pounds or 20 kilograms; *VOC Glossarium*, 87
penningen coins, pennies
placard ordinance or decree
plagiaros; crimen plagie kidnappers; the crime of kidnapping
Poelia local agrestic slave group or caste; refers to *Pulaya*; considered a low caste
pro fisco Latin, literally 'for the treasury'
prointerum Latin, literally 'in the meantime'; refers to a person serving as a temporary replacement or 'interim'
quod attestor Latin, literally 'which I declare'
ragiadoor functionary of the king of Cochin
rijksdaalder rixdollar; Dutch coin
ropij; ropijen rupee; silver coin made and used in India
schagerije local tavern, bar or liquor store
scherpregter executioner
secunde literally 'the second'; usually referring to the second in command
Sinjeur literally 'sir' or 'lord'
sub poena Latin, literally 'under punishment'
surij palm wine.
Swarte Jood literally 'black Jew'; present on the Malabar coast since at least the twelfth century; the community was categorized into 'white' and 'black'
tamboer drummer in the military
timmerman literally 'carpenter'; refers in this context to a group or caste associated with carpenting
tronk jailhouse for temporary imprisonment; improvised prison; possibly derived from Portuguese *tronco*
ut supra Latin, literally 'as above'
vaandrig; vendrig a military rank
ververs; schilders painters; may refer in this context to a group or caste associated with painting (possibly of cloth)
vlaggeman literally 'flag man'; functionary on a ship
voorsaat forefather (lineage) or predecessor (function)
Wasser literally 'washer'; refers in this context to the *dhobi* community or caste associated with the washing of clothes; considered a low caste
wasvrouw a woman who is a washer; usually refers to someone of a *Wasser* group or caste
wik pole or elevation; can also refer to weighing mechanism (*waag*)
winkclier shopkeeper; in this context overseer of the Company store and storage
zeestrant beach

Index

Register of persons

Local names written down as they appear in the sources. European names written surname first, followed by first name(s) and any surname prefixes. Spelling variations of names are noted in brackets after the most common spelling.

General register

www.ingramcontent.com/pod-product-compliance
Lightning Source LLC
Chambersburg PA
CBHW060145280326
41932CB00012B/1642